2023年度浙江省哲学社会科学研究重点项目

项目名称: 农村新乡贤参与家庭涉老冲突的调解话语研究

研究项目号: 23ZDJC040Z

浙江树人学院专著出版基金资助出版

新乡贤
参与家庭涉老冲突的
调解话语研究

蔡 晨 著

上海交通大学出版社
SHANGHAI JIAO TONG UNIVERSITY PRESS

内容提要

在乡村文化振兴背景下,将老年群体的家庭语言生活与基层治理中的调解制度创新有机融合,是完全符合国家中长期发展战略目标和农村和谐社会建设需要。本书针对新乡贤调解员在家庭涉老冲突中的调解话语展开研究,主要内容包括:涉老调解话语的理论建构。从机构话语角度切入,对涉老调解的话语属性、交际原则、话语特征和社会文化语境等方面展开讨论。涉老调解话语的使用规律。对新乡贤调解员在涉老调解过程中的会话结构和话语策略进行详细描写和讨论。涉老调解话语的语用理据。对新乡贤调解员在涉老调解过程中的立场表达和信任管理进行详细描写和讨论。本书的研究有助于从语言服务角度为新乡贤调解员在家庭涉老冲突中调解能力的提升提供理论依据和实践指导。

图书在版编目(CIP)数据

新乡贤参与家庭涉老冲突的调解话语研究 / 蔡晨著
. -- 上海 : 上海交通大学出版社,2025.1
ISBN 978-7-313-29970-3

Ⅰ.①新… Ⅱ.①蔡… Ⅲ.①农村—婚姻家庭纠纷—
调解(诉讼法)—法律语言学—研究—中国 Ⅳ.
①D90-055

中国国家版本馆 CIP 数据核字(2023)第 247285 号

新乡贤参与家庭涉老冲突的调解话语研究
XINXIANGXIAN CANYU JIATING SHELAO CHONGTU DE TIAOJIE HUAYU YANJIU

著　　者:蔡　晨	
出版发行:上海交通大学出版社	地　　址:上海市番禺路 951 号
邮政编码:200030	电　　话:021-64071208
印　　制:苏州市古得堡数码印刷有限公司	经　　销:全国新华书店
开　　本:710 mm×1000 mm　1/16	印　　张:15.5
字　　数:226 千字	
版　　次:2025 年 1 月第 1 版	印　　次:2025 年 1 月第 1 次印刷
书　　号:ISBN 978-7-313-29970-3	
定　　价:78.00 元	

前　　言

　　当前,社会经济改革的深入和利益格局的调整所带来的利益主体多元化,导致了社会矛盾纠纷的多样化和复杂化,给基层治理工作带来了新的考验。家庭在老年人的社会生活中扮演着非常重要的角色。它可以为老年人提供关心、照顾、支持和安全感,从而提高老年人的生活质量和心理健康。但在人口老龄化与村庄空心化、城镇化等因素的叠加作用下,农村的养老秩序已受到严重冲击,我国部分农村地区已经出现严重的老年危机。农民家庭养老矛盾高发、留守老年人生活困顿和老年群体心理健康等问题,严重影响了基层社会的和谐稳定。党的十九大报告明确指出,要实施健康中国战略,积极应对人口老龄化,构建养老、孝老、敬老的政策体系和社会环境,加快老龄事业和老龄产业发展。党的二十大报告也提出,要发展养老事业和养老产业,优化孤寡老人服务,推动实现全体老年人享有基本养老服务。在此背景下,如何积极开展农村老年人的家庭语言服务,维护老年权益,助力老年和谐家庭生活建设,是一个有待讨论的重要议题。

　　调解制度作为我国具有"东方经验"和"东方之花"美誉的司法制度,在我国有着悠久的历史,是应对社会冲突的一种行之有效的方法。我国现行的人民调解制度,正是在我国古代民间调解的基础上演变而来。它作为一种替代性纠纷解决方式,是除诉讼程序之外化解矛盾、消除纷争、促进和谐的重要手段,在我国社会矛盾的纠纷调解工作体系中具有基础性作用。乡贤文化是中华优秀传统文化在乡村的一种表现形式。它作为一种"软约束"

和"软治理",有利于健全农村居民的利益表达机制,构建兼具乡土性与现代性的现代乡村治理模式,对于促进社会主义核心价值观扎根乡村、推进乡村治理现代化具有重要意义。新乡贤则是在乡村振兴过程涌现出来的特殊群体。他们作为乡村拥有相当影响力和号召力的特殊人才群体,属于新时代我国乡村振兴的重要社会力量,已成为乡村社会发展的助推器。学界当前围绕新乡贤的讨论主要聚焦在乡村社会治理、乡村文化振兴和乡村风尚引领等议题,对于新乡贤在农村冲突和纠纷解决中的作用则没有引起足够重视。在乡村文化振兴背景下,对新乡贤在家庭涉老冲突中的调解话语展开研究,是在法学语言转型背景下,从语言学视角交叉研究社会法律实践,对于完善农村老年群体的家庭语言服务,推动基层治理中农村调解制度的创新,具有重要的理论和实践意义。

本书将农村新乡贤参与的家庭涉老调解实践视为一种治疗式语言服务,认为调解话语可通过冲突双方人际关系的重构来实现家庭控制机制转换和社会型救济发展。通过采取"以语言本体为描写模式,以语用学为解释模式"的研究范式,本书遵循"理论—应用—实践"的思路,对调解话语进行多方面探讨。本书主要由七个章节组成,除第一章绪论和第七章结论外,其他几章内容可分为三个部分:① 涉老调解话语的理论建构;② 涉老调解话语的使用规律;③ 涉老调解话语的语用理据。其中第二章为涉老调解话语的理论建构,第三章和第四章为涉老调解话语的使用规律,第五章和第六章为涉老调解话语的语用理据。

第二章关注涉老调解话语的理论建构。涉老调解话语是由新乡贤调解员发起的,与涉老调解内容相关的各种语类话语,是一个包含各种类型的话语集合。它以人口老龄化进程中的老年语言问题关切为导向,关注调解交际互动过程中因社会制度、机构语境和话语资源等因素而在语言生活中处于弱势的老年人群体。本部分主要从机构话语角度切入,从话语属性、交际原则、话语特征和社会文化语境四个方面展开讨论,以求揭示涉老调解的宏观话语性质。涉老调解的话语属性主要体现在五个方面,分别是作为社会互动的话语、作为社会交流的话语、作为复杂结构的话语、作为权力和宰制的话语和作为传播的机构性话语。在交际原则方面,涉老调解需要遵循自愿原则、平等原则、诚信原则和中立原则。在话语使用方面,涉老调解需要体现真实性、互动性、逻辑性和规范性。同时,涉老调解话语需要遵循特定的社会规范和法律准则。在制度语境下,涉老调解的话语理念表现出利益共同体、动态利益观、综合性和向前看四种取向。在机构语境下,涉老调解的话语呈现方式内嵌于电视交流传统,在叙事主体、叙事手法、纪实手法和剪辑手法等方面会受到媒介技术影响。在家庭语境下,涉老调解的话语实践既要基于老年人当前家庭生活的基本现实,也要肯定他们实现个体生命价值和生命意义的基本需求。

第三章关注涉老调解的会话分析。涉老调解话语是由一系列语段构成的语言整体,是呈会话结构形式的机构话语。研究发现,农村社会的涉老调解主要聚焦于基层治理的法治文化、社会和谐的邻里文化、修齐治平的家庭文化和以人为本的民生文化四个方面。调解话语事件由调解导入、矛盾陈述、调解协商和调解总结四个交往阶段组成。调解导入阶段一般由三个系列组成,分别是调解背景介绍、调解参与者介绍以及调解话题导入。矛盾陈述和调解协商则是调解话语事件的主体过程阶段,主要由主持人或调解员控制话语进程。调解的终结阶段一般由两个系列组成,分别是调解结果确认和调解内容评价。在具体调解过程中,调解员通过相邻语对和话轮转换等方式引导冲突双方和调解员共同参与到调解实践中。在涉老调解的相邻语对上,其形式结构主要是毗邻单部式和毗邻多部式两种,其语义内容主要集中在由建议、指责和陈述所引发的三个大类中。涉老调解的话轮特点主要有四点,分别是:话轮的大小长短受调解阶段影响、话轮分配主要由调解员主导、话轮分配不是事先规定和冲突双方存在较多话轮重叠。同时,涉老调解的话轮基本模式为"A—B—A—B—A—B",话轮转换的方式有争取话轮、保持话轮和放弃话轮三种。调解员主要以提问的方式放弃话轮,冲突双方则以维持话轮的方式对调解员进行回应。调解员和冲突双方在三方交际中也会发生争夺话轮现象,争夺的方式主要有插入和打断两种。

第四章关注涉老调解的话语策略。调解策略的本质是调解员综合运用各种资源,促使冲突双方彼此间友好协商,达成一致。研究结果表明,调解者使用的语言策略主要有提升权势、语用移情、语用缓和和回避四大类别。

其中提升权势策略可细分为极致表达、打断、嘲讽、批评教育、反问和普法六个小类,语用移情策略可细分为情感共鸣、情感疏导和情感引导三个小类,语用缓和策略可细分为使用礼貌语言、使用肯定语言、使用模糊语言和使用委婉语言四个小类,回避可细分为使用冗余信息和转移话题两个小类。从手势层面来看,调解员主要使用了四类手势,分别是符号性手势语、说明性手势语、表露性手势语和适应性手势语。符号性手势语主要有表达概念、辅助语言交流和增加交际互动三个功能。说明性手势主要有描述事物、描述方向、描述数量和比较形状四个功能。表露性手势语主要有表达个人情感、加强语言表达和增加交际亲和力三个功能。适应性手势则是调解员出于生理或心理需要而做出一种无意识行为,与调解活动并不直接相关。从语言和手势的关系来看,调解活动中的手势与语言存在着重复、凸显、强调、补充和话语连贯等关系。最后,研究者将调解员的语言和手势进行整合分析,从框定、选择、配置和前景化等角度建构了基于多模态的调解策略分析框架。

第五章关注涉老调解的立场表达。调解的话语性质和人际互动特点为调解者表现其主观立场提供了可能,冲突双方为了维护各自权益,也有表达自己话语立场的主观诉求。研究者借鉴 Du Bois(2007)“立场三角理论”,对调解员和冲突双方在调解实践中有关立场表达的语言表征进行了详细分析。评价立场置于“肯定—否定”的连续语义尺度上,交际参与者通过名词、动词、形容词和副词等词汇性手段来实施评价立场。情感立场置于“积极—消极”的连续语义尺度上,交际参与者主要的情感立场表达主要有情感描述、情感表达和情感唤起三种。认识立场置于“可信—不可信”,交际参与者通过引证、转述、感官和推断等信息来源来表明他们的认识立场。离合立场置于“相合—想离”的连续语义尺度上,交际参与者通过同意、推进和推衍等方式表达相合立场,通过否定、挑战和搁置等方式表达相异立场。最后,本章节整合了互动交际的主体间性和语言目的原则,从交际参与者、立场主题确定、立场动态建构、立场语言表征和立场理据性等角度建构了一个调解立场分析框架。

第六章关注涉老调解的信任管理。信任作为一种重要的人际心理情感,既是人际合作的润滑剂,也是人际合作的情感基础。研究发现,涉老调解中的信任管理涉及信任建构、信任修复和情感管理三方面内容。信任建构包含初始信任建构和过程信任建构两个部分。在初始信任建构过程中，调解员主要采用自我介绍和安全调解环境构建两种方法来加强三方彼此间的信任。调解员在进行自我介绍时，除了使用语言资源外，还会使用服装等模态资源来对自己进行包装。安全调解环境的构建则需要贯彻相对私密性和相对公平性两个原则。在过程信任的建构过程中，调解员主要使用归因分析、公正性立场的展现、权威身份的展现和事实澄清四种策略。信任修复包含调整谈话焦点、构建冲突解决共同体、坦诚交流和强制道歉四个部分。调解员在面临调解障碍时，会合理设置调解话题，迂回推进调解进程。同时，调解员会在社会伦理规范的前提下通过施加社会压力和道德压力来让冲突双方进行妥协。坦诚交流涉及三种调解策略，分别是摆事实、讲道理和给建议。强制道歉则是调解员让冲突中有过错的一方主动承担责任和进行行动补偿来修复彼此间信任。但从话语分析来看，涉老冲突中的强制道歉更多是一种象征性的，对于彼此间信任修复的作用并不是很大。情感信任管理包含积极情感唤起和换位思考两个部分。调解员一方面通过挖掘冲突双方情感背后的价值观来促进情感信任的产生，另一方面又通过引导冲突双方换位思考或自己主动代入冲突来识别冲突中的情感障碍。

　　本书系浙江树人学院学术专著系列丛书之一。同时，本书获得了2023年度浙江省哲学社会科学研究重点项目"农村新乡贤参与家庭涉老冲突的调解话语研究"(23ZDJC040Z)的立项资助。在本书出版之间，我要向所有参与并帮助本课题的人员表示衷心感谢。浙江树人学院城的李晟杰、凌夏辉和宋博文等同学承担了语料库建设过程中部分数据的转写工作，付出了很大的辛劳。

浙江树人学院基础学院

2023 年 8 月

CONTENTS 目　　录

第一章 绪 论

引 言

一、基层治理与新乡贤调解

社会治理是国家治理的重要方面,基层治理则是社会治理的基础,我国经济社会发展和民生建设最突出的矛盾和问题也多集中在基层。新时代创新基层社会治理不仅是适应基层社会主要矛盾历史性转变的内在要求,也是不断增强人民群众获得感、幸福感和安全感的现实需要,是实现国家治理现代化的重要途径(王印红 朱玉洁 2022)。习近平总书记在党的二十大报告中就强调,"夯实国家安全和社会稳定的基层基础","完善社会治理体系。健全共建共治共享的社会治理制度,提升社会治理效能"。相关论述从国家安全体系建设和社会稳定发展角度凸显了基层社会治理的重要性,既指明了坚持和完善社会治理的目标任务,也明晰了社会治理的基本原则和根本路径。这提醒我们,只有坚持和完善共建共治共享的社会治理制度,才能更好地整合社会治理资源,形成社会治理合力,提高社会治理效能,推进国家治理体系和治理能力现代化(原珂 2021)。

当前,社会经济改革的深入和利益格局的调整所带来的利益主体多元化,导致了社会矛盾主体的多元化和矛盾纠纷的多样化、复杂化,这给基层治理工作带来了新的考验和体验(盛永彬 刘树桥 2012)。在提升基层社会治理效能这一目标引领下,政府机关开始探索完善处理人民内部矛盾的司法保障机制。除了加强和改进人民信访工作,畅通和规范群众诉求表达、利益协调、权益保障通道,政府机关还要完善网格化管理、精细化服务、信息化支撑的基层治理平台,及时把矛盾纠纷化解在基层、化解在萌芽状态(杨爽2023)。调解制度作为我国具有"东方经验"和"东方之花"美誉的司法制度,在我国有着悠久的历史,是应对社会冲突的一种行之有效的方法。我国现行的人民调解制度,正是在我国古代民间调解的基础上演变而来。它作为一种替代性纠纷解决方式,是除诉讼程序之外化解矛盾、消除纷争、促进和谐的重要手段,在我国社会矛盾的纠纷调解工作体系中具有基础性作用。一方面,人民调解可以避免过多诉讼和减轻法院负担,提高基层居民的自治意识和服务意识,增强基层治理的能力和效果。另一方面,人民调解作为一种有效的纠纷解决方式,可以促进社会成员之间的和谐关系,增强社会的凝聚力和稳定性。

相比较城市的人民调解工作,农村的人民调解工作存在一些特殊性。首先,农村基层社会的人员关系比较复杂,一个普通的民事小纠纷可能牵扯出众多的社会关系。其次,农村基层社会的法律意识比较淡薄,冲突双方容易在矛盾纠纷中采取暴力手段,导致问题难以得到解决。第三,农村基层社会更偏好选用人际调解来解决冲突,单纯以法律途径来解决问题会在调节过程中遭遇碰壁。最后,农村基层法律服务机构的人员数量不足,缺乏科学、技术的调解方式,不能很好地解决一些复杂的农村纠纷。因而,农村的调解实践尤其要重视德治和自治,不仅要合法公正,还要合情合理(刘行玉2010)。在此背景下,如何对农村社会传统文化进行挖掘,并在其中找寻能够在基层治理中发挥的优势,引导社会资源在农村得到更合理的调配运用,高效地解决农村社会频发的矛盾纠纷,是维护基层社会稳定所要回答的重要议题。

乡贤文化是中华优秀传统文化在乡村的一种表现形式。它作为一种"软约束"和"软治理",有利于健全农村居民的利益表达机制,并提高其凝聚力和自治力。在新的社会历史背景下,构建兼具乡土性与现代性的现代乡村治理模式,对于促进社会主义核心价值观扎根乡村、推进乡村治理现代化具有重要意义(黄海2016)。"新乡贤"是近年新提出的一个概念。中共中央、国务院在 2017 年中央一号文件提出培育"新乡贤文化"之后,又于 2018 年明确提出在村民自治实践中"积极发挥新乡贤作用"。李金哲(2017)认为,新乡贤已逐渐成为跨越乡村治理困境的一个重要选项。彭瑞康等(2019)也认为,将作为乡村中内生性权威的新乡贤群体引入乡村治理,有利于推动乡村振兴战略的具体执行和目标实现。但学界现有研究主要围绕新乡贤参与乡村社会治理、乡村文化振兴和乡村风尚引领等议题,对于新乡贤在农村冲突和纠纷解决中的作用则没有引起充分重视。对于一般农村居民而言,情感往往较法律更易于接受,在一些情况下,乡贤"动之以情,晓之以理"的劝说比刚性法治更易于发挥作用(李岁科 2021)。

二、老龄化与老年家庭冲突

老龄化是现代国家发展的主要特征,国家发展得越快,老龄化的形式就越严峻。据第七次人口普查数据显示,我国 60 岁及以上人口为 2.64 亿,占总人口的 18.70%。其中,60 岁及以上人口的比重上升 5.44 个百分点,65 岁及以上人口的比重上升 4.63 个百分点①。这说明中国已经进入了快速老龄化阶段。鉴于人口老龄化对经济社会发展带来巨大挑战,党的十九大报告明确指出,要实施健康中国战略,积极应对人口老龄化,构建养老、孝老、敬老政策体系和社会环境,加快老龄事业和产业发展。党的二十大报告也提出,要发展养老事业和养老产业,优化孤寡老人服务,推动实现全体老年人享有基本养老服务。

家庭在老年人中扮演着非常重要的角色。它可以为老年人提供关心、照顾、支持和安全感,老年人在家庭中也可以得到情感支持和社交支持,提高生活质量和心理健康。但在人口老龄化与村庄空心化、城镇化等因素叠加作用下,农村的养老秩序已受到严重冲击。我国部分农村地区已经出现了严重的养老危机,包括农民家庭养老矛盾高发、留守老年人生活困顿等,一些地区出现农村老年人自杀比例上升现象(刘燕舞 2014)。从李永萍(2019)的研究来看,农村老年人的家庭冲突主要有三方面原因。首先,老年

---

① 转引自国家统计局.2021.第七次全国人口普查公告——第七次全国人口普查工作基本情况[N].https://www.gov.cn/guoqing/2021-05/13/content_5606149.htm

人的人生任务已发生绵延与责任强化。农村老年人不仅需要通过与子代家庭的代际分工和代际合作来分担家庭压力,还要通过压缩自身需求的方式来减轻子代家庭的养老压力。其次,老年人在家庭权力结构中的地位已由中心转向边缘。老年人在家庭内部拥有较少话语权,而且会尽量避免与子代之间产生矛盾或冲突,其自我价值实现被导入子代家庭发展的轨道,形成对子代家庭的价值依附。最后,老年人的闲暇正当性渐趋弱化。老年人的时间安排被嵌入子代家庭的生活逻辑之中,他们不能完全自主安排自己的时间,进而也压缩了自身的主体性生活能力。

在积极老龄化的背景下,有关老年人的家庭生活质量和生活需要等议题已引起社会各界重视,学界开始关注家庭情境下老年人等特殊群体的家庭冲突和家庭纠纷等现象。在此背景下,如何发挥农村新乡贤的榜样作用,积极开展农村家庭冲突的调解服务,维护老年社会权益、助力老年和谐家庭生活建设,是一个有待讨论的重要议题。

有鉴于此,本书通过借鉴语言学和社会学的相关观点,尝试以农村新乡贤参与的家庭涉老冲突调解为研究对象。"新乡贤参与调解"指参与调解活动的主体是新乡贤,表达了在和谐社会建设中对新乡贤参与基层治理的关注。"调解话语"是特定的话语类型,意指调解活动具有话语属性,涉及利益相关方之间的合作与对抗。"老年调解话语"指以老年人作为调解活动主体的话语具有特定的语言使用规律和表现特征,表达了在人口老龄化背景下对保障老年人合法权益的关注和关切。

第一节　重要名词解释

一、新乡贤

乡贤文化是与农耕文明相联系、根植于中国传统乡村社会的一种文化现象。乡贤则是中国传统文化中的一种特殊群体,指的是具备高度社会地位和影响力,能够在社会和政治中发挥重要作用的成功人士。在传统社会中,乡贤常常被选为地方官员、御史等高级官职,他们的职责之一就是调解纠纷和维护社会稳定。中国经过大半个世纪的发展,虽然乡土中国已发生了巨大的变化,但以村落形式为主的传统社会架构依然存在,在以血缘维系的家族和邻里关系依然广泛存在于乡里。在这种情况下,乡贤的存在仍有其现实性和必要性。在现代社会中,尽管乡贤的地位已经不如以前那么显赫,但是他们依然可以在社会中发挥重要作用。

新乡贤是在乡村振兴过程涌现出来的特殊群体。付翠莲(2019)认为,相比于传统意义上的乡贤,新乡贤的"新"在于现代思想观念替代了传统社会道德理念。李岁科(2020)从三个维度对此进行了进一步论述。一是新时代。当前我国已进入中国特色社会主义新时代,新乡贤所处的时代发生了巨大变化。在中华民族伟大复兴背景下,贫困乡村逐渐消除以及乡村治理状况也逐步改善。二是新规范。传统乡贤大多指乡绅,更多是立足于家族、宗族等血缘、地缘基础上的权势、财富、力量等要素,强调对于传统乡村区域内各种资源的掌控,而新乡贤则较多基于学识、业务、技能等影响力,譬如教育、医疗、经营、管理、专业技能与生产等方面具有较强号召力与影响力的人士。三是新理念。传统话语中的乡贤一般是按照以往儒家思想和乡俗风土观念进行为人处世,而新乡贤则是在社会主义核心价值观指导之下强调民主、文明、平等、公正、友善、敬业等社会主义价值元素。据此,李岁科(2020)将新乡贤定义为在新时代与乡村有着人缘、亲缘、地缘等渊源关系,拥有较强技能或本领,兼具良好的道德修养水准,且有意愿为乡村发展进步贡献力量的人士。在该定义中,新乡贤具有三个明显特征:一是乡村渊源,即与乡村有着较为紧密的血缘、亲缘、学缘、业缘等联系,且对乡村有着深厚情谊,愿意投身于乡村振兴的人士。二是品行学识,即有着较好的品德修养与能力才干,能在自身工作领域取得一定成绩,又拥有良好社会声誉的人士。三是主体角度,即不论以往所从事的行业或角色,但其自身能力较强、经验丰富以及所拥有的专长契合于乡村振兴,符合乡村发展之现实需求的人士。新乡贤群体在人员构成上囊括了体制外精英,扩大了基层协商民主的主体范围。在新的社会历史时期,新乡贤群体的外延进一步扩展。具体而言,新乡贤包括了退休人员、老党员、道德楷模、返乡创业人员、企业家、乡村教育工作者、科技工作者、新闻工作者或医务工作者等。根据他们的自身特点、所从事的工作、发挥的作用分为商贤、官贤、学贤和德贤。

新乡贤作为乡村拥有相当影响力和号召力的特殊人才群体,属于新时代我国乡村振兴的重要社会力量,已成为乡村社会发展的助推器。孟冬冬(2022)认为,新乡贤在乡村振兴过程中可起到四个方面的作用:

(1)规范乡民言行。乡贤作为我国传统宗法思想的拥护者和传播者,在特定的区域会由其制定相应的村规乡约,通过约定俗成的规定对人们日常生活中的言行举止、为人处世进行规范,而其自身也因事必躬亲和身体力行而会受到乡民的拥戴与推崇。在很多地区,如果乡民出现了不良行为,或者做出了违背公序良俗的事情,通常会受到以乡贤为代表的乡村社会的公开审判与惩罚,有些较之于同时代的法律更为严格,当然效果也更加明显。

(2)传承地域文化。在我国乡土社会中,地域文化赋予了生活在特定土地上的人们以独特的风格,乡贤文化便是具有标本价值与典型性的地域文化之一。在相同的空间环境里,乡民由于血缘关系之维系和历史背景之关联,承袭着共同的生活范式和人情风俗,由此也就逐渐形成了共同的行为心理与价值取向。而这种基于地域文化的共识能够在乡贤文化中找到共同点,这种同源性的特征便是借助乡贤较高的道德水准、行为规范与世界观、人生观、价值观进行集中体现的。可以说,乡贤是传承地域文化的代表,乡贤文化的价值也由此积淀在乡民的心理之中。

(3)调解乡民纠纷。乡贤文化把儒家思想视作道德行为的规范和准绳,并以此调解乡村生活的各类矛盾,这对维护乡村的社会秩序和让乡土社会得到稳定发展都具有重要的现实意义。长期以来,在我国很多乡村,乡民与乡民之间如若发生矛盾和冲突,会及时向乡贤求助,希望借助乡贤的威望化解纠纷。这是因为,被群众认可的乡贤都会把儒家文化中的伦理道德视作调解纠纷的标准,加之乡贤与乡民多生活在同一片土地上,对矛盾各方的情况都十分了解,也就能够找到冲突的根源以及消解纠纷的办法。当然,乡贤通常会借助自身权威对矛盾各方进行劝解,使之能够彼此理解和互相让步。

(4)沟通乡村与外部世界。在我国传统社会尤其是乡村社会中,儒家思想一直被视作正统的思想。而这一主流思想之所以能够代代相传，通常要依赖乡贤对这一文化体系进行倡导和传承，使之能够历经多代而历久弥新。与此同时，乡贤由于见多识广、人脉四通八达，在中国社会中一直被视为和外界接触沟通最多的阶层。他们既能够为乡民解读国家的大政方针和未来走向，也能够向上级反映民意，传递民间的社会愿望，通过多种途径维护乡村农民的根本利益。

总之，新乡贤在乡村治理中的作用非常重要。他们在经验和智慧方面具有独特的优势，在村庄发展、社会调解、文化建设等方面可以发挥重要作用。政府应充分尊重和利用乡贤的作用，建立健全的乡贤引导机制，推动乡村治理和发展。本项研究所涉及的新乡贤特指参与农村家庭涉老冲突调解的德乡贤群体，具体涉及两类人，分别是电视调解节目中的主持人和社区/乡村/机构中的人民调解员。主持人和调解员虽然在调解过程中扮演的角色有所差异，但彼此的调解功能十分接近。两者在冲突处理过程中都会积极缓解冲突双方的矛盾，也会适时地发表自身对于冲突的看法和评价。在某些节目中，主持人和人民调解员甚至由同一人承担。本书在三方交际的具体分析时倾向于将主持人也当作调解员处理，但在文字转写过程中则分别以主持人和调解员进行标注。

二、家庭人际冲突

冲突作为一种广泛存在的社会现象，存在于人类社会的各种活动中。学界虽对冲突的内涵存在误解，但大多采用动态过程角度来看待冲突发展（Pondy 1967）。人际冲突是人际交往中最常见也最难避免的一种冲突现象。Barki & Hartwick(2004)将人际冲突定义为"互相依赖的双方因感知到意见分歧和目标达成受阻而产生负面情绪反应的动态过程"。刘林（2012）认为，人际冲突的表现形式通常有三，即意见分歧、负面情绪和干涉阻挠。这三个要素分别对应冲突的三个维度——认知、情感和行为。意见分歧指冲突主体存在某些方面的不相容，产生了争执和分歧。负面情绪是说冲突是一个感知的问题，冲突现象必须被两个以上的冲突主体所知觉，并产生认知或情感上的变化。如果当事人没有意识到冲突存在，那么即使客观上双方存在巨大差异,也会认为冲突不存在。干涉阻挠是说冲突主体会采取对立或敌对行为,而这些行为会影响和干预当事人愿望和目的的实现。人际冲突的这三种表现往往互相独立又彼此关联。在任何交际情境中,两个或两个以上实体只要存在一种敌对心理或敌对行为时就会发生冲突。从某种意义上来说,三种表现的不同组合能产生七种不同类型的冲突。但只有某一特定事件完全包含这三种表现时,才能称为人际冲突,仅包含一种成分或两种成分的组合事件,都不能称之为人际冲突。

就家庭人际冲突的类型而言,Braiker & Carley(1979)从层次角度区分了三种类型。第一层次是行为冲突,即双方对某个具体问题存在不同意见。例如,夫妻一起外出度假时,对行程安排存在不同意见。第二个层次是关系冲突,即双方对如何处理彼此关系,对各自的权利和义务有不同理解。例如夫妻两人在日常生活中的分工往往存在分歧,当他们对某些事件的看法不同(例如接送小孩或赡养父母),就难免发生冲突。第三个层次是认知上的冲突,即双方人格和价值观上存在差异。例如妻子比较外向,喜好周末邀请同事朋友来家里玩,但丈夫则比较喜欢安静,人际冲突便由此产生。在人际交往中,这三个层次的冲突往往交织在一起发生。一般来说,行为冲突的层次最低,认知冲突的层次则最高。

就家庭人际冲突的原因而言,张翔和樊富珉(2003)归纳了制度结构、习惯差异、认知差异、情绪态度、被侵犯、利益争夺及沟通障碍等七种原因。董朝宗(2008)则提炼了客观因素、主观因素、个性因素和社会因素等原因。整体上来看,学界虽对家庭人际冲突原因的划分各种侧重,但也有许多共通之处。综合来看,导致家庭人际冲突的原因主要有个体、认识、利益和沟通四大类别。

(1)个体因素。个体差异是引起冲突的常见原因。个体在文化教育、家庭背景、生活阅历和人生经验等方面会存在明显差异,导致他们对同一事件的态度、解释以及对双方人际关系的预期差异很大。例如自恋型、偏执型和冲动型的人在一起就容易爆发冲突。

(2)认识因素。认识因素也是引起冲突的主要因素。个体由于不同的价值取向与判断,会对事情的看法产生不一致。另外,个体对于其他个体或事物的喜好态度也会引发冲突，因为将喜欢或不喜欢作为评判的出发点本身就带有非理性的意味。例如不同世代的人在一起沟通时，往往会聊不到点上。

（3）利益因素。利益因素指在利益需要和利益分配过程中产生的冲突。一方面，在利益输送过程中，当一方拒绝给予另一方资源，从而造成资源短缺时，就会产生冲突。另一方面，资源在输送的过程中产生误解时也会产生冲突。例如日常机构中的职位晋升、奖金福利发放和表彰考核等事件都是冲突频发的重灾区。

（4）沟通因素。由于冲突双方沟通渠道不顺畅、信息交流不够或信息被曲解会造成彼此间的误会，进而引发冲突。此外，无效率的沟通、沟通双方彼此敌视或沟通者的沟通意愿等也容易引发冲突。例如交际中的一方情绪很低落，不想说话，另一方则喋喋不休，就会导致敌对性的互动。

总之，家庭交往中的人际冲突种类繁多，成因复杂，表现形式也多种多样。本项研究主要关注家庭领域中老年人与其家人之间的人际冲突。在冲突对象上，既涉及老年人之间的冲突，也涉及老年人与成年人的冲突。在冲突类型上，既涉及行为方面的冲突，也涉及关系和认知等方面的冲突。

三、人民调解

调解是指在第三方主持下，通过说服、疏导、教育等方法，促进冲突当事人之间达成基于自主意志的协议，以消除争议的法律制度和纠纷解决方式（廖永安 2019）。人民调解是在人民调解委员会的主持下，依据法律、法规、规章和政策以及社会公德、公序良俗等，对涉及民事权利义务的民间纠纷，在查明事实、分清是非的基础上，通过说服教育和规劝疏导的方法，促使当事人双方在自愿平等和互相谅解的前提下，达成调解协议，解决民间纠纷活动。

作为我国当前三大调解体系中的一员，人民调解与司法调解和行政调解之间既存在相同点，也存在不同点。司法调解是双方当事人在人民法院审判人员的主持下，通过平等协商的方式解决纠纷的诉讼活动。两者虽然都是通过说服教育、宣传法律政策，促使当事人互相谅解达成和解协议，消除纷争,但两者在调节的性质上存在根本差别。人民调解是不具有诉讼性质的诉讼外纠纷解决机制,是民间调解的特殊形式,同时也是一种群众性自治行为。司法调解则是人民法院审判人员在办理案件过程中主持和引导当事人用平等协商的办法解决纠纷、达成协议的诉讼活动。它是在诉讼内进行的,是法律形式审判权的一种方式。行政调解则是在国家行政机关主持下,根据自愿和合法的原则,通过说服教育的方式,促使当事人友好协商、互谅、互让而达成和解协议,以解决其争议的一种诉讼外活动。人民调解和行政调解虽然都是根据自愿和合法的原则进行调解,但两者在调解对象的范围上则存在根本不同。人民调解所针对的民间纠纷,属于一般民事纠纷,包括发生在公民与公民之间,公民与法人之间或其他社会组织之间。此类纠纷主要以日常生活中发生的纠纷为主,案情往往不复杂,涉案金额一般也不高。但行政调解一般较少涉及一般民事纠纷,大部分是以特定领域的民事纠纷为调解对象,涉及资源权属纷争、电信纠纷、消费纠纷、知识产权纠纷和交通事故纠纷等。同时,行政调解所涉及的范围也比较广泛,既可以是民事争议,也可以是刑事案件,还可以是涉及国家行政权的行政赔偿争议。

廖永安(2019)从冲突解决的协助性、冲突解决的灵活性、冲突解决的整体性、冲突解决的彻底性和冲突解决的低廉性等角度对人民调解的特征进行了系统论述:

(1)冲突解决的协助性。协助性是指调解需要由第三方主持,不同于当事人的自主协商、谈判以及自行暴力行为解决等方式。人民调解一般由人民调解员主持,而人民调解员是由人民群众选举或接受聘任,并具有一定法律政策知识的人来担任,调解依据的是国家的法律、法规、政策和社会公德。调解员无权对冲突中的任何一方接受调解或履行义务,更无权对当事人的财产或人身采取强制性措施。调解协议也不具有法律强制力,协议的履行依赖当事人的自愿,一方当事人在调解后如果后悔,另一方当事人可以通过其他合法途径解决纠纷。这种方式完全有别于法院调解和司法调解,因为前者主要是协助当事人之间达成解决争议的协议,而后两者则是为了对冲突做出强制性的裁判。

(2)冲突解决的灵活性。灵活性指的是调解程序并没有一套严格的程序规范约束,如严格的举证、质证、辩论和程序期间的等待等。在调解中,调解员采取当事人之间"背靠背"或"面对面"的方式,让冲突双方到某一地点开展调解协商。至于会议的时间和地点则可根据冲突的具体情形和当事人的意愿做出适当的选择。同时,调解虽然依据国家的法律规范,但又不完全遵照法律规范,可以根据当事人的意愿采用道德规范或人情伦理等原则灵活确定解决问题的方案。

(3)冲突解决的整体性。整体性是说调解采用的是整体性思维,即将当事人冲突的解决置于经济、法律、道德、习惯、心理和社会等多维视野下,对冲突的性质、发生的原因、矛盾的激烈程度、当事人涉及的其他社会关系和事实查明的状况等予以整体性考察的基础上,在不违背法律法规的前提下,针对冲突解决的具体需要寻求妥善的解决方案。在此基础上,调解员通过适当的技巧和方式,促成当事人在权利义务关系上达成自主意志的合意。

(4)冲突解决的彻底性。彻底性指的是冲突的解决是基于当事双方的自愿性,因而调解协议的履行虽不具备强制力,但冲突双方往往都能自觉履行。这种自愿性既体现在冲突双方对调解程序的启动和进行等方面,也体现在冲突双方对调解协议的最终认可度。由于调解以消除当事人的对抗为目标,并充分体现当事人的自愿性,因而调解的过程也就是当事人从对抗走向合作,由破裂走向和谐的过程。从一定意义上来说,人民调解的过程,就是第三方在当事人之间进行利益协调和心理平衡的过程。

(5)冲突解决的低廉性。低廉性是指冲突当事方为解决矛盾纠纷所支出的成本较低。一方面,人民调解不用缴纳诸如诉讼费和仲裁费等费用,也无须聘请律师之类的法律专业人员代理。另一方面,人民调解中的整体性思维和冲突双方的充分自愿性,使得矛盾冲突的解决既和谐又彻底,也不大会发生不服裁决以及裁决执行之类的额外成本。因此,成本低廉是人民调解在冲突解决中最显著的特点之一,也是当前各级政府大力推行的主要原因。

伴随社会经济的发展,人民调解的形式也发生了很大变革,从以往的私密空间走向了由电视和网络等媒介主导的大众媒体传播。电视调解是近几年来新兴的一种人民调解形式。它以老百姓在生活中遇到的各种情感、经济纠纷为题材,由当事人讲述其面临的问题和困惑,把问题摆在调解员、专家、主持人和观众面前,由当事人出面或通过演员模拟演绎,让大家评判是非对错,找到矛盾的源头,最终化解矛盾。相比较一般的人民调解,电视调解具有公开性、非地域性和影响广泛性等优势。它是人民调解在新媒介语境下的一种新发展形势,是人民调解和电视媒介的强强联合。当前,电视调解栏目主要有两种形态,分别是现场家庭调解和现场演播室调解。两者虽然都是现场即席的调解活动,但前者往往是调解者深入冲突方的家庭,后者则是将冲突双方邀请到演播室。相比较而言,现场家庭调解对于调解者的专业素养有更高要求,因为该情境下的冲突活动更加不可预料和不可控制。

本书以新乡贤参与的电视调解为语料来源,在具体话语分析过程中,既涉及现场家庭调解,也涉及现场演播室调解。

第二节　研　究　理　论

一、话语分析理论

话语是指有一定主题,语义上连贯,形式上衔接的一连串语句(王德春1999)。它表现为使用中的语言,是说话者在特定语境中使用语言达到自己目的的言语手段(陈丽江2007)。Gee(1999)认为,对于话语的理解包含两个层面。一是言语行为层,主要涉及言内意。二是社会行为层,主要关注言外意。因而话语是语言系统和社会系统的交汇点,它不仅与语言系统相关,还与言语交流的语境有关。

话语分析则是对话语的具体研究。在西方,对于话语分析的研究可以追溯到两千多年前柏拉图和亚里士多德多有关辩论结构和修辞理论的研究,但最早提出话语分析这一术语的则是美国语言学家 Harris(1952)。Keither & Helen(1998)将话语分析研究定义为研究在较集中语言片段是如何为其使用者设定意义、目的和一致性。当前,学界普遍认为话语分析还是一门相对新兴的学科,没有单一的理论指导,也没有公认的分析步骤和分析方法。但是 Schiffrin(1994)介绍了 6 种可用于话语分析的理论,即言语行为理论、互动社会语言学、交际民族志学、语用学、会话分析和变异分析。上述的六种理论涵盖了话语分析的两种理论取向。一种是注重语言本身的文本研究,如言语行为、会话分析和变异分析等,另一种则是注重交际的社会文化语境,如互动社会语言学、交际民族志学和语用学。比较而言,前者主要聚焦于互动中的会话本身研究,通过对大量真实的日常对话进行描述和分析,总结并探索背后的规律。后者则将对话与交际语境相结合,聚焦交际过程中的意识形态、话语权力和身份认同等研究。胡文芝(2014)在前人的基础上,提炼了话语分析研究的主要观点,可概括如下:

(1) 语言使用和语言理解是在超句子层面发生的。句子通常是出现在一个句子序列之中,其语音层面的语调和重音取决于句子之间的信息分布、话题说明结构和前后对照等。语法层面的代词、冠词以及其他指示性表达的使用、时态和情态等也和句子序列密切相关。句子理解虽然与一定的句法结构相关,但通常也是依赖句子序列。

(2) 语境是语言使用和语言理解中的重要因素,语言反映同时建构语言使用的语境。交际互动中的语境通常包括四个紧密相关的方面,分别是符号学方面、社会活动方面、物质方面和社会文化方面。符号学方面指语言、手势、意象或其他的符号系统以及不同类型的知识。社会活动方面指参与者正在参与社会活动,这些活动由一系列的行为构成。物质方面指交际时的时空信息,如时间、地点、人物事件等。社会文化方面指互动中的个人、社会和文化知识以及情感、价值、身份和关系等,也涉及对符号系统、活动、物质世界和政治等方面的社会知识。对于话语的理解不能停留在符号层面,必须结合社会的、历史的、文化的因素去解构话语的意义。

(3) 在实际的语言使用中,语言的形式和功能之间并不存在一一的对应关系。同一语言形式可以用来使用多种功能,同一功能也可以通过多种语言形式来运用。在语言交际中,一个人的话语可能同时完成以下三种言语行为:言内行为、言外行为和言后行为。此外,说话者还可以通过间接言语行为来实现自己的交际目的,听话人也可以通过社会文化惯例来克服语言中的形式和功能差异,领悟说话人的真正意图。

(4) 话语是作为互动的话语,互动是会话的本质特征。会话活动中的参与者轮流讲话、开启或结束会话、进行意义协商、对先前话轮予以回应、开启新的话轮、保全面子、保持礼貌、遵守合作原则、说服对方、赞同或反对对方等都属于会话互动的类型。

(5) 话语是作为过程的话语,而不是作为成品的话语。语言不仅仅传递信息,而且传递社会关系和个人态度。了解语言的功能和目的只是一个方面,更重要的是要了解语言的生产者和接收者对语言进行加工处理和理解的过程。

(6) 话语中不仅存在连续出现的句子之间的局部或微观结构关系,而且还存在决定其宏观连贯和宏观组织的整体结构。换句话说,话语分别存在宏观和微观两种结构。话语的宏观结构包含了意义整体结构和形式整体结构两种。这两种结构不只是由句子与句子之间的直线关系构成,而是还建立在话语的总体之上或建立在话语中一个较大单位的总体结构之上。话语的微观结构包含了功能性结构和指称性结构两种。这两种结构主要表现为话语中的连贯,但这种连贯不是抽象意义上的连贯,而是针对某个交际情境中语篇参与者之间的连贯。

(7) 话语是一个系统的话轮转换过程,会话参与者利用话轮转换来引入、展开和结束话题,从而实现自己的会话目的。会话最基本的规律是每次至少有一方,但又不多于一方在说话。话轮转换通常发生在话轮转换的关联位置,它不仅揭示了会话中的话轮交替现象,而且为违反话轮转换规则的话语现象提供了解释。人们获得话轮的方式显示出他们对交际规则适应,但这种规则并不是先于行为而存在,而是只能在行为中被找出来。

(8) 话语蕴含权力,权力通过话语来实现。话语中的权力包括对行为和思想的控制、说服性权力、霸权主义、对语境的控制和对话语结构的控制等。Van Dijk(1997)认为,命令和指令等指令性言语行为是企图使听话者按照说话者的意愿行事,是权力公开实施的表现,而争辩、说服和建议等话语行为则比较温和和委婉。霸权主义在话语中的权力体现是指强势的群体通过教育、信息强度、宣传、媒介以及其他形式的公共话语促使弱势的人按照强权者的意志行事。控制语境意味着控制话语结构,控制语言或风格意味着控制话语结构。

话语分析理论为本研究提供了很好的理论指导和实践操作。本研究的涉老调解话语研究主要从两个角度展开。一聚焦话语的会话结构特征,关注调解者在冲突调解过程中的宏观话语结构和微观问答结构。二聚焦话语的交际语境,关注调解者在冲突调解过程中的理性意识、身份建构和权力运用等议题。

二、互动语言学

互动语言学是语言学研究中出现的一个新面向。它拒绝研究者通过内省或杜撰等方式来获取研究语料,呼吁要考察现实生活中人与人互动过程中所展现的自然语料。该理论认为,语言的意义是在人与人之间的互动交流过程中出现并不断发生变化。因而,该理论重点关注日常真实互动过程中的语言使用情况,探讨语言结构及其运用模式与互动交流是如何互相影响,并为互动参与者在真实、情景化的日常交往中完成互动与交流作出贡献。Couper-Kuhlen & Setting(2001)认为,互动语言学不仅研究互动中的语法和韵律,还研究语言结构与运用的方方面面,包括语音、音系、形态、句法、词汇、语义、语用、语言变异、语言习得、语言混用和语言濒危等。

互动语言学的形成和发展得益于三大语言学传统,即功能语言学、会话分析和语言人类学。以下所涉为互动语言学与上述三大语言学传统一些主要的相关观点:

(1)互动语言学与功能语言学皆认为,语言形式与语言功能之间的关系不是杂乱无章,而是有理可循(Dik 1978)。交际中的自然语言是社会互动的工具,交际双方能够互相影响各自的心智和语用信息,并最终影响各自的行为模式。语言形式是作为意义的载体而存在,意义的存在是为了使信息在实际言语事件中能够在交际者之间相互传递,因而形态句法是为语义服务的,而语义是为语用服务的。

(2)互动语言学与会话分析皆关注"互动中的交谈",考察交际序列中的话轮以及话轮与话轮之间的关系以及互动参与者各自序列所出现的特征

(Sacks 1974)。这种研究取向将研究重点从心理能力和非时间的结构分析转移到了开放式、社会互相协调、受时间与空间影响的互动行为方面。该理论认为，交际者不是语言文化的被动承载者，而是积极参与者，交际者的行为或多或少遵守了社会规约、原则或期待，但是具有不可预测性，互动双方在日常生活中需要根据情景变化对会话话步和实践做出一些相应调整。

（3）互动语言学与语言人类学皆强调语法分析的重要性，认为语法带有深刻的文化烙印，通过语法范畴的分析能揭示思维和行为中最为基本和最为无意识的文化模式。在他们看来，语言不但是思维的工具，还是行为的工具，它内嵌于社会互动中，本身就是一种社会互动(Cole & Scribner 1974)。

互动语言学提出，语言范畴和语言结构主要用于社会互动组织建构，因此要在社会互动背景下对语言形式和功能加以描述和解释(Meredith & Catherine 2020)。该理论主要解决两种类型的问题：① 互动者是利用什么样的语言资源来表达具体的会话结构并完成互动功能？② 具体语言形式及其使用方式又会生成什么样的互动功能或会话结构。从上述两个问题可以发现，互动语言学的最终目的就是了解互动如何生成和塑造语言，具体语言又是如何影响和塑造互动行为。互动语言学把互动看作是一个正在进行或刚刚出现的社会符号事件产物，而语言则是为了完成这个事件提供一系列的资源。语言所提供的资源不是无序的，而是有序的，交际者在互动中使用这些资源的行为也是有序且可识别的。在互动语言学家看来，语言首先是互动的工具，互动塑造语言，并使语言日益适应其生存的环境。反过来，语言也塑造互动，交际者不仅是语言文化的被动承载者，更是积极的参与者和创造者。

本书的涉老调解话语来自现场即席的鲜活语料，在研究的理论取向与内容主题等方面与互动语言学高度契合。同时，互动语言学所关注的语言形式与语言功能之间的关系以及交际双方在互动过程中的言语行为协调和社会身份建构也恰是本研究的关注重点。

三、三方交际语用学

已有的语用学理论大多以两方交际为理论模型，将所有交际者抽象为

"说话者"和"听话者"两个角色类型。但这种高度概括化的理论出发点将现实交际中复杂的参与结构过于简化,不能充分揭示人类日常交际的复杂性。因为,人们的交际行为并不总是在一个说话者和一个听话者之间进行,往往还会受到其他在场者的影响。Kerbrat-Orecchioni(2004)将三方交际的特点概括如下:

(1) 在人数上,有三人或三人以上的参与者会话才能称之为多人会话。三方交际由四个因素构成,分别是说话者、话语和双方听话者。这四个要素缺一不可,缺少任何一个要素就无法构成三方交际。但作为听者一方与人数多少并没有太多关联。在某些特殊情境,例如网络对话,参与者的人数甚至不能确定。又比如在课堂教学和公共演讲中,如果说话者并不试图区分场中听者的关系与身份等,而只是笼统地将所有听者当作同一类型对待,那么从说话者的角度来看,在场的多位听者并不形成三方交际,仍然是传统意义上的两方交际。

(2) 多人会话中的听话者角色可区分为指向听者、非指向听者和潜在听话者。因为说话者的话语不仅指向正在交谈的一方,还可能指向一个或多个偶然存在的第三方。其中非指向听者又可细分为偷听者和旁听者。偷听者指说话者未意识到这一类听者存在,但客观上他们有意识或无意识地听到了话语。旁听者指说话者意识到现场存在其他听话者,但并不试图向他们传达某种信息。因为听者角色不同,话语的语用价值对他们的意义就不同,说话者的话语对他们的影响也就不同。

(3) 与两人话语的话轮推进规律不同,三方各自所获得的话轮数也不均衡。根据听者的参与度,三方交际可分为对称型和不对称型。在对称型三方交际中,两方听者都是话语的直接接受者,在说话者的话语设计中同样重要,缺少任何一方,交际行为就会变得不完整。但在不对称型三方交际中,只有一方听者是话语的接受者,第二方听者只是参与或是旁听了说话者与第一方的交际行为。第二方听者在某些方面影响了说话者话语的设计,但其本人既不是话语形式的接受者,也不是话语信息意图的接受者。整体而言,三方话语中的话轮转换往往是不对称的。

(4) 多人话语往往有冲突性,所以参与者之间形成联盟关系的趋势是区别与两人会话最显著的特点。三方交际中共有关系联盟、效用联盟和负效用相关联盟三种。关系联盟是先于话语交际而存在于交际者之间的社会关系。联盟关系不是在交际中通过协商和谈判逐步建立起来，而是独立于该交际事件和交际语境形成。效用联盟则是交际者通过组建联盟寻求支配性和影响力，进而带来效用分配中的优势地位，其根本目的是追求自身的更大效用。效用负相关联盟的联盟成员在进入交际行为之前就存在一种竞争性关系，成员之间不共享面子的收益和损失。随着参与者争夺话语权的频繁发生，调停现象也增多。在任何情况下，结盟都具有随时形成、随时解散的不可预知性和不稳定性。

（5）多人会话的结构与两人会话也不一样，话轮回合交织的情况使话语结构和推进形式更加复杂。一方面，话语角色的分配并不意味着说话者需要将各种参与角色清晰地强加于所有在场听话者，也不意味着在场所有听话者都可以轻易地、准确地识别自己的角色。另一方面，说话者有时故意采用不明确的、模糊的角色分配机制，以实现幽默、避免面子威胁等特定的语境效果。同时，语段有可能结构不完整，或被中间截断，一个语步还有可能由不同的参与者完成。因为听者很多时候不能识别自己在话语中的角色类型，就无法选择话语的理解方式。

（6）双方交际大多基于自主性交际原则，而三方交际则基于协作性交际原则。话语交际是一种社会性的联合行动，说话者和听者进入交际语境即意味着相互之间达成一个交际协议。为使三方交际顺利进行，交际者需要共同遵守会话责任、协作责任和礼貌责任。会话责任指参与话语交际的各方都有责任跟进话语的进行，并且有责任使其他参与方可以跟进话语的进行，而非参与方却不承担这样的责任。协作责任指说话者直接与话语接受者协作，间接地与旁参与者协作。礼貌责任指说话者不无故威胁他人的面子需求，对于参与者和非参与者都有两方面的礼貌责任，既维护、尊重听者的积极面子也不干涉其行动自由。

整体上而言，参与者人数越多，话语活动就越复杂。说话者要根据场景把所有参与者的因素考虑在内，而听话者由于社会关系、背景知识、话语期待和交际目的等原因，呈现出纷繁复杂的情况。本研究的新乡贤调解话语毫无疑问是一种非对称性的三方交际,而三方交际语用学则为本研究提供了很好的理论视角和理论框架。该理论中的听者角色、听者参与度和话语联盟等概念对本研究具有很好的启发意义。

四、语用原则理论

言语交际是一种双边的或多边的言语行为,为保证交际的顺利进行,语言应用者必须共同遵守一些基本原则。就调解话语而言,所涉及的语用原则主要有三种,分别是合作原则、礼貌原则和目的原则。

(1) 合作原则。合作原则由美国哲学家 Grice 提出。交际双方在参与交谈时,需要根据交谈的目的或方向的变化去提供适切的话语。Grice(1957)将其中所涉及的主要原则概括为合作原则。合作原则包含质准则、量准则、相关准则和方式准则四个范畴:质准则指的是不要说自知虚假的话,也不要说证据不足的话;量准则指所说的话应包含交谈目的所需要的信息,且不应该提供超出需要的信息;关系准则要求说话要有关联,切合体旨;方式准则则要求交际的语言不仅要通俗明白,避免晦涩,还要求语言井井有条,避免杂乱。Grice(1975)认为,这些准则不仅是所有人或大多数人实际遵守的,而且也是理所当然应当去遵循而不应该放弃的。但在实际交流中,交际者出于各种目的也会违反其中的一条或几条准则,此时就会引发交际障碍或特殊交际效果。

(2) 礼貌原则。礼貌原则由英国语言学家 Leech 提出。言语交际者在日常交际中必须要考虑自己言语行为的适当性,并需要根据交际对象所属的文化系统、民族、阶级及其个性等因素来遣词造句和传递信息。Leech(1983)认为,言语交际的这种道德伦理现象可以用礼貌原则解释。礼貌原则包含了六个具体范畴:得体原则指要尽量少让别人吃亏,多使别人受益;慷慨原则指尽量少让自己受益,多使自己吃亏;赞誉准则指尽量少贬低别人,多赞誉别人;谦逊准则指尽量少赞誉自己,多贬低自己;一致准则指尽量减少双方分歧,增加双方一致;同情准则指尽量减少双方反感,增加双方同情。Leech 认为构成礼貌的重要因素是命题所指向的行动内容给交际双方带来的利损情况以及话语留给听话人的自主选择程度。就话语的利损情况而言,发话人话语的命题内容越有利于受话人,话语就越礼貌。就自主选择程度而言,发话人采用越间接的方式,其强加程度就越小,受话人的自由度就越高,话语的礼貌程度也越高。

(3) 目的原则。目的原则由中国语言学家廖美珍提出。交际双方在进行社会话语互动时,总会基于一种交际目的,也就不可避免地陷入一种目的关系。廖美珍(2005)认为,目的原则是言语行为分析的基石。据此他提出了目的原则的八个范畴:目的是话语行为生成的原因;目的是话语发展和进行的驱动力;目的是话语行为的意义所在;话语行为的目的是多种多样的;说话者一旦对受话者执行了一种有目的地话语行为,双方就会进入一种目的关系;人们在社会互动中形成不同的目的关系,可概括为目的一致、目的冲突和目的中性。当交际双方目的一致时,互动就比较简单,一般是启动—回应或启动—回应—后续。当交际双方的目的冲突时,互动结构就比较复杂,一般是重复结构或零结构,会话代价比较大。当交际双方的目的中性时,双方倾向于合作;目的驱使对话形式的选择,话语形式的研究离不开目的的分析;分析话语行为首先要分析目的和目的的关系。廖美珍(2005)还进一步从层次、结构和系统等角度对交际目的进行了论述。一个话语活动如果不是由一个话语行为构成,便有一个总目的和若干子目的,他们彼此构成了一个目的系统。同时,有些子目的处于重要地位,有些则处于次要地位,因而不同子目的间表现出一定的层次性。此外,有些子目的是直接指向总目的,有些则是间接指向总目的,他们在系统中的结构位置不大相同。

综上所述,合作原则强调交际三方为了共同交际目的而做出的交际努力,礼貌原强调人际交往中言语行为的适切性和规范性,目的原则强调话语行为的目的性。上述三种原则为本研究的调解话语研究提供了很好的调解评价标准。调解话语行为既是一种人际交往行为,又是一种冲突缓和行为,离不开调解者和冲突双方彼此间主观能动作用的发挥。就合作原则而言,调解者需要使用真实可信的话语表达,让冲突双方主动参与到调解实践中来。就礼貌原则而言,调解者需要使用得体的话语表达,建构和谐的调解人际关系。就目的原则而言,调解者需要有策略地使用多种调解策略,提高调解效率。

在本书中,四个理论之间的相互关系可用图 1.1 的架构来表示。其中,话语分析与本研究的研究内容息息相关,主要涉及会话分析、调解策略、立场表达和信任管理四个方面。三方交际语用学和互动语言学则为话语分析提供了宏观的理论指导,语用原则理论则为话语分析提供了解释的框架。

图 1.1 理论架构图

第三节 研 究 框 架

本书将农村新乡贤参与的家庭涉老调解实践视为一种治疗式语言服务,认为调解话语可通过冲突双方人际关系的重构来实现家庭控制机制转换和社会型救济发展。通过采取"以语言本体为描写模式,以语用学为解释模式"的研究范式,本书遵循"理论—应用—实践"的思路,对调解话语进行多方面探讨。基于人民调解的机构性话语特点和农村家庭涉老冲突的社会文化特点,本书先建构了涉老调解的宏观话语理论框架,并基于此探讨了新乡贤调解员在会话分析、调解策略、立场表达和信任管理等方面的语言使用特点,然后从礼貌、合作、身份、目的和权力等角度对调解互动中的语言表达模式和运作机制进行合理解释,从而揭示农村涉老冲突调解背后的语言机理和深层原因。主要思路如图 1.2 所示。

本书主要由七个章节组成,除第一章外,其他几章内容安排如下:

第二章为涉老调解的宏观话语研究。涉老调解话语是由新乡贤调解员发起的,与涉老调解内容相关的各种语类话语,是一个包含各种类型的话语集合。它以人口老龄化进程中的社会问题关切为导向,关注调解交际互动过程中因社会制度、机构语境和话语资源等因素而在语言生活中处于弱势的老年人群体。本章先对涉老调解的话语属性进行分析,再从自愿原则、平等原则、诚信原则和中立原则等方面对涉老调解的交际原则展开讨论,最后从制度语境、机构语境和家庭语境三个方面对涉老调解话语的特点进行总结。

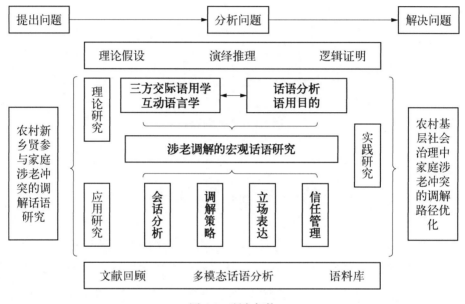

图 1.2　研究架构

　　第三章为涉老调解的会话分析研究。涉老调解话语是由一系列语段构成的语言整体,是呈会话结构形式的机构话语。调解过程中的陈述、争辩和问答等言语行为都是在会话中完成,调解话语的本质也是一种特殊的生活和行为方式。本章节先对涉老调解的叙事主题和叙事结构进行分析,再依据调解的进程安排,对调解导入、矛盾陈述、调解协商和调解总结四个交往阶段中的会话行为进行了详细描写。

　　第四章为涉老调解的话语策略研究。由于人民调解不具备司法判决的高度强制性,新乡贤调解员在涉老调解过程中必须要注意调解话语灵活性与司法实践合法性的辩证统一,这必然涉及到调解策略问题。本章节基于前期文献回顾和现有语料分析,从结构化角度建构了涉老调解的话语策略框架,涉及提升权势、语用移情、语用缓和和回避四大类别。在此基础上,研究者对新乡贤调解员在语言层面和手势层面的话语策略展开详细描写,并从框定、选择、配置和前景化等角度建构了基于多模态的调解策略分析框架。

第五章为涉老调解的立场表达研究。立场体现在人们言语交际的方方面面,不管是书面互动方式还是言谈会话方式,言语主体的立场表达都体现在语言中。调解实践作为以言语活动为主的话语活动,无论是冲突矛盾的事实阐述还是人际关系的和谐干预,都包含了调解者和冲突者的主观认识、价值判断与个人情感。本章在互动语言学的理论背景下,将调解者在涉老调解过程中的立场表达置于互动/社会的矩阵中进行研究,从评价立场、认知立场、情感立场和离合立场四个层面对新乡贤调解员的话语表征进行了详细描写,并从交际参与者、立场主题确定、立场动态建构、立场语言表征和立场理据性等角度建构了一个调解立场分析框架。

第六章为涉老调解的信任管理研究。信任作为一种重要的人际心理情感,既是人际合作的润滑剂,也是人际合作的情感基础。新乡贤调解员的一个重要工作就是为冲突双方搭建一个信任的桥梁,既要建构起冲突双方对调解者和调解程序的信任,也要在冲突双方不信任的基础上修复彼此之间的信任。本章节从社会心理角度对新乡贤调解员在涉老调解过程中的信任管理展开研究。围绕冲突双方的信任建构、信任修复和情感管理等议题,本章节详细描写了新乡贤调解员的话语策略并对其背后的语用目的做了探讨。

第七章为结论。除了总结主要研究发现外,还讨论了新乡贤调解员参与农村涉老调解的路径优化和研究等未尽事宜。

第四节　研　究　意　义

本书尝试把理论探索与社会需求紧密结合起来,以新媒介语境下的人民调解这一极富现实意义的议题为切入点,力求在语言问题研究与社会实践应用之间搭建一个沟通桥梁。本书通过对新乡贤调解员参与家庭涉老冲突的语言表征进行观察、描写、总结和解释，勾勒出这一特殊机构语境下的话语基本面貌和普遍性规律特征，既有语言学上的理论意义，又具备一定的社会应用价值。

一、推动基层治理中的农村家庭涉老调解话语研究

本书将农村老年人置于生活世界中心，从语言使用角度对他们的调解实践进行多层次分析，是在法学语言转型背景下，从语言学视角交叉研究社会法律实践。本书关于涉老调解话语研究的相关语料、观点和结论不仅可以验证国外关于调解研究的已有共性结论，还能依据前人研究尚未涉及的新乡贤参与农村涉老冲突这一机构领域所得到的语言事实和研究发现对已有的研究观点和结论作出进一步的完善、补充和修正。另外，本书是在三方交际语用学和互动语言学角度下开展的调解话语研究，有利于从跨学科角度推动农村涉老调解话语的进一步研究。

二、完善农村老年群体语言服务研究的理论探索

本书以农村老年人的家庭人际冲突为切入点，从互动语言学角度探索调解话语与人际关系重构的互动机制问题，形成了"形式—功能—批评"的分析思路。通过对新乡贤调解员在涉老调解过程中的语言表征、策略类型、制约因素和语用目的等进行深入分析，有助深化对当前农村老年人家庭语言生活和家庭人际关系的认识，完善老年语言服务研究的理论探索。同时，本书采用调解过程中真实自然发生的语料，有助于拓展并深化对中国老年人在特殊交际情境下有关语言常模的研究。

三、推动新乡贤参与农村治理中的调解能力提升

当前全国各省份都在积极推动新乡贤文化建设与乡村治理的有机融合，但现实中很多调解人员的专业素养比较低，在思想观念、法律知识、心理素质和沟通技巧等方面都存在很大不足。本书以新乡贤参与的农村家庭涉老调解活动为场域，对涉老调解的机构话语、调解实践和调解理据进

行系统研究,将现有调解经验总结和优秀调解文化弘扬相结合,有助于建设一支高素质的调解队伍,推动基层治理中新农村的调解制度创新。浙江作为全面深化改革的"重要窗口",使得本研究成果具有一定的普适性和推广价值。

第二章 涉老调解的宏观话语研究

引 言

由于中国"和为贵"和"无讼"的传统法律文化，调解在中国的纠纷解决中自古以来一直扮演着相当重要的角色。人民调解，作为一项具有中国特色的法律制度，是诉讼之外化解矛盾、消除纠纷的有效途径，也是新时期维护社会稳定的"第一道防线"（王公义 2005）。特别是在官方救济机制尚不健全的背景下，人民调解作为中国基层社会权利救济机制的作用就更加值得重视。当前学界已经意识到，充分发挥人民调解在处理人民内部矛盾中的优势与作用，努力把各种矛盾纠纷化解在萌芽状态，是构建和谐社会的重要手段（徐昕 2006）。2021 年 11 月《中共中央、国务院关于加强新时代老龄工作的意见》中强调"有效应对我国人口老龄化、事关国家发展全局，事关亿万百姓福祉，事关社会和谐稳定"。伴随老龄化社会进程快速加快，老年人的家庭矛盾冲突日益频发，老年人权益受损的情况日益凸显（靳豆豆 2016）。一方面，农村的家庭涉老冲突是社会建构的产物，是特定家庭文化中不同代际间彼此互动和协商的结果。另一方面，老年人在家庭冲突中的自我价值诉求是家庭再生产中伦理延续的过程，是他们以主体能动性参与家庭再生产的结果。在此情况下，开展老年人的家庭语言服务是应对老龄化社会危机，维护社会和谐稳定的重要举措。本章节主要从机构话语角度切入，从话语属性、交际原则、话语特征和社会文化语境四个方面展开讨论，以求揭示涉老调解的宏观话语性质。

第一节　涉老调解的话语属性

人们运用语言来开展日常生活中所涉及的发生在各种组织机构中的事件,如去医院看病、进行商务谈判和工作面试等。机构话语就是发生在这些职业环境中的语言交流活动(Koester 2006)。它主要关注道德和社会机构的规范如何影响人类的互动模式。20 世纪 70 年代以后,有关法庭、医院和课堂等机构话语的研究成了学界的研究热点。这种话语活动具有明确的与该职业相关的交际任务,参与者至少有一方是从事该职业的专业人员,交际任务由从事该职业的专业人员和非本职业人员通过交流共同完成(Arminen 2017)。Thornborrow(2014)指出,机构谈话是一种确定了说话人谈话位置,限定了说话人话语行动的对话。一般而言,机构对话中的参与者往往是不平等的,非本职人员的话语权受到诸多限制,而本职人员在交流上占有主动地位。例如电视访谈的机构语境就形成了主持人提问和嘉宾回答的互动性话语结构特征。法庭对证人的审讯、医生对病人的诊疗以及教师对学生的教学大抵也是这种交流方式。值得一提的是,机构性互动经常出现在特定的物理环境中,但谈话是否具有机构性,并不取决于它所发生的物理环境,而是由它的交际目的所决定(Martire 2018)。

涉老调解话语是机构话语的一个主要类别,学界目前对此尚无一个明确的定义。本书参考其他机构类话语的定义,将其定义为是由调解者、调解组织或调解社团所发起的,与涉老调解内容相关的各种语类话语,是一个包含各种类型的话语集合。作为一种针对特殊群体的人民调解形式,涉老调解话语具有如下特点:

(1) 作为社会互动的话语。人是社会性动物,社会性是人类的本质属性,因而话语具有人类独特性,话语与人类社会互为依存、相互作用。语言使用者通过语言或文本等资源完成社会互动,并把话语作为一种有意义的、适应社会的互动(van Dijk 2011)。涉老调解的产生具有广泛的社会需求,如解决生活争端、宣传政策法规和调节人际关系这些都是基于现实的生活需要。在涉老调解过程中,调解者通过与老年人及其冲突者的社会互动,表明他们之间应该建立什么样的人际关系,并推动这样一种人际关系的建立。

（2）作为社会交流的话语。交流互动是人类社会的基本认知秩序,也是人类社会有效运行的基本保障条件。语言使用者通过语言展开思想的表达与交流,赋予交流不同的语义和价值（Tracy 2005）。具体来说,人际间的交流可以实现三个目标：① 了解他人的知识、意图、目标和情感；② 了解获取和积累社会所分享的传播知识的方式；③ 协同互动的方法。话语的互动和话语的认知互为假设,没有互动就没有认知,没有认知也就没有互动。涉老调解的话语活动涉及话题组织、话轮转换和交叉辩论等方面,调解者为了调解活动的有效开展,需要控制冲突双方的话语顺序、调解进程和调解秩序。在涉老调解过程中,调解者尤其要重视老年人因语言蚀失而造成的语言功能障碍,在他们充分表达自身意愿的情况下推动调解的顺利进行。

（3）作为复杂结构的话语。话语研究的核心价值在于自然语言的应用。自然语言作为人类所独有的属性,表征为基于规则的复杂语言系统（McKeown 1985）。话语分析对于自然语言的研究包含了三个主要维度：形式、意义和行动。在形式层面,话语分析不仅关注语音、词汇和句子等局部结构,也关注会话的组织化图式和宏观语篇结构。在意义和行动层面,话语分析不仅描述局部层面上句子表现出的命题和行动,也描述宏观层面的整体性意义和整体性行动。相比较其他群体,老年人的话语行为会减少,借助体貌和动作等多模态手段的代偿现象会增多。在涉老调解过程中,调解者尤其要关注老年人多模态话语资源的运用,关注他们如何综合运用语言和肢体语言来表达深刻的话语意义。

（4）作为权力和宰制的话语。作为互动和传播的话语是人们日常生活社会情境中的一部分,是人们的一种主观生活体验。它一方面是导致社会不公的重要条件,另一方面又是用来对抗权力、表达反抗和不满的有效工具（Kress 1990）。作为话语所诠释和再现的社会秩序的一个基本方面,权力和权力宰制可以定义为社会群体或组织对公共话语的优先使用和控制。话语参与者会在他们的主观心理模式中反映出具体的语境因素,如环境、参与者身份和关系、目的等,并促使语言使用者在当前语境中选择合适的话语(van Dijk 2006)。调解者的调解话语显示出明显的机构性特点,即调解者必须根据自己的角色对当下进行的话题进行专门限制,不仅体现了权势的充斥性,还具有非对称性和语境决定性等特征。在涉老调解的话语分析过程中,调解者需要凸显老年人群在生理认知衰退方面的特殊性,总结老年人话语在情境适切性方面的先决条件和基本规则,揭示话语对他们态度、意识形态、规范和价值等方面的复杂控制。冲突双方的社会背景因素,如性别、年龄、文化程度、婚姻状况和教育背景等因素也需要调解者充分考量。

(5) 作为传播的机构性话语。同一般的调解话语一样,涉老调解话语也有固定的步骤与过程,并由从事该职业的专业人员引导话语进程。不同于其他调解实践活动,本研究的电视调解是借助现代媒介的优势效应,将调解的时空语境由以往单一的私人领域扩展到更加广泛的公共领域。它在纷繁复杂的社会中,抓住了解决私人家庭、生活、婚姻等纠纷问题的典型范例,通过调解者综合运用社会、心理、法律等理性话语,让公众接触到了更为权威、更加可信、更富民主的调解渠道。它保留了人民调解的自主性和综合性极强的优势,借助媒介自身对于受众的使用与满足的特性,不仅迎合了受众认知和情感等方面的需求,并在社会中建立起具有最广泛公信力和权威性的传播渠道。但由于电视调解的公开性和传播性,调解者尤其要注意情理法原则运用的恰当性以及冲突双方当事人隐私和权利的保护。

第二节　涉老调解的互动原则

调解的基本原则贯穿调解过程的始终,是调解者必须要遵守的客观规律。人民调解、法院调解和行政调解虽然存在很多差异,但就调解的基本原则而言,很多都是要共同遵守的。当然,一些原则在这三种调解中也会存在差异性,例如法院调解和行政调解都十分强调保密性原则,但在本研究的人民调解中,因其发生的场域是在传播语境中,保密原则基本不存在。根据廖永安(2019)的相关论述,研究者将涉老调解的基本原则概括为自愿原则、平等原则、诚信原则和中立原则。

(1)自愿原则。民事主体法的自愿原则是民事主体进行民事交易的必备条件,也是处理各种民事争议的前提要素。调解作为一种重要的合意性纠纷解决方式,理应将尊重当事人意愿作为其首要指导条件。《人民调解法》第23条规定:当事人在人民调解活动中享有下列权利:选择或接受人民调解员;接受调解、拒绝调解或要求终止调解;要求调解公开进行或不公开进行;自主表达意愿、自愿达成调解协议。具体到调解实践而言,自愿原则有两个内涵。一是在调解程序的启动上必须尊重当事人意愿。调解必须基于双方当事人的意思自治,当存在任意一方当事人不愿意接受调解的纠纷处理方式,或者不愿意接受某一组织或个人进行调解,又或者不同意调解的时空情境时,调解员都不应该进行强制调解。二是在调解协议的达成上应充分尊重当事人意愿。冲突双方当事人有权利选择接受调解员提出的方案,也可以自行提出调解方案,另外冲突双方当事人在调解协议的形式上既可以选择书面协议也可以选择口头协议。最重要的是,任何调解主体都不能违背当事人意愿,强迫其接受和履行调解协议。此外,调解所达成的协议,不管是当事人在没有外力情况下自由自愿达成,或是调解者运用适当手段达成,当双方的真实意图均认可且彼此都接受时,其自愿应该予以承认。

(2)平等原则。《民法总则》规定:民事主体在民事活动中的法律地位一律平等。这是由民事主体之间在财产关系和人身关系上的范畴和性质所决定的,因为民事纠纷的本质特点就是当事人对自身利益的权衡取舍,而当事人的自身利益在法律规定的范围内拥有自由处分的权利。调解员只有坚持平等原则,才能营造出一个与外部社会相对隔离的调解环境,取得冲突双方的信任。当事人的地位平等具备三方面内涵:一是冲突双方在调解中的地位完全平等;二是冲突双方拥有同等行使权利的机会和便利;三是调解员始终平等对待当事人。具体而言,调解员在理念上需要充分尊重双方当事人的意愿,不存在歧视、压迫、偏袒和压制当事人的倾向。在实践上,调解员也要在调解时间分配和调解语言表达等方面让冲突双方感受到公平公正,还要确保冲突双方地位平等，在平等自愿的基础上充分发表自身意见。

（3）诚信原则。诚信原则指调解者、冲突当事人以及其他参与调解的人，必须要讲究信用、恪守诺言和诚实不欺。具体来说，调解中的诚信原则包含了三方面内容。一是禁止当事人滥用权利。在调解过程中，任何一方当事人都不得以欺骗对方为目的实施欺诈性调解行为，且禁止当事人之间采取倚强凌弱、威逼要挟等不正当手段达成调解协议。冲突双方也不能恶意串通、共同实施损害社会公共利益和其他方合法权益的行为。二是当事人不得违反真实义务。所谓真实义务是指冲突双方在调解过程中不得提出或主张已知的不真实事实或自己认定不真实的事实，同时不能在明知事实真相和对方提出的主张相符时，仍然进行争执。三是禁止冲突双方有矛盾举动。诚信原则中"信"要求冲突当事人在程序过程中应该保持其前后行为的一致性，对自己行为负责，严格履行自己已经承诺的义务，在没有特殊情况下不应该撕毁已经达成的调解协议。四是调解员应诚实、善意地实施调解活动。调解员应诚实友善地评价各方当事人利益，充分尊重当事人权利，禁止采取强迫、威胁、施压和欺骗等方式迫使冲突一方接受调解协议。

（4）中立原则。人民调解因其程序灵活性的特点往往在案件的灵活性和公正性等方面遭受质疑，而中立原则恰是回应这种质疑的最有效手段。调解的中立原则要求调解员自始至终站在中立立场，不偏不倚地展开调解活动。它是确保调解公平的程序性要件，也是确保调解公正的必要条件。调解的中立原则包含两方面内涵。首先要确保调解在外部形式上的中立，即调解员不应该和冲突事件双方存在法律上的利害关系。其次要确保调解过程的中立，即调解员不应该在调解中过多地干预冲突当事人的自由。在实际调解过程中，调解员不能使用其专业知识去影响当事人作出决定，也不能将自己的意志强加给当事人。调解员在调解过程中仅仅是起到为冲突当事人搭建沟通对话平台、促成双方有效交流和提出调解建议的中介性作用。尤其要注意的是，调解员在适时引导冲突当事人的言行时，应该本着启发和晓谕当事人做出积极有利调解达成的目的，不得代替一方当事人做出攻击性和防御性行为，也不得代替另一方冲突当事人作出选择。

第三节　涉老调解的话语特征

由于涉老调解话语在调解对象和调解情境上的特殊性,调解者的话语在内容、语类、功能和质量等方面都与一般日常语境中的话语有很多不同之处。综合 Halse & Honey(2007)和 Wright(2021)有关机构话语的相关研究,本书将涉老调解话语的特点概括为真实性、互动性、逻辑性和规范性四个特征。

(1)真实性。涉老调解是发生于社会生活中的真实事件,因而调解者的话语必须具备真实性的特征。所谓的真实性可以从三个方面来解读,即调解行为的真实性、调解语言的真实性和话语内容的真实性。调解行为真实性主要指情境真实性,即它不是发生在虚构情境下的交际。调解过程中以调解者为主导的三方交际需符合真实、自然交际的特征,具有真实交际目的,按照真实交际原则进行交际。调解语言真实性即调解使用的语言是现实生活中使用的语言,而不是编造的、不存在的语言。另外调解中的语言也需要符合冲突双方实际,要使用冲突双方都能听得懂且都能接受的语言。话语的真实性即调解者说的话应该是真实的,而不是虚假的。如果调解者使用过多不真实的话语,例如混淆某些关键信息或发表过多主观性看法,就会导致自身权威性的降低。但是,由于电视媒体的特殊性,调解者在具体调解过程中也会带有一定的表演性质,例如调解中会存在一定的调解提纲和话语提示等情况。

(2)互动性。在调解过程中,有效的三方互动对于冲突双方人际关系的缓和尤其重要。它既是成功调解的途径(通过互动澄清还原事实真相),也是成功调解的目的(通过互动实现人际关系修复)。在涉老调解过程中,调解者的互动性语言主要有三个目的,分别是组织调解实践中的互动、提高冲突双方参与度的互动和以建构知识为目的的互动。完整的调解流程由多个环节组成,调解者在组织调解活动时,需要向冲突双方讲清楚各个环节的目的、内容、方式和要求,保障冲突双方的话语权利并对违反议事程序的某一方进行制止。同时,话语是调解者控制调解进程的主要手段。调解者要使用话语来营造宽松、和谐和民主的调解氛围,让冲突双方积极参与到调解过程中。因而,调解中的人际互动是一种受调解者控制的互动。针对某些老年人听力衰退或语言表达有问题,调解者要使用手势、表情、动作和实物等手段帮助他们理解调解话语。最后,调解者与冲突方之间往往存在权力距离,这要求调解者要更积极地扮演协商者和引导者的角色,通过三方间的有效互动来建构有关冲突归因、冲突后果和解决方案等知识。

（3）逻辑性。调解话语的逻辑性指调解中的语言使用与调解目的存在密切关联,调解者和冲突双方都应该根据调解的最终目的来选择和使用语言。如果调解话语表达清楚且有逻辑,那么就有利于调解目的的最终达成,反之就有可能会导致冲突进一步恶化。调解话语的逻辑性主要涉及目的性、连贯性和层次性三方面内容。目的性指调解者的话语需要与调解目标相吻合。例如调解者使用指令性话语时,其目的就该是让冲突方进行行为改变。当调解者使用解释性话语时,冲突方就该要据此进行认知解读。调解话语的连贯性指调解者语言的各个组成部分在语义和语用等方面应存在清晰的话语组织结构。尤其要注意的是,调解者不应该插入与某一调解环节无关的话语内容,不然会转移调解重点,甚至会打乱调解进程。调解话语的层次性指调解者要有策略地安排自己的话语,既要确保冲突双方的矛盾不会进一步激化,又要确保冲突双方不断形成共识,还要不断推进调解活动来实现调解目标。

（4）规范性。作为调解实践中的媒介语言,调解者的调解话语需要符合机构话语的特征,即要使用规范性的话语开展调解活动。调解语言的规范性主要体现在准确性、正确性和得体性三个方面。准确性指调解者的语言使用要符合语法规范,即发音清晰、用词准确和无明显语法错误。但符合语法规范性并不是说调解者一定要使用完整的句子。在日常交际中,很多话语都不是完整结构的句子,往往存在大量的省略和替代等现象。在不影响信息理解的情况下,这些话语都是规范的。正确性指调解语言不仅要符合法律、政策、社会公德以及良好的民风民俗外,还要尊重冲突的基本事实。调解者要依法办事,在调解过程中尽可能保持公平和公正,不能利用自己的特殊身份将自己的意志强加在当事人身上。比较语言准确性和正确性,语言的得体性不是那么明确。得体性是指调解者的话语不仅要适合调解的具体场合,还要适合冲突双方的思维方式和风俗习惯。得体性包含两方面内容:一方面,调解者要注意自己语言使用的得体性,要言之有物,言之有度,言之以诚。优秀的调解者必然要善于根据不同的对象和不同的环境来调整自己的语言内容和语言策略。另一方面,冲突双方在失去理性的情况下一般很难保持语言的得体性。老年人在涉老冲突中也更容易遭受语言暴力等不公正待遇,调解者就需要对冲突双方不得体的行为进行干预和引导。得体性的最高要求就是调解者必须要把握调解语言的分寸。

第四节　涉老调解的社会文化语境

语境是语言使用者的环境,具有释义功能和制约功能(Rigotti & Rocci 2006)。释义功能指语境可用于揭示传统语义学所无法解释的语言意义,制约功能则指语境对语言双方在语言使用上的制约作用。调解者和冲突当事人之间的互动总是受社会价值体系和意识形态等语境因素制约,涉老调解的实践过程就是调解者通过话语技巧并在话语过程中建构意义潜势。

(一)制度语境

调解作为一种纠纷解决方式,能较好地平衡各方利益,以平和的方式将矛盾化解在萌芽状态,体现了我国长期以来以"和为贵"的价值追求和纠纷解决艺术。新时期的调解制度,既不是传统解纷方式的简单延续,也不是对西方 ADR 潮流的模仿照搬(郑重 2019)。它建立在我国社会和法治发展的实际需要之上,将中国崇尚和谐的传统与当今世界追求协商共赢的文化融会贯通,与综合治理工作一脉相承,形成了极富中国特色的制度优势。从社会语言学角度来看,语言功能的实现离不开语言外社会文化背景的综合利用,而人民调解制度恰为调解话语的成功实施提供了宏观的制度语境。调解员在涉老调解过程中,必须要贯彻实施现代人民调解的基本理念和基本规范,并将其落实到具体的调解实处。综合廖永安(2019)和彭芙蓉、冯学智

(2013)的相关论述,本研究将涉老调解的基本取向总结为利益共同体、动态利益观、综合性和向前看四种。

（1）利益共同体取向。冲突源自当事人之间利益关系的失衡,冲突的解决则是对当事人之间进行利益再平衡的结果。作为冲突解决的一种主要途径,调解要做的就是尽可能消弭或弱化当事人之间的对抗,引导当事人从对抗的立场中找寻共同利益,寻求当事人继续合作的空间,促使双方实现利益最大化。在具体调解过程中,调解员的核心目标就是深入冲突双方对立的背后,去挖掘他们的共同利益,进而打造双方的共赢空间,并以此实现双方合意以解决纠纷。现代调解的这种理念与和谐社会建设的精神内涵十分契合,是对未来可期待利益的再生产过程。因此,如果说冲突是形成老年人和其他人之间的利益对抗体,调解的理念则是打造他们之间的利益共同体。

（2）动态利益观取向。静态与动态互为一对矛盾。静态思维指从固定的概念出发,遵循一定的思维程序,达到固定思维成果的一种思维过程和方法。静态利益观展示出人们对于物质利益和精神利益的态度和抉择较为固定和重复,对于个人利益、集体利益和公共利益彼此之间关系的态度相对僵化。动态利益观则是一种追踪着事物变化和运动且兼具有调整性、不断优化的思维。此种思维方式要求思维主体依据事物不断变化着的环境条件改变自己的思维方向和思维程序,以达到最优化的思维目标。现代调解以维护多元动态利益为理念,不仅着眼于物质利益,还着眼于非物质利益;既重视眼前利益,还重视未来利益。因而,现代调解的理念和原则较为灵活和开放,在冲突解决过程中,可以兼顾多种利益来解决难以平衡的矛盾。

（3）综合性取向。切片式思维与片段式思维一脉相承,往往表现出缺乏前瞻性、兼容性和预案性等特点。若在调解中采取切片式的思维方式,容易将冲突事件切割成一个个孤立、刚性和碎片化的片段,最终使冲突双方的关系陷入不可调和的境遇。涉老调解则是在"合意主义"的指导下,采用的是一种综合性思维,将若干相互关联的争议综合起来加以考虑,针对不同冲突主体间的利益平衡点加以思考、利用。面对冲突内容的复杂性,调解员需要综合考虑冲突所涉及的问题和利益,例如:将冲突解决置于经济、法律、道德、习惯、心理和社会等多维视野中,综合考察冲突性质、冲突起因和矛盾程度等,注重思维视角多维性、方案选择多样性、手段运用灵活性和利益调整全面性等原则。只有坚持综合性思维,才能发挥人民调解的功能,彰显新乡贤参与乡村治理的活力。

(4)向前看取向。向后看思维的着眼点在于旧时、旧事、旧思维和旧关系,其目的在于回溯事实过程,探求过去已发生的客观事实真相。向前看思维则是一种前瞻性思维,更关注事件未来的走向和可能的结果。现代社会中人们的思维模式已经意识到向前看思维的意义和重要性,并在各个领域将这一观点贯彻实施。就涉老冲突而言,它所涉及的冲突事件往往是家庭内纠纷或邻里间纠纷。针对此类冲突事件,调解的切入点不应只拘泥于对既定利益争端的化解,还应关注对邻里之间未来关系的维系。向前看原则要求调解员采取"做大蛋糕"而非"切分蛋糕"的方式寻找冲突双方新的利益增长点,促成新的合作方案,使冲突消弭于互利共赢的长期合作中。

(二)机构语境

机构性话语具有明确的职业身份特征,因而特别强调会话参与者的机构性身份和通过话语活动实现的机构性活动。本书的涉老调解话语是由调解员引导,围绕一定的冲突事件与冲突双方展开协商的会话形式,是一种典型的机构性话语。同时,本研究的涉老调解话语主要以真人秀类电视节目的形式呈现,因而除了有与调解职业相关的特定目标外,其话语形式还会受到电视交流传统的限制。本书借鉴董冰玉(2021)的分析框架,从叙事主体、叙事手法、纪实手法和剪辑手法四个角度对涉老调解话语的机构语境进行分析。

(1)叙事主体。电视调解的叙事主体主要由调解者和冲突双方构成。就调解者而言,他在电视节目中是一个需要把握分寸感的角色。因为他在调解过程中既要完成自己的任务,又不能抢走主角的风头。这就要求调解者不仅要把握调解进程、串联和引导冲突双方,还要充分调动冲突双方的参与性,把他们之间不为人知的一些内容挖掘出来呈献给观众,使节目更具可看性和吸引力。冲突双方则是电视调解中的焦点,节目中所有的矛盾、冲突和故事情节都是围绕他们展开。电视调解中的冲突双方往往都具有明显的性格特征,栏目组也会赋予他们一定的身份标签,让观众有更好的代入感。当冲突双方的形象和事件在调解者的帮助下越来越丰满和具体的时候,调解者就很好地完成了调解叙事。因而,相比较于一般的调解实践,调解者在电视调解中还有一个重要任务,那就是成为观众和冲突双方的桥梁。

(2)叙事手法。为使调解叙事更具戏剧性,电视调解主要有两种叙事手法,分别是制造悬念和制造冲突。悬念是推动节目、观众和故事发展的动力元素。节目中的悬念制造往往能够刺激观众的好奇心,吸引观众继续看下去。当前,电视调解中的悬念制造主要有两种方式。一种是合理使用问题来制造悬念。这种方式往往将叙事的过程放在最重要位置,在探索原因的过程中吸引观众眼球,从而达到收视目标。另一种则是对叙事进程进行人为地干预,依据观众的情感起伏来推进叙事进程。冲突是电视调解中的核心内容,调解的目的是为了消弭冲突。但是为了使节目更具可看性,节目组也会操控情节冲突和人物冲突来唤起观众的情感。在情节冲突上,节目组会通过多视角叙事、多个主人公述说或开放式结局等方式来呈现调解过程。在人物冲突上,节目组也会通过特定的事件来还原冲突的起因,激发冲突双方的冲突意识。一般而言,调解的过程就是节目叙事的过程,节目的叙事手法与冲突的激烈程度是电视调解节目是否好看的关键。

(3)纪实手法。电视调解中的纪实手法通常有两种,分别是现场记录和现场追述。现场记录是对真实情节的还原,真实地记录现场所发生的全部情况以及冲突双方的真实反应。现场追述是指节目中的冲突双方在事后追述之前过程中所发生的一些事情,并穿插在现场记录的一些片段中,通过节目组的灵活编辑对节目故事情节进行建构。比较而言,现场追述这一手法在当前的电视调解中运用更为广泛。对于现场追述的使用可以弥补前期拍摄资料内容不完整的缺陷,可以起到强化主题、烘托人物内心情绪、突出细节、解释说明情节内容、刻画人物形象和丰富故事情节等作用。

(4)剪辑手法。电视调解节目往往以纪实为主,故事性并不是很强,叙事节奏也比较慢。同时,调解者并不能完全决定冲突双方的行为、对话和结局走向等,更多的只能是利用提前设置好的情境和游戏规则引导选手走向。为使节目效果更强烈和更具感染力,后期的剪辑就显得尤为重要。就电视调解节目而言,后期剪辑主要有三种手法。第一种是将原本比较完整的纪实性画面进行剪切,将一些无用信息剔除,保留有效信息。第二种是放慢镜头或在多个镜头间来回切换,突出人物的情绪和周围人反应。第三种是用视听效果来包装节目,如利用字幕、音效和情感性的音乐等来突出冲突双方的情绪。

（三）家庭语境

中国的家庭具有与西方家庭不同的性质和特点。它不仅是家庭成员进行生产和生活的基本单位,而且还是个体实现生命价值和生命意义的基本载体,具有很强的伦理性。根据姚远(2000)和史秉强(2007)的相关论述,中国家庭的养老逻辑主要体现在以下三个方面:① 厚重的代际赡养责任。赡养老人被认为是子代必须履行的义务,是家庭伦理的核心内容。养儿防老是被认为是天经地义的事情。② 权责均衡的家产继承制度。权责均衡的家产继承制度指父代家庭和子代家庭在家产分配和赡养义务之间形成整体性的均衡。换而言之,子代有从父代家庭继承财产满足日常生活需要的权利,但也有在父辈年老以后赡养父辈的义务。③ 熟人社会中的舆论压力。农村社会的家庭并非一个封闭的生活单元,而是有很强的社区性。这种社区性会形成一种社会规范和社区舆论来对子辈的行为进行约束,即子辈赡养父母是一种政治正确,那些不赡养父母的子女会遭到村庄舆论的强烈谴责。

但在现代化的社会进程中,伴随家庭结构的小型化、家庭伦理的恶化、人均寿命的延长以及老年疾病的常态化,农村社会和农村家庭正在经历巨大的变革。农村老年人在适应新形势的过程中需要重新定义自己的社会角色,从而导致家庭人际冲突的不断发生。根据成海军(2000)、徐勤(2001)、毛一敬(2021)和李树苗(2021)等人的研究结果,新时期农村老年人的家庭现状概括为四个方面特点,分别是人生任务的绵延与责任强化、家庭权力结构的边缘化、闲暇正当性的弱化以及对子代价值依附的增强。

（1）人生任务的绵延与责任强化。在简单家庭再生产模式之下,父代的人生任务相对有限且有节点。父代最主要的人生任务就是帮助子代结婚,在子代结婚以后,父代就可以相对退出家庭主要的生产领域,进入由子代赡养的阶段。但在扩大化家庭再生产模式下,父代的人生任务则无限绵延。当前,农村老年人主要通过两种方式支持家庭发展。一种是对自我劳动力的最大化使用。农村老年人主要通过与子代家庭的代际分工和代际合作来分担家庭压力,如帮子代料理家务或照顾孙代。二是尽力压缩个人的现金支出。大部分农村老年人对于物质需求没有太多奢望,只要能满足基本生活所需就好,因而日常开支常被压缩到极致。尤其是那些老年人在丧失劳动能力后,更会通过压缩自身需求的方式来减轻子代家庭的养老压力。

(2)家庭权力结构的边缘化。在传统社会中,老年人在家庭权力结构中居于主导性地位,具有很高的权威和话语权。现代化和市场化力量的进入逐渐改变了家庭权力结构,家庭权力重心由父代转移到子代家庭,在子代内部又由丈夫转移到妻子,媳妇当家成为当前农村主导的家庭权力结构形态。老年人为了维护家庭和谐的关系,他们往往采取妥协和退让的姿态。他们不仅主动交出当家权,还尽量避免与子代产生矛盾。同时,老年人在家庭权力结构中的边缘地位会进一步影响其在村庄社会中的地位,他们在村庄社会中的话语权也进一步丧失,村庄舆论也越来越倾向于对子代家庭有利。

(3)闲暇正当性的弱化。在传统社会,相对有限的人生任务赋予了老年人社会交往和社会闲暇的可能性。老年人不仅有时间进行社会交往和闲暇娱乐,而且这种社会交往和闲暇娱乐具备正当性,即老年人可以心安理得、毫无负担地参与社会交往和闲暇娱乐。然而,随着家庭发展压力增大以及老年人家庭地位的边缘化,这种闲暇娱乐时间被进一步压缩,而且其闲暇正当性也越来越弱化。在家庭发展面临巨大压力的前提下,如果一个老年人有能力劳动却不劳动,完全让子代赡养,将会完全受到社会舆论的谴责。此时,老年人的闲暇时间被完全嵌入子代家庭的生活逻辑中,不能完全自主地安排自己的时间。

(4)对子代价值依附的增强。家庭是中国人实现生命价值和生命意义的基本载体,传宗接代则构成中国人生命价值的核心。在传统时期,老年人完成传宗接代人生任务的过程也是其实现自身生命价值和人生意义的过程,老年人在此过程中会获得价值感和满足感。但是,在现代性压力面前,发展主义的价值系统逐渐渗透进以传宗接代为核心的传统价值体系内部,即农民不仅要实现以传宗接代为核心的家庭接替和家庭延续,还要尽力实现家庭发展与流动的目标。在此情况下,传宗接代人生任务的完成不再能够赋予老年人以价值感,相反,在家庭发展的压力面前,财富创造能力越来越弱的老年人会有很大的负担感。虽然老年人在尽其所能不断地为子代家庭付出,但这种付出却并不能赋予其对自我的认同,老年人的自我价值实现被导入子代家庭的轨道,形成对子代家庭的价值依附。

在农村涉老调解过程中,调解者对于农村家庭人际关系必须要有一个清醒认识。这既是参与涉老调解的基本出发点,也是决定涉老调解成功与否的基本立足点。

本 章 小 结

本章主要从宏观角度对涉老调解话语的特征进行系统阐述。涉老调解话语是由新乡贤调解员发起的,与涉老调解内容相关的各种语类话语,是一个包含各种类型的话语集合。它以人口老龄化进程中的社会问题关切为导向,关注调解交际互动过程中因社会制度、机构语境和话语资源等因素而在语言生活中处于弱势的老年人群体。涉老调解的话语属性主要体现在五个方面,分别是作为社会互动的话语、作为社会交流的话语、作为复杂结构的话语、作为权力和宰制的话语和作为传播的机构性话语。由于调解对象和调解情境的特殊性,涉老调解话语在交际原则和话语使用等方面也与一般日常话语存在很多不同之处。在交际原则方面,涉老调解需要遵循自愿原则、平等原则、诚信原则和中立原则。在话语使用方面,涉老调解需要体现真实性、互动性、逻辑性和规范性。同时,不同于一般的机构话语,涉老调解话语需要遵循特定的社会规范和法律准则。在制度语境下,涉老调解的话语理念表现出利益共同体、动态利益观、综合性和向前看四种取向。在机构语境下,涉老调解的话语呈现方式内嵌于电视交流传统;在叙事主体、叙事手法、纪实手法和剪辑手法等方面会受到媒介技术影响。在家庭语境下,涉老调解的话语实践既要基于老年人当前家庭生活的基本现实,也要肯定他们实现个体生命价值和生命意义的基本需求。相关讨论说明了涉老调解的跨学科属性,明确了涉老调解的基本原则和基本理念,从社会语用维度揭示了调解活动的话语本质。

第三章 涉老调解的会话分析研究

引 言

自 20 世纪哲学的"语言转向"以来,语言就越来越被当成社会结构和社会发展的重要表征来看待,并且对人文社会科学的诸领域产生了深远的影响(Goodwin & Heritage 1990)。话语通过语言的中介作用反映交际者的文化认同和意识形态,成为文化最重要的现实符号(Urban 1991)。会话分析的学科背景是社会学,同时继承民俗方法学,旨在揭示社会成员言语交际背后的社会秩序,识别交际者在言谈互动中所执行的社会行为,并描述交际者在执行社会行为时所使用的会话常规(Sidnell 2012)。它着眼于会话的整体结构和局部结构,探究会话是如何开始,怎样结束,会话参与者是如何轮流说话,说话人如何索取、控制和放弃说话权,以及连贯的话语是如何构成等问题(刘虹 2004)。会话分析不假设交际双方共享知识,原因在于这样的推理结果可能与交际者原先意图有所偏差。它也不像言语行为理论那样,使用内省方式获得语料,而是在动态的语境中确认交际双方的社会行为(Sidnell & Stivers 2012)。涉老调解话语是由一系列语段构成的语言整体,是呈会话结构形式的机构话语。调解过程中的陈述、争辩和问答等言语行为都是在会话中完成,调解话语的本质也是一种特殊的生活和行为方式。因而,会话分析的对象虽然是日常话语,但其分析模式对于调解话语同样具有借鉴意义。本章以自建的涉老调解语料库为语料来源,通过借鉴会话分析的基本概念和主要方法,从会话分析角度对家庭涉老调解话语展开分析。

第一节　涉老调解的叙事分析

一、叙事主题

叙事主题指文艺作品或社会活动等所要表现的核心主题或情节 (Cortazzi 1994)。Clark(1996)认为,主题是在互动中确立的,主题的确立有赖于交谈双方的互动,一方提出主题,另一方予以确认。在涉老调解过程中,叙事主题表现为涉老调解的冲突内容。从本研究自建的调解语料库来看,当前农村社会涉老调解的冲突内容可概括为如下四个方面,分别是基层治理的法治文化、社会和谐的邻里文化、修齐治平的家庭文化以及以人为本的民生文化。

（1）基层治理的法治文化。法治文化是指以法律为基础和准绳以法治思想为指导,形成的一种社会文化。在基层治理中,法治文化的建设对于维护社会稳定、促进社会和谐、实现共同发展具有重要意义。在涉老调解中,普及法制是非常重要的。因为只有当冲突双方了解法律的作用和意义,才能够达成公正、合理的调解结果。法治文化视域下的涉老调解,不仅有利于调解工作的顺利开展,也有利于家庭中的法治建设,从而推动社会的进步和发展。该主题下的代表性案例有"姑娘重病去世,女婿和新欢过户亡女两套房,岳母霸气反击"、"公婆私下偷偷卖婚房,儿媳不吵不闹,一招让他们家破人亡"和"黑心老太卖女求荣,15万将孙女卖给他人当老婆,遭报应了"等。

（2）社会和谐的邻里文化。邻里文化强调人与人之间的相互尊重、相互帮助和相互支持是社会和谐的基础。在邻里文化中,人们可以通过互帮互助、互相照顾等方式建立密切的邻里关系,形成一个和谐和稳定的社区环境。邻里文化视域下的涉老调解,不仅可以增进邻里之间的感情和信任,增强社区的凝聚力和向心力,也可以更好满足老年人的精神需求,提高社会的整体素质和文明程度。该主题下的代表性案例有"70岁老太横行乡里,儿子儿媳不敢惹:全江西就她一个恶霸!"和"一座坟引发的邻里纷争! 自家祖坟多次被挖,老人争执被殴打进 ICU"等。

(3) 修齐治平的家庭文化。"修齐治平"是一种传统的家庭文化观念,它强调家庭成员之间的相互关爱、尊重和理解,以及对家庭和社会的责任和义务。这种文化观念可以帮助家庭成员建立良好的亲情关系或促进家庭和睦,同时也可以促进社会和谐和共同发展。家庭文化视域下的涉老调解,不仅仅是解决矛盾纠纷的主要方法,更是一种家庭成员之间相互关爱、尊重和理解的表现。通过调解,家庭成员可以更好地沟通和交流,消除误会和矛盾,增进彼此间的感情。该主题下的代表性案例有"母亲嘴太毒,骂的全场抬不起头,女儿说三句话噎死她","丈夫要妻子必须伺候婆婆,不然就搬出去,妻子:老娘不干了"和"女儿给母亲买房子,母亲嫌小当众扇她耳光:我要上亿的"等。

(4) 以人为本的民生文化。民生文化是一种关注人民群众生活质量和福祉的文化理念。它强调政府和社会应该以人民的需求和利益为出发点,关注和解决人民群众的实际问题,为人民创造更好的生活条件和环境。民生文化视域下的涉老调解,可以解决老年人的实际生活问题,满足他们的物质利益和情感需求,提高他们的生活质量和福祉,为他们创造更加美好的晚年生活。该主题下的代表性案例有"诱饵式养老后遗症,久病床前无孝子","古稀老人被逐出门外,前妻女儿却拒绝救助","儿子不同意父亲找老伴"和"小儿子一家啃老十几年,老母亲无奈,只好卖房赶人"等。

二、叙事结构

叙事结构是话语分析学者研究较多的一个领域。作为一种理性的交际现象,话语的叙事结构也表现出一定的规律性特征。在对日常会话中的叙事性话语进行研究后,Sacks(1974)提出了基于话轮框架的叙事结构,即叙事结构应由前言、讲述和反馈三个序列构成,三者在讲述过程中按照顺序依次进行。前言序列涉及叙事的恰当性,包括请求讲述故事、讲述前的评价、故事的时间以及故事的来源等。讲述序列是叙事的主体,主要由讲述者控制话轮,但讲述者也可以根据听众的需要进行人际互动。反馈序列由听话者给予叙事者反馈信息,以便讲述者继续叙事或调整叙述的方式。已有研究表明,叙事不仅包括一个故事,故事开始前的前言和故事的讲述都需要技巧和方法,需要参与者的多方共同努力(Jefferson 1978)。

程朝阳(2015)将法庭调解的叙事结构划分成五个阶段,分别是调解、交往、系列、对答和行为。人民调解虽然和法庭调解存在很多差异性,但在叙事结构上则比较接近。本研究主要借鉴程朝阳(2015)的相关分析框架来展开调解的叙事结构分析。调解话语事件是涉老调解分析的最大单位,由四个交往阶段组成,分别是调解导入、矛盾陈述、调解协商和调解总结。交往是调解员和冲突双方之间交际的最大互动体,由同一个主题下展开的一个或多个系列组成。例如调解导入阶段一般由三个系列组成,分别是调解背景介绍、调解参与者介绍以及调解话题导入。矛盾陈述和调解协商则是调解话语事件的主体过程阶段,主要由主持人或调解员控制话语的进程,通过话轮转换和相邻语对等方式引导冲突双方和调解员共同参与到调解实践中。调解的终结阶段一般由两个系列组成,分别是调解结果确认和调解内容评价。每个系列又由若干相邻语对组成,调解员和冲突双方通过对答式的相邻语对施行话语行为。基于此,可将涉老调解的叙事结构以图 3.1 的方式呈现。

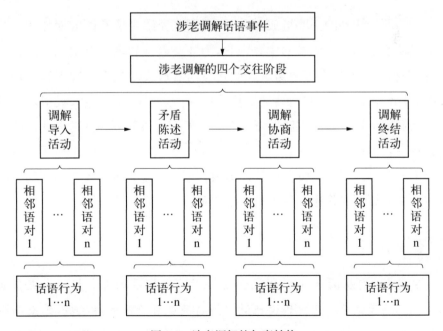

图 3.1 涉老调解的叙事结构

值得一提的是,本研究涉老调解的叙事结构除了具有日常话语的话轮规则和叙事结构特点外,还受到电视访谈的职业语境制约。电视访谈是预先为观众准备的,在主持人的引导下由声音、动作、字幕和图像等媒体共同组成的叙事(代树兰 2009)。这些特征在主持人、冲突双方和调解员的互动过程中表现为主持人引导、冲突双方讲述和调解员分析评价共同完成的叙事话语。同时,借助电视媒体提供的便利,观众在观看调解过程的同时,不仅可以看到主持人、冲突双方和调解员在调解过程中的表情和动作,还可以看到和听到现场打出的字幕、配置的音乐以及插播的与冲突情节相关的录音录像等资料。上述的这些话语资源共同建构了涉老调解话语的叙事框架。

第二节　涉老调解的导入

一、涉老调解背景介绍

作为调解活动的必要组成部分,调解背景介绍主要有两方面作用。一方面是简要呈现本次调解的主要内容,为冲突双方和观众提供充分的背景信息,有利于调解的直接参与者和间接参与者形成对本次调解内容的理解和把握;另一方面是要戏剧性地呈现矛盾冲突,激发观众兴趣,吸引观众观看本次调解节目。涉老调解的背景介绍一般有直接和间接两种形式。直接形式往往直白地呈现本次调解的主要内容,间接形式则有所选择地呈现本次调解的相关内容。通过分析其话语内容可以一窥调解背景介绍在整个调解过程中的总领式作用。例1是一则调解背景介绍片段。

📖 例1

主持人:自从两个孙子出生后,家住杭州西湖区的曹大妈就一直在家帮儿子儿媳带孩子。曹大妈说她满以为将两个孙子照顾得很好,结果却遭到了儿媳妇小张的质疑。老舅妈张文、小跟班溜圆,本次调解特点:怀疑指责没有理解,财产分清结束婚姻。

此则调解背景介绍以主持人独白的方式展开,不仅直接呈现了调解的相关信息(因带孙子问题引发的婆媳矛盾),还告知了观众调解结果(调解失败,夫妻离婚)。此种调解背景介绍的话语表达往往简洁精炼,主持人的语音语调也富有感染力,在极短的时间内就可以交代清楚冲突事件的来龙去脉。

还有一些调解背景介绍虽然也是直接呈现冲突双方的矛盾,但并不是以主持人独白的方式展开。例 2 是另一则直接的调解背景介绍片段。

例 2

调解员:是你打电话叫求助的,是吧?

严大伯:对对。

调解员:你怎么称呼啊? 姓什么?

严大伯:我姓严,严肃的严,严格的严。

字幕:求助人—严大伯;湖州人—64。

调解员:你找我们主要什么事情?

严大伯:我找你们,主要……我儿子的房产证,先头是我的名字。

调解员:是你的名字啊?

严大伯:是我的,是我的名字。好,现在儿子呢不跟我说一声,他改了他的名字。

调解员:改他的名字的话应该经过你同意啊。

严大伯:我不知道啊。

调解员:那么这个房子谁造的?

严大伯:这个房子我白手起家的。

(画外音):严大伯说,眼前这幢房子是十年前和弟弟合建的,如今他和弟弟两户人家都住在这里。至于儿子小严早年出门打拼,已在杭州娶妻生子,买了房子。如今因为严大伯交了个女朋友,儿子小严突然对房子产生了忧虑。

此则调解背景介绍也是直接呈现矛盾冲突焦点,但却是通过调解员与冲突一方的言语互动让观众获取相关信息。调解员与严大伯两者之间通过一问一答的形式让观众清晰了解到这是一起父子之间有关房产纠纷的家庭矛盾冲突。

上述两种直接呈现方式中体现了两种不同的叙事视角,即主持人的全知叙事视角和冲突亲历者的限制视角叙事。在全知视角叙事中,冲突主持者并没有参与到冲突事件中,而是站在零度焦点外进行客观叙述。在限制视角叙事中,冲突亲历者成为了叙事的主角,他们在调解员的引导下把冲突的经过和自身对于冲突的主观理解讲述出来。

例 3 是一则间接的调解背景介绍片段。

例3

(画外音):来自江西南昌的老周先生,今年已经 78 岁。今天他和儿子小周来到金牌调解,用他自己的话来说是为自由而来。

老周(视频插入):生命诚可贵,爱情价更高,若为自由故……我就是要自由,我就要抛掉嘛。

(画外音):不自由毋宁死。听上去老周对自由的追求是至高无上的。可他的这种想法却遭到了儿子小周的嗤之以鼻。

小周(视频插入):我没啥可说的。还能说啥? 他要的是没有任何约束的自由,这个自由是不存在的。

(画外音):显然在自由面前,周家父子俩有着难以逾越的鸿沟。也正是出于这道鸿沟,在调解开始之前,老周甚至提出了一个相当决绝的想法。

老周(视频插入):我想脱离这个父子关系,生老病死由我自己负责。

(画外音):老周想要的自由究竟是什么? 它和儿子小周又有着什么关

联？在调解现场，老周的电话又为何会频频响起？

　　主持人(视频插入)：是要紧的电话吗？

　　小周(视频插入)：肯定会打过来的，这我们有经验。

　　主持人(视频插入)：电话来了，手机又在响。

　　主持人(画外音)：这不断打来电话的是谁？这些电话和老周所要的自由是否有关联？调解的最终，老周又能否达成所愿，得到他想要的自由？

　　(字幕)调解即将开始。

　　在此则调解背景介绍中，主持人先用画外音的方式简单介绍本次调解的冲突双方，是一对来自江西南昌的周姓父子。由于周父是一位老年人，主持人特意补充了周父的年龄信息，即已经 78 岁。同时主持人简明扼要地点出周姓父子间的矛盾焦点，即小周干预了老周的自由。在此基础上，节目组层层递进，交替插入双方的冲突视频并通过过渡性话语将老周与小周的矛盾直白地呈现在观众面前。为进一步激发观众的收看热情，节目组又插入了本次调解中特殊事件的剪辑视频，即老周所追求的自由与一个神秘电话有关。最后，主持人以三个反问句的形式对上述背景介绍的内容进行总结，并自然引出了现场即席的调解活动。

　　从内容上来看，此则调解背景介绍包含了调解活动的对象、冲突的焦点以及冲突的原因等方面。但这种是一种简要甚至是故意模糊的呈现，看似告知了观众很多信息，但实际上观众又没有获得充分的信息。例如此则背景介绍并没有告知观众，老周所谓的自由到底是什么，以及那个神秘电话的拨打者到底是谁。这样的处理方式恰与调解背景介绍的目的相符合，既呈现了背景相关信息，又激发了观众的收看兴趣。

　　一般而言，间接呈现方式也是一种冲突亲历者的限制视角叙事。但相比直接呈现方式，间接呈现方式会表现出更强的戏剧性，更容易激发观众进一步观看的意愿(王颖 & 汪少华 2001)。节目组在间接呈现调解背景信息的过程中通过音乐、图像和动画等的后期剪辑处理，产生了有声有色、形象生动的传播效果，形成了不同于日常调解话语的区别性特征。但直接呈现方式也有其优点。首先，它呈现了一种上帝视角，让观众在观看过程中更加有代入感。此时观众不仅仅是一个旁观者,更可以根据调解的预期结果展开积极的心理评价,易于唤起情感共鸣。其次,直接的呈现方式通过主持人的客观叙述或当事人的亲身说法,要比剪辑编辑后间接的呈现方式要更加客观,可信度也更高。从话语传播的效果来看,可能直接的呈现方式要比间接的呈现方式要稍逊一筹。但不管是直接的呈现方式还是间接的呈现方式,其根本目的都是为了让观众获取冲突事件的基本信息,进而引出调解的实践话语活动。

二、涉老调解的参与者介绍

作为一种三方交际的机构话语,主持人需要对调解活动的主要参与方进行简单介绍。这一话语实践的目的是让屏幕前的观众进一步了解此次调解活动的人员参与信息。涉老调解活动主要涉及三类参与者,分别是主持人、冲突双方和调解员。主持人在调解实践中起到引导叙事的作用。他们既要引导冲突双方讲述冲突经过,也要控制调解的过程节奏,还要把握调解的氛围。冲突双方则是调解活动的当事人,他们通过各自对冲突事件的叙述来实现自身的利益诉求。调解员在调解实践中扮演协调者的角色。他们通过现场的即席观察和与冲突双方的人际互动,提出切实可行的建议,帮助他们化解情感冲突或物质纠纷。当然在某些电视调解类节目中,也存在一些群众观察员。但在实际调解过程中,群众观察员并非必须要存在的群体,他们更多扮演旁观者的角色。例4是一则典型的调解参与者介绍。

📖 **例 4**

主持人:各位好,这里是江西卫视金牌调解。我是张庭。欢迎本场调解员胡建云。欢迎胡老师。欢迎观察团各位成员。欢迎大家。也欢迎双方当事人。是父子二人啊,父亲老周先生,儿子周先生。

在此则语料中,主持人用简洁的话语介绍了主持人、调解员和冲突双方。三者之间的关系一目了然。在节目播放过程中,有关调解员和冲突双方的背景信息有时也会以文字的形式呈现在屏幕上,从而形成一种声音加文字的多模态呈现效果。

电视调解中的这一话语实践与法庭调解呈现出明显不同。例 5 和例 6 是两则法庭调解中的调解参与者介绍。

法官:今天咱们说一下,今天咱们要做的工作室开庭审理前的准备工作,呃,这项工作呢,两项内容,一项内容呢,首先是了解事实,然后是在法庭的主持之下,双方进行协商,看能不能议和,解决你们的这个抚养费问题。这个问题,啊,如何抚养的问题。这是一项工作。另外一项工作呢,是在双方啊,协商,都能达成一致意见的情况下,那么,根据相关的法律,就你们争论的焦点,进行证据指导。看你们需要提供哪些方面的证据。这块儿的工作呢,是由我来负责,我叫×××。本案的代理审判员。担任今天记录的是书记员×××。另外呢,咱们还邀请了人民调解员×××来参与我们今天的调解。对这些,你们双方有没有什么要求和意见?

原告:没有。

被告:没有。

例 6

书记员:法定代理人,法定代理人姓名?

代理人:张凤英。

书记员:张凤英,是吧?

代理人:嗯。

书记员:原告母亲,是吗?

代理人:对。

书记员:年龄?

代理人:41。

书记员:民族?

代理人：汉。

书记员：文化程度？

代理人：中专。

书记员：工作单位？

代理人：无业。

比较例 4 和例 5 的语料，可以发现，法庭调解与电视调解中的调解人员介绍在先后顺序上存在明显差异。法庭调解中的调解人员介绍是放置于调解话题导入之后，而电视调解中的调解人员介绍则是放置于调解话题导入之前。比较例 4 和例 6 的语料还可以发现，法庭调解中的书记员（或法官）虽然对于原告、被告或代理人的背景信息已经了解，但也会以提问的方式予以再确认。在电视调解中，这样的步骤并非完全必要。相比较法庭调解，电视调解的机构话语显得不是那么明显，因而调解参与人员的介绍是两种调解话语在机构语境中的一个主要差异。一般而言，法庭调解更注重调解程序的公正性，避免原告和被告以法官和调解员为缘由质疑调解的最终有效性，而电视调解则带有一定的表演性质，主持人、调解员和冲突双方在某些环节已经达成了共识，不会存在对彼此身份角色的质疑。

三、调解话题导入

调解话题的导入在整个调解过程中处于承上启下的地位（代树兰 2009）。作为一种按照规则进行的有序结构，调解话语的导入会影响到整个调解会话的过程。虽然会话中话题的导入可以发生在无限的语境中，但在每种语境中可供选择的话语类型是有限的（Seedhouse 2008）。调解话题导入作为机构性话语中的一部分，自然也受到一些潜在话语规则的制约，违反这种规则就会让交际显得不自然。比如在法庭调解中的调解话题导入，法官肯定是以开门见山的方式直接陈述本次调解的主要任务。综合本研究所收集的语料来看，电视调解中的话题导入主要有询问式和介绍式两种类型。

询问式，顾名思义就是由主持人发问，请冲突双方直接陈述双方矛盾的焦点或调解的诉求。这种方式在调解过程中最为常见，调解员一般通过逐步展开提问的方式让冲突一方或双方将矛盾展现出来。

📖 例 7

黄大哥：主要呢，我老爸这个事情要给他解决掉。到底谁照顾，是不是？该怎么照顾？

调解员：现在怎么个状况？

黄大哥：现在反正是我舅妈在照顾。

调解员：爸爸怎么会这样？现在。

黄大哥：他就是上次中风，18号。上个月中18号。第二次前年又住院，前年住院那医药费也是我出的。

调解员：那么连着3次中风了，按你说的。那么你以前怎么照顾的？有没有商量过？

黄大哥：以前商量过。本来是讲过，反正这个房子，香樟树什么的都归我。这样子讲好的。因为我自己今年也没有，自己刚动手术，骨折了。刚动手术也没有去赚钱。我说我老爸的这个四万五千块钱，那个卡上钱啊，我舅妈照顾我爸，我工资生活费我要拿出来付的。他们说不能拿。

调解员：你的意思还是你爸爸的意思？还是你们兄弟共同商量的意思？叫她来照顾你老爸？

黄大哥：商量过的。我跟我姐什么都商量过。

调解员：跟你弟弟商量过没有？

黄大哥：弟弟我也跟他讲过的。

调解员：他同意吗？

黄大哥：他说好的。

（画外音）：黄家大儿子说他和弟弟现在有两点分歧，一个是老父亲每个月的看护付费来源，另一个是因为小弟去世而产生的一万三千元丧葬费的纠纷。

在上述例子中，调解员通过与冲突一方以"询问—回答"的对答方式，一步一步将矛盾的焦点和个人的诉求展现在观众面前，即本次调解是关于中风老父亲以后的养老问题和去世小弟的丧葬费问题。在对答过程中,出于时间考虑,节目组也删除了某些无关的对话,并以画外音的方式对交谈内容进行了总结。通过这样的方式,调解员导入了本次调解话题,进而进入下一环节,即冲突双方的事实陈述阶段。

介绍式则是节目组通过后期编辑手段,以较为直白的方式介绍本次调解的主要诉求。

 例8

主持人(画外音):他们的矛盾症结之处就在于儿子小陈的恋情,这是怎么一回事呢?

小陈:五年前我把她带到身边。想说多照顾一下。以前身体不好,那我说安排你跳跳舞啊,锻炼一下身体。我也是经常跟她沟通啊。

陈妈妈:跟儿子在一起,我感觉就是高兴啊。我就想我总有熬出头来一天。

主持人(画外音):五年前,小陈在大城市创业成功,年入百万。事业有成之后他把母亲接来身边享福。陈女士幸福极了,幸福之外只剩下一桩心事未了。

陈妈妈:我说你年龄也差不多呀,要谈对象了,你谈你的对象。

主持人(画外音):就像大多数家长一样,陈女士眼见着儿子年龄到了,事业有成了,就催着儿子该找对象结婚了。那时的她绝对不会想到就是在找对象这个事情上,母子俩的关系就朝着不可预测的方向发展。他们的矛盾也就此拉开序幕。

在上述例子中,主持人先通过画外音的方式引出了冲突双方的矛盾焦点,即这是一起关于成年儿子找对象的家庭纠纷。然后节目组又以剪辑的方式插入冲突双方的个人陈述,使观众更加了解母子二人的背景信息,即他们的人际关系其实良好。最后,主持人又以画外音的形式再次点出母子二人的矛盾焦点并很自然地引出调解的下一环节。

第三节　涉老调解的过程分析

一、话轮转换

（一）话轮特点分析

话轮是交际一方在一个典型的、有序的有多人参加的会话中单独讲话的时间段（Levionson 1983）。构成话轮的语言单位可以是一个字、词、句子或更大的语言单位。在正常交际中，说话者和听话者的地位转换就是一次话轮转换过程（孙毅兵、何瑞华 2006）。结合本研究的语料来看，涉老调解中的话轮存在如下特点：话轮的大小长短受调解阶段影响、话轮分配主要由调解员主导、话轮分配不是事先规定和冲突双方存在较多话轮重叠。

1. 话轮的大小长短受调解阶段影响

不管是调解员还是冲突双方，他们话轮的大小长短都不固定，但在调解的不同阶段会表现出规律性特点。一般而言，在涉老调解的四个主要阶段，有关调解员和冲突方的话轮长短可以用如下的表格概括。

表 3.1　调解中的话轮特点

调解阶段	话轮特点
调解开始阶段	调解员话轮偏长，冲突双方话轮偏短。
矛盾陈述阶段	调解员话轮偏短，冲突双方话轮偏长。
调解协商阶段	调解员话轮偏长，冲突双方话轮也偏长。
调解总结阶段	调解员话轮偏长，冲突双方话轮偏短。

如下是一则矛盾陈述阶段的话轮片段：

📖 **例9**

　　调解员：我问一下爸爸这边。这个话是从哪来的？

　　黄爸爸：这个说法，这个事情。(家里的)钱卡是在我老婆身上。我脑壳痛，脑壳痛。我说你打一千块钱，我明天给你打过去。她一打过来呢，她说我一年四季都是骗她的。她说我骗她，我说我也不要你的。我打电话，叫我老婆赶过来了，我就把钱退给她了。

　　上述调解会话共由两个话轮组成。调解员的话轮由两个简短句子组成，而冲突一方的话轮则由七个句子组成。因为在矛盾陈述阶段，冲突方彼此之间都需要详细描述冲突事件的起因和经过，以便让调解员知道责任归属。在某些时候，如果冲突方陈述不清楚，调解员还需要进一步提问来让冲突方陈述更多的细节性信息。

　　值得一提的是，上述规则的概括也并非绝对。例如在涉老调解的矛盾陈述阶段，个别老年人由于语言能力衰退或认知能力衰退，往往会出现表述不清的状况。此时，调解员就会额外插入话轮来澄清老人的真实意愿，就会出现调解员话轮长于冲突一方的情况。见下面的例子。

📖 **例10**

　　调解员：那个楼后来谁去住了？

　　桂奶奶：儿子。

　　调解员：就这个二儿子啊？

　　桂奶奶：对。

　　调解员：他去住了。他之前是跟一家人在一块儿住吗？住在那个平房？

　　桂奶奶：他结婚就跟我住在平房。

　　上述调解会话由6个话轮组成。调解员3个话轮，冲突方3个话轮，调解员的话轮长度要明显长于冲突方的话轮。调解员不断提问，且提问中包含了老太太原本陈述中表述不清的内容,让老太太把她和二儿子一家的矛盾冲突条理分明地展现出来。

2. 话轮分配主要由调解员主导

在话轮的分配上,指定下一说话者的往往是调解员。调解员可以通过点名、提问和手势等方式选定下一个话轮的说话者。从本研究收集的语料来看,调解员的话轮分配往往是多种模态的综合运用,例如"点名＋提问"或"点名＋肢体语言"或"提问＋肢体语言"或"点名＋提问＋肢体语言"。从频率上来看,"提问＋肢体语言"被运用的最为广泛,且调解员所运用的肢体语言主要是眼神和手势。如下面的例子。

例 11

调解员(语言)：那可是您卖了房子不是一大笔钱呢吗? 钱更多啊。

（肢体）：眼神注视冲突方。

桂奶奶：是。我卖了房看我能有多少。就是请律师给我判我有多少。

3. 话轮分配不是事先规定

在一些机构性会话中,对于交际双方的交谈内容和交谈顺序会有一些明确要求和必须要遵守的规范。例如在庭审中,法官会先把话轮给原告,再把话轮给被告。但在实际交谈中,话轮的分配往往是不确定的,会出现放弃话轮或争夺话轮的现象。见下面的例子。

例 12

调解员：儿子什么意思?

严大伯：儿子呢,就是说我寻了个老伴。这个女的,他们不同意。

王大妈：我姓王,三横王。我呢是这样,老娘舅,我跟我男友没有办过手续。因为他儿子,他们拒绝我们两个人嘛。我跟他两个人工作呢都在洛舍。他在鱼塘那里给老板养鱼,我呢自己开的小店,就是做那个小生意。我们两个人在一起一年多了。……

在上述例子中,话轮应该主要发生在调解员和严大伯之间。在严大伯的话轮结束之后,按理应该是调解员发起新的话轮,询问严大伯为什么他的儿子不同意。但是,严大伯新交往的女友王大妈则迫不及待发起新的话轮,与调解员发生了话轮争夺现象。

4. 冲突双方存在较多话轮重叠

在日常交际中,会话双方的话轮很少发生重叠,一般都是一方的话轮结束之后才会开始另一方的话轮。但在调解的矛盾陈述阶段,冲突双方则存在较多的话轮重叠现象,即当一方的话轮还没结束,另一方就开始新的话轮,最后导致话轮发生转移。见下面的例子。

 例 13

黄二哥:其实我也不是那一万二。

调解员:一口气。

黄二哥:他老婆太会说话了。

调解员:那么这样,小弟……

黄大嫂:老娘舅知道的。

在上述例子中,话轮的发起者主要是黄二哥和调解员。黄二哥陈述内心的真实想法,调解员对其进行开导。但当黄二哥对自己大嫂进行指责时,黄大嫂主动发起话轮,打断了原本属于调解员的话轮。此时,黄大嫂的话轮就与调解员的话轮发生了重叠。从本研究的语料来看,话轮重叠的原因主要有补充重要信息、纠正错误信息和维护自身形象等方面。例如在上述例子中,话轮重叠的原因就是黄大嫂委婉批评黄二哥的陈述不是事实,进而维护自身形象。

(二)话轮转换机制

会话参与者"谁",在什么时间进行说话并不是事先决定好的,而是会话参与者们在互动过程中互相协商决定的,这就涉及到话轮的转换机制问题。

话轮的转换经常出现在会话的"转换关联位置"。"转换关联位置"指的是一个话轮单位中听话者认为可以发生话轮转换的位置。Orestrom(1983)认为,话轮的转换关联位置一般存在如下特征:① 超音质:带有非平声核心的话轮单位的完成;② 句法:某一语法序列的完成;③ 语义:某一语义序列的完成;④ 响度:响度的降低;⑤ 沉默性停顿:紧接着话轮单位终止的停顿。Sacks(1974)则总结了话轮的转换规律,具体而言:

第一,在任何话轮的第一转换关联位置上:

(a) 如果说话者选定下一个说话者,前者必须停止说话,后者有权必须接下去说话,其他人没有话语权。话轮转换就出现在说话者选完后的第一个转换关联位置上。此时说话者发生变化。

(b) 如果说话者未选定下一个说话者,会话参与者可以自选,第一个开始的人拥有下一个话轮的说话权,此时说话者发生变化。

(c) 如果说话者未选定下一个说话者,会话参与者也未自选,当前说话者可以(但非必须)继续说下去,除非另有人自选说话。

第二,在任何话轮的第一转换关联位置上,如果没有实施规则1(a),也没有实施规则1(b),而是按照规则1(c),由当前说话者继续说话,那么在下一个转换关联位置上再次执行(a)—(c)的规则,而且在以后的每一个转换关联位置上重复,直至新的话轮转换发生,即出现说话者转换。

上述规则看似复杂,其实可以用更简洁的表述进行概括,如规则1中的1(a)就是"放弃话轮",1(b)就是"争取话轮",1(c)就是"保持话轮",规则2则是"保持话轮"条件下的规则1重复。放弃话轮指当前说话者在某种原因影响下,不想继续说话,从而将话语权转交给听话者的行为。这实际上是一种使他人进入会话的手段(苗兴伟1995)。在调解中,调解员作为话语权的掌控者,往往会主动放弃话轮以凸显冲突双方的尊重。争取话轮是指在会话过程中发话人主动获取话语权,接过下一话轮的行为。保持话轮指的是发话人在同一话轮内部,通过控制话轮来延续自己话轮的行为。研究者将根据上述理论假设对一个涉老调解片段中的话轮转换进行分析。

📖 **例 14**

1. 调解员：那您给他们说和没有？ 规则 1(a)

2. 祁小妹：我怎么不说啊？我怎么不说啊？一说就 规则 1(c)
脑门子顶着，那个什么似的。

3. 调解员：你的意思是说，你到你妈那儿去跟你妈说？ 规则 2—1(a)

4. 祁小妹：就是跟我妈说啊。 规则 1(c)

5. 调解员：为什么要跟你妈说呀？ 规则 2—1(a)

6. 祁小妹：我说妈，我说我大哥要跟您承认错误。我说 规则 1(c)
您就让他登门吧。

7. 调解员：那他来了吗？来承认错误了吗？ 规则 2—1(a)

8. 祁二姐：不敢去啊。 规则 1(b)

9. 祁小妹：不敢去啊。30 年了。 规则 1(c)

10. 调解员：所以那你这个不是白话吗？那为什么要 规则 2—1(a)
把责任推你妈身上呢？你跟他说，你去。

11. 祁小妹：我跟他也说啊。 规则 1(c)

12. 调解员：你跟你妈说不着。他不上门，你跟你妈说 规则 2—1(a)
有什么用啊？

13. 祁大哥：因为我大姐，我那爸爸去世之前，她说我 规则 1(b)
给气死的。就因为这房产，我把我爸爸给告了。我说要不
因为你，这场战争引不起来。完了她反咬一口，说我给气死
的。今儿要去，明儿老太太要真有点什么事，要住院了又是
我给气的。

14. 调解员：您要去还是不去？您要去还是不去？ 规则 2—1(a)

15. 祁大哥：去。 规则 1(c)

16. 调解员：懂了吧。我现在说的这个您懂了吧。 规则 2—1(a)

17. 祁大哥：嗯。 规则 1(c)

18. 调解员：你要去还是不去？你要去后边没有但是。 规则 2—1(a)
没有。第二天如果你去了，第二天你妈妈就生病了。有人

给你扣屎盆子。就扛着那屎盆子。明白？

19. 祁大哥：嗯。　　　　　　　　　　　　　　　　　　规则 1(c)

20. 调解员：你要是怕扛屎盆子。你一辈子不想试这件　规则 2—1(a)
事！你就不试。然后等到你妈不在了，子欲养而亲不待，然
后那时候你也扛着。

　　上述会话片段共由 20 个话轮组成。从互动角度来看，话轮转换的基本
模式为"A—B—A—B—A—B"。就冲突方而言，他们主要采用 1(c)的规则
来完成自己的话轮。当单个话轮过长时，冲突方会使用某些连词来保持自
己的话轮。例如在第 14 个话轮中，祁大哥就使用了"因为"和"完了"之类的
词来表示自己的话轮并没有结束。但当冲突方对调解员的提问做出回应
后，他们不会主动指定下一话轮者，也没有索取话轮的意向，而是维持了会
话的进行。调解员则主要采用 1(a)的规则来放弃自己的话轮，并通过提问
的方式直接把话轮转交给冲突一方。由于调解员的话轮一般都发生在冲突
者之后，且冲突者又没指定新的说话者，调解员的话轮实际是在规则 2 条件
下的再选择。同时，调解员也会通过"你"或"您"这样的人称表达来提醒冲
突一方做好接过话轮的准备。例如话轮 3 和话轮 16。在上述语料中，冲突
方还两次采用了 1(b)的规则来争夺话轮，分别是话轮 8 和话轮 13。话轮 7
和话轮 12 的说话者是调解员，她的话语对象有很明确的指向，即是祁小妹。
但在祁小妹实施话轮之前，祁二妹和祁大哥则抢先抢过话轮来对调解员进
行回应。从上述语料来看，抢夺话轮的方式主要是插入。但是在涉老调解
中，打断的方式也比较常见。见例 15。

例 15

　　二儿子：这个，不是说我们啊。我可以说，我母亲，我可以给她养老送
终。这个绝对没问题。……

　　调解员：老二咱不提养老送终的事。来来来，听我说啊。我告诉你为
什么不提。为什么不提？你知道吗？你妈不感兴趣。

在上述会话中,二儿子努力保持他的话轮,想继续陈述他对老母亲的承诺,但调解员却通过直接打断的方式夺取了老二的话轮。从现有语料来看,打断和插入是两种抢夺话轮的主要方式。

二、相邻语对

(一) 相邻语对的形式结构

由于人们的会话总是交替进行,一次会话至少包括双方一轮发话,因而会话总是成双成对出现。相邻语对是从话语功能角度研究会话时所使用的概念。刘虹(2004)认为,会话中的相邻语对具有四个特征:① 由两个或两个以上分属不同话轮的连续语句构成;② 这些语句分别由两个或两个以上的人说出;③ 语句的顺序是固定的,即引发语在前,应答语在后;④ 引发语和应答语相互关联,引发语对应答语的生成与选择有一定的制约作用,即引发语发出后,应该引发相对应的应答语。因此,会话中的相邻语对并不是完全随意的无规则现象,引发语和应答语之间存在一种强制力。如例 16所示。

📖 **例 16**

调解员:似乎你妈妈设定的条件是,如果能怀孕能生孩子就结婚,如果不能(生孩子)就不能结婚。有这个条件吗?

小吴:她可能现在就是这么想的。

例 16 是一则典型的相邻语对,由调解员和冲突方(小吴)分别说出的两个话轮组成。其中,调解员引发了一个话轮,冲突方对此进行回应,两个话轮语义上互相关联,即冲突方对调解员的提问做出了肯定的回应。

由于机构会话中的相邻语对总是按照一定规则有序衔接在一起,因此可以对其进行分析描写和形式化概括。综合前人相关研究和本研究所收集的语料,涉老调解话语相邻语对的形式结构主要是毗邻式结构,其中又可细分为毗邻单部式和毗邻多部式。

1. 毗邻单部式相邻语对

毗邻单部式相邻语对由相邻的引发语和应答语两部分构成。如下面的例子。

📖 **例 17**

> 主持人：那这房子？
>
> 祁大哥：这房子都给他我没意见。
>
> 主持人：没意见。小妹那你是什么意思？
>
> 祁小妹：我妈这房我不要。
>
> 主持人：不要。就给老五。
>
> 祁小妹：对。一平米我都不要。
>
> 主持人：一个草刺都不要。
>
> 祁小妹：对。我不要。
>
> 主持人：二姐呢？
>
> 祁二姐：我也不要。因为我比他大那么多。

上述调解片段就是由主持人启动的 5 个毗邻式相邻语对。每个相邻语对由两个话轮组成，基本上都是一问一答的形式。相邻语对内部干净利索，彼此之间泾渭分明。这种形式的相邻语对在日常交际中一般不会持续很长时间，但在法庭、医院和课堂等机构语境中则较为典型。同时，在多人交际中，一个相邻语对也可能会涉及同时兼对两人或多人的话轮。在本研究的涉老调解中就发现很多这样的个案。如例 18。

📖 **例 18**

> 调解员：他这个身体扛得住啊？这样喝。
>
> 王奶奶：他喝，打吊针嘛，住院嘛。我伺候，我管他。
>
> 王爷爷：目前 64 岁，没有三高。
>
> 王奶奶：他认为他身体很好。

在上述调解片段中,主持人的一个话轮引出了3个回应话轮,且这3个回应话轮都是针对主持人的第一个话轮的提问,因而构成了一个相邻语对。整体来看,在多方交际过程中,例10这样的相邻语对是一种较为普遍的会话结构。但不管是例9还是例10,他们相邻语对的底层结构都是一致的,可概括为"(询问$_1$→回答$_n$)……(询问$_1$→回答$_n$)"。

2. 毗邻多部式相邻语对

毗邻多部式相邻语对由分属不同话轮的两个以上的相邻结构组成。这种结构的某一个话轮兼有引发语和应答语双重功能,即它既是上一个话轮的应答语,又是下一个话轮的引发语,依次构成一个语义紧密的会话整体。如下面的例子。

📖 例19

王奶奶:我不是就在她俩中间嘛,我就把他俩拉开。结果他就打我了。我女儿一看,就把我推到那个,厨房的那个铝合金门,玻璃的,她就推开,一下就把我推到那里,就把门给卡住了。

主持人:女儿是为了保护你?

王奶奶:嗯,保护我。

上述会话中共有3个话轮,分别由王奶奶和主持人发起。主持人的话轮具有两个功能,既是对王奶奶第一个话轮的回应语,又是王奶奶第二个话轮的引发语。三个话轮构成一个完整的相邻语对。

但在多方交际过程中,毗邻多部式的相邻语对结构会更加复杂。如例20所示。

📖 例20

主持人:还是不服?

祁大姐:不服。妈有病你们都干什么去了?我就问问。我拉着妈走,问问我妈吃那药,跟我婆婆搭伙。我妈没钱,我做这些不都为了你们的家吗?

祁小妹：你给没给谁知道啊？

祁二姐：妈给你服务的时候干嘛来着？为了谁的家啊？为了你自己的合适了。

　　上述会话共有 4 个话轮,分别由主持人、祁大姐、祁二姐和祁小妹四人引发。祁大姐的话轮兼具有两个功能,既是对主持人第一个话轮的回应语,又是祁二姐和祁小妹相关话轮的引发语。其中,祁二姐和祁小妹的话轮又分别与祁大姐的话轮构成了一个涉及多人的毗邻语对。有关毗邻多部式相邻语对的结构特征可概括为"(询问→(回答＋引发)→回答)"。

　　另外,毗邻语对在三方交际的交际对象指向上有时候会表现出不可预测性。如下面的例子。

例 21

祁大哥：您多会儿原谅。我多会儿起来。

祁大妈：你没错,你甭跪着。你妈,谁对谁,妈都不着急。这些年你爸爸没有了。我这院子这录像的。你们各位,受受累,给放放是不是？

主持人：老妈妈,我要说一句。咱们当长辈的,儿子有这个态度,别的都不说了。

　　在上述会话中,原本祁大哥与祁大妈的话轮可以构成一个完整的相邻语对,但祁大妈在她话论中的后半部分却又直接指向场上除祁大哥之外的其他人,因而随之引发的交际对象就变得不可捉摸。此时,主持人承接了祁大妈的引发语,对此进行了回应,祁大妈的话轮就与主持人的话轮又构成了一个相邻语对。因而,例 21 虽然也是一个毗邻多部式相邻语对,但在交际对象上却表现出明显的不可预测性。实际上,例 20 也存在与例 21 相同的现象,但比较而言,例 20 要比例 21 在交际对象的指向性要更加明确,因为祁大姐话轮中后半部分的询问对象很明显是她的兄弟姐妹。

　　值得一提的是,根据刘虹(2014)的研究,在日常会话的相邻语对中还存在嵌入式和毗邻嵌入综合式等结构。但从本研究目前所掌握的语料来看，未发现上述结构。这可能与调解的机构语境有关，因为调解员与冲突双方之间有一种不可言说的默契感，彼此都十分配合彼此，就表现为问答式高效率的毗邻式结构，而不会在会话中嵌入与调解目的无关的话语。

（二）相邻语对的语义类型

Sacks(1974)认为，会话中的相邻语对是可以分类的，特定的第一部分需要特定的第二部分来匹配。例如提议总是和采纳匹配，问候总是和问候匹配。Richards & Schmidt(2014)在前人研究基础上，列举了 8 种相邻语对，涉及询问—回答，告别—告别，赞扬—接受/同意/否定/转题/回报等。但刘虹(2004)则认为，上述分类并不能很好地概括所有的相邻语对。据此她提出了另外一个包含 15 种类型的相邻语对。本研究在此基础上，结合目前所收集的语料，将涉老调解过程中由主持人/调解员参与的对答类型进行概括。具体见表 3.2。

表 3.2　相邻语对的类型及语义分类

相邻语对类型		话　语　实　例
（1）介绍	一致意	主持人：欢迎本场调解员胡××。 调解员：（点头致意）。
（2）告别	一告别	主持人：再见。 冲突一方：再见。
（3）呼唤	一回答	主持人：老爷子。 冲突一方：嗯。
（4）询问	一回答	主持人：你们发现之后也阻止不了？ 冲突一方：阻止不了，我们根本没办法阻止。
（8）建议	一同意	调解员：所以我刚才说大姐作为保管人，建立一个账簿，随时一年也好半年也好，向大家有个交代。这样可以吧？这没话可讲吧？ 冲突一方：可以。
	一反对	调解员：你愿意试着去消除以下内心的愤怒吗？ 冲突方：消解不下来，没办法。我死掉，我就消除下来。

相邻语对类型		话 语 实 例
(8) 建议	—质疑	调解员：老母亲您再提过去的事，咱们就都难受了。 冲突一方：不是提过去的事。
(9) 陈述	—陈述	冲突方：邻居看到我老婆回来了，就从厨房那里递给她。都怕她(老母亲)看到。她(老母亲)刚刚就往门口进来了。 调解员：看见了。
	—补充	冲突方：因为我大姐手伸得太长，管事管太多了。 调解员：那是不是因为母亲有点偏向她啊。
	—肯定	冲突方：我那意思就是她跟家做个姐姐，我们就得同情她。 调解员：我能听得出来，不少人冲着，就是对大姐有火，觉得妈妈偏宠。
	—质疑	冲突方：冤家路窄啊。这选楼房我跟这还选到一块儿去了。这是一号楼，我这是三号楼，这是二号楼，他就跟二号楼住着呢。 出去还照样瞅见他，谁也不理谁。 调解员：他不叫您妈啊？
	—确认	冲突方：这里老有一个，我这大姐背后……她老是这里…… 调解员：大姐从背后捣乱，是吗？
	—提问	冲突方：他对我这样子，我一下脾气就改不下来。 调解员：你希望他们怎么做？
	—否定	调解员：她说，你生病的时候，她会那样或者说对你有意见，是因为你曾经讲过那句话。 冲突方：她刚才说的那句话是假话，不是真话。
(12) 指责	—道歉	调解员：但是你刚才行为，动手打你叔叔行为，你是不应该的。不应该有这种行为的，这点要认识到。必须要有个态度。 …… 冲突方：对不起，我错了。
	—否认	调解员：说父亲就是你给气死的。 冲突方：父亲是被他给气死的。
	—借口	调解员：南昌火车站的出站口是在地下二层。从下火车来到火车站广场，最少五分钟是要的。如果你心里面有老人家的话，那一段路是很凉快的啊。 冲突方：从来没跟老人家吵过一句架，十多年来了。

续　表

相邻语对类型		话　语　实　例
（12）指责	—承认	调解员：你也想想，你作为儿子，你惭不惭愧？你这个不叫老实，你这个叫没有良心了。 冲突方：（低头。沉默。）
	—争辩	调解员：你充满了怨恨，然后我就在想，你可以怨恨你的丈夫。没有问题。你怨恨两个老人干什么？ 冲突方：老人家什么事情都宠着他儿子，要他儿子离婚。
	—挑衅	调解员：你们应该知道的？ 冲突方：老娘舅，反正我，普通话一句都听不懂的。你说绍兴话吧。
（13）赞扬	—赞同	调解员：你可以来照顾？能够讲到这样，这是个好媳妇。 冲突方：我可以来照顾。

从上述整理来看，涉老调解过程中的相邻语对类型主要集中在由建议、指责和陈述所引发的三个大类中。这实际上是与调解的机构话语语境相匹配，因为指责与陈述涉及矛盾冲突的辩论，而建议则涉及矛盾冲突的消解。

第四节　涉老调解的终结

涉老调解的终结阶段包含调解结果确认和调解内容评价两个部分。以下是两则调解结果确认的语料，例 22 为调解成功案例，23 为调解失败案例。

例 22

王女士：妈妈。

王妈妈：我希望你回到我们身边。你的婚姻事情由你自己做主。你自己选择的路，你自己走。

王女士：妈妈，谢谢。我通过《金牌调解》，我也知道自己有不足。我不应该不接你电话。不应该把你微信拉黑。

王妈妈：我也学会很多。只要女儿多多原谅。是吧？我们重新开始。

王女士：以前的就让它过去。

王妈妈：好。

调解员：小王。你也要慢慢地更加成熟，让妈妈放心对不对？

王妈妈：感谢这些老师。对我们说了这么多。好女儿，你要听话。以后的事情，你也到了这个年龄，你自己的路，你自己要把好关，是吧？

王女士：我知道，我会慎重的。以后不管婚姻怎么样，以后的路我都会慎重的。

王妈妈：妈妈有些地方不知道，不自觉伤害你，你要原谅。

王女士：我没有恨你，妈妈。

调解员：两位真的是难舍难分。虽然说，女儿也真的 30 多岁了，但是在父母面前，孩子永远是孩子。妈妈其实不需要做更多的，就是微笑地看着女儿。不要再去解释过多。其实女儿都知道。你就是多夸夸女儿，好不好？

王妈妈：好嘞。

例 23

调解员：爹这样讲了，那么你们按照你爹讲的。医药费你们两个人对半。这个钱就先留着。如果说你有意见，我给你五分钟的时间考虑。

黄二哥：叫我老爸去起诉好了。

调解员：那可以的。那么这样，大哥，你也多保重。好不好。

黄大爷：谢谢。

两则语料表明，调解结果确认一般是由调解员和冲突双方一起共同完成。在例 22 中，母女二人彼此打开心扉，坦诚交流，调解员则锦上添花，增进彼此情感。三方的良好互动表明这是一次有效且成功的调解。在例 23 中，针对调解员的建议，黄二哥则委婉地表示不接受，让老父亲直接走法律程序。这表明本次调解并未取得理想的效果。同时，调解结果确认一般有明确的结束信号。例如例 22 中，王妈妈对于调解员的建议做出了明确的肯定回答"好嘞",例 23 中,黄大爷的调解需求虽然没有被满足,但他也还是对调解员表示了由衷的感谢。

调解内容评价主要涉及对本次调解内容的升华,充满道德说教的意味。本研究的涉老调解主要发生在电视媒体的机构语境下,因而调解内容的评价主要有两种,一种是通过调解员现场即席的方式展开评说,另一种则是通过画外音的方式展开评说。受电视调解的职业话语语境以及大众传播性质的制约,调解内容的评价部分占有相当重要的地位,往往起到画龙点睛的作用。具体见如下的两个例子。

📖 **例 24**

调解员:胡女士的这一番话,或许是盛怒之下脱口而出的。我们希望这不是她最终的回答。毕竟人无完人,每个人都可能犯错。如果还有回头的余地,就不要彼此错过。在现实生活中,父母往往能够无数次地原谅犯错的儿女。难道儿女就不能多体谅父母一次吗?值此春暖花开之际,希望胡女士可以整理好心情,再跟母亲好好聊一聊。

📖 **例 25**

(画外音):调解现场,大儿子对母亲的下跪,让我们看到了,曾经大动干戈的母子,在历经 30 年的内心挣扎之后,最终在《第三调解室》的平台上得到了圆满的解决。母亲曾经的那份担忧,也在调解嘉宾的共同努力之下得到了化解。我们希望,在今后的道路上,祁家兄弟姐妹能够相互理解、相互包容,共同承担起照顾母亲以及家中老五的担子,让母亲的晚年生活不再忧心忡忡。

在例 24 中,调解员先对冲突一方的不恰当言语进行辩解,将其归咎为一时冲动。这实际上暗示了本次调解是一次失败的调解。在此基础上,调解员展开道德说教,为随后的建议行为打下基础。在例 25 中,调解员虽未直接露面,但却通过画外音的形式先对调解结果进行再确认,再通过道德说教的方式提出建议。综合上述两则案例,可以发现道德说教和提出建议是调解内容评价中不可或缺的部分,至于冲突一方的言行点评或调解结果的再确认则并非必须。整体来看,调解内容评价在整个调解过程中所起的作用主要是增强叙事感染力,深化调解主题,传播社会主义核心价值观的作用。

本 章 小 结

本章主要从会话分析角度对涉老调解的话语行为进行分析。研究发现,农村社会的涉老调解主要聚焦于基层治理的法治文化、社会和谐的邻里文化、修齐治平的家庭文化和以人为本的民生文化四个方面。调解话语事件是涉老调解分析的最大单位,由调解导入、矛盾陈述、调解协商和调解总结四个交往阶段组成。调解导入阶段一般由三个系列组成,分别是调解背景介绍、调解参与者介绍以及调解话题导入。矛盾陈述和调解协商则是调解话语事件的主体过程阶段,主要由主持人或调解员控制话语的进程。调解的终结阶段一般由两个系列组成,分别是调解结果确认和调解内容评价。在具体调解过程中,调解员通过相邻语对和话轮转换等方式引导冲突双方和调解员共同参与到调解实践中。在涉老调解的相邻语对上,其形式结构主要是毗邻单部式和毗邻多部式两种,其语义内容主要集中在由建议、指责和陈述所引发的三个大类中。涉老调解的话轮特点主要有四点,分别是:话轮的大小长短受调解阶段影响、话轮分配主要由调解员主导、话轮分配不是事先规定和冲突双方存在较多话轮重叠。同时,涉老调解的话轮基本模式为"A—B—A—B—A—B",话轮转换的方式有争取话轮、保持话轮和放弃话轮三种。调解员主要以提问的方式放弃话轮,冲突双方则以维持话轮的方式对调解员进行回应。调解员和冲突双方在三方交际中也会发生争夺话轮现象,争夺的方式主要有插入和打断两种。相关讨论表明,涉老调解的会话内容和会话结构已然有机融入电视媒体的机构语境中,两者在会话内容和调解形式上相互联系、相得益彰,共同构成了新媒介语境下涉老调解的整体会话特征。

第四章　涉老调解的话语策略研究

引　　言

　　老年人在年龄、社会身份、认知风格、言语风格和价值观等方面与家庭其他成员之间存在一定差异,因而家庭中的涉老冲突现象往往不可避免,甚至已成为当今社会中的一种常态化现象。同时,由于老年人与其他家庭成员所共同依存的社会关系和角色距离所产生的低互显性认知语境,家庭中的涉老冲突话语除了具备一般人际话语冲突的普遍属性外,其话语冲突的对立性和不相容性会更加明显。在某些冲突语境下,涉老冲突话语要比一般社会关系范畴内的冲突性话语更直接,对老年人面子的威胁程度也更高,对双方社会关系的作用甚至是解构性的(钱立新、王江汉 2018)。家庭中的代际关系作为社会关系的重要方面,既是基层治理的重要内容,也是和谐社会建设的重要目标。在当今"大调解"格局下,人民调解在化解家庭矛盾、维护家庭成员权益等方面扮演了重要作用。但人民调解不具备司法判决的高度强制性,新乡贤调解员在具体调解过程中尤其要注意调解话语灵活性与司法实践合法性的辩证统一,这必然涉及到调解策略问题。调解策略是指调解员在调解过程中采取的一系列方法和技巧,以达到解决矛盾和纠纷的目的(侯怀霞 2020)。本部分在正视家庭人际冲突客观性的前提下,从多模态角度(语言和手势)来分析新乡贤调解员的调解策略特点。

第一节　语言与手势的关系

D'Errico et al.(2015)指出，人际冲突涉及语言资源和非语言资源，有必要从多模态角度开展整合研究。但以往对调解策略的研究主要关注的是语言符号，鲜有探讨非语言符号在人际冲突话语中的资源建构机制。手势是人际交流中一种重要的非语言媒介，不仅可以辅助语言交流，还可以降低交流中的认知负荷(张恒超 2022)。一方面，手势可以为口语交流增加想象空间。因为手势不像口头语言那样以语法规则为基础线性发生，当语言难以表达传递交流信息时，手势将表现出交流意图表达的潜力。由于老年人或多或少都存在语言衰退的问题，手势的这一特性在涉老调解过程中尤为重要。另一方面，手势具有交流参照性。它可以实现交际中的多重功能，包括信息重复、信息强调、明示语言含义和预先表达交流计划等。前人对于人际互动中语言与手势的关系做了深入研究，并提出了不同的理论模型，主要有增长点理论、信息封装假说、手势激活理论和手势认知节省理论。

(1) 增长点理论。McNeil & Duncan(2000)提出了手势的"增长点理论"。该理论认为，手势和语言构成了交际中的集成系统，手势的"视—空"表现形式和语音、语义、语法的线性规则表达形式，在交流认知的不同层面上组建交流信息增长点和整体合成机构，促进交流信息内容的不断丰富和发展。手势的增长点指手势可以用来增强和辅助口头语言的交流，弥补口头语言的限制，提供更多的信息和表达方式。该理论强调授予与语言间的共同表达性，尝试说明多种线索对于交流信息的增量解释。但是，该理论的不足之处在于只着眼于手势和语言媒介间的相似性和关联性，即仅将手势当作是语言的重复表达或从属于语言沟通的需要，而无法解释两者之间的区别性。

(2) 信息封装假说。针对增长点理论的不足，Kita & Ozyurek(2003)提出了手势的"信息封装假说"。该理论认为，手势和语言间的差异性决定了两者在交际中的互补性，手势组织和封装了交流中的空间视觉信息，以适应语言的编码过程。该理论强调了两点。一是手势表达的信息是空间视觉表征，而语言在描述某些复杂信息时表现不足。二是当语言传递复杂信息时,手势有助于将信息分解成适合语言发生的小段信息。该理论还进一步注意到,手势不仅可以表达意义,还可以表达态度和情感等多种信息。应该说,信息封闭假说和增长点理论实际上并不矛盾,只是两者关注的焦点并不一样。信息封闭假说关注的是手势和语言的差异性,而增长点理论关注的则是手势和语言的共同性。

(3)手势激活理论。该理论认为手势在交流过程中可以更好地激活语言。在该理论视角下,语言不再是一组抽象的符号与规则,而是与感知动作、情感等相联系。手势的激活作用可以促进语言的抽象性加工,促进语言表征的加工从抽象性向具体化转变。Krauss et al(2000)的词汇检索假说认为,手势有助于促进语言使用者内心词汇的激活,尤其是空间表意特征的激活。手势在人际交往中不仅会影响词汇选择和表达难易,还会对语言的发生和理解过程产生易化作用。在某些时候,手势甚至会先于语言发生。Alibali et al(2011)的手势框架理论则认为,手势有助于促进语言使用者心理表征的激活。手势对交流的促进作用在于手势表达的动作化、直观性和具体化特征。它可以引导说话者将注意力集中在语言表征中的感知操作信息,易化交流情境的理解和推理过程。实际上,不管是手势对内心词汇的激活还是对心理表征的激活,均反映了手势和语言认知互动过程的多样性和复杂性。它间接证明了增长点理论和信息封装假说的正确性,即语言和手势在交际中是相辅相成、不可分割。但是手势激活理论更凸显了手势在交际中的重要性,即手势对感知运动表征的激活是进一步激活和易化语言表达的前提。

(4)认知节省理论。人际交流是一种基于交际者心理状态和共享知识的推理过程,反映了特定情境下从脑加工到社会人际互动和语言使用等的一系列复杂过程。Kita & Ozyurek(2003)认为,手势是由行动发生器计划组织的,语言是通过信息发生器计划组织的。由于两者分属不同的认知系统,因此人际交往中两者的互动既提高了交流效率又降低了认知负荷。因而,认知节省理论的主要观点可概括为手势降低了语言认知加工对认知资源的需求。一方面,手势根植于感官运动系统的认知资源,它的参与使交流具有更为丰富和充足的资源来管理交流认知努力,即降低交流中的认知负荷并将节省下来的认知努力投入到其余方面。另一方面,手势具有无意识性或内隐性特征,它传递的思维过程信息超出了语言的信息范畴,不仅不是语言信息的重复表达,还会表露出某些语言之外的新信息。例如手势会无意识地表达语言抽象规则之外的视觉空间策略或不自觉地启发解决问题的隐性知识。相比较手势激活理论,认知节省理论将语言与手势的研究推向了认知层面,从多元化信息的促进和发展角度促进了其向更深入的层次发展。

综上所述,手势在人际交往中不是单纯的动作输出,而是以身体动作方式与语言紧密结合。它与语言既表现出共同性也表现出互补性,既可以激发语言使用者的语言心理表征,也可以降低语言使用者在交际中的认知负荷,具有重要的认知导向功能。

第二节 涉老调解中的语言策略

调解策略的本质就是调解员综合运用各种资源,激发冲突双方难为情、知羞耻和怕惩罚的心理,使之重感情、讲道德和遵纪守法,并在此基础上彼此间友好协商,达成一致(刘同炯 2020)。因而,调解策略在宏观语义上可以细分为感情说服、道德说服、法律说服和利益说服等(Hayes 2013)。在杨骁勇(2013)、吉锡媛(2015)和杨炎平(2022)等人的研究基础上,结合前期语料分析,本研究将涉老冲突的调解话语策略分为提升权势、移情、语用缓和和回避四大类别。

一、提升权势

言语行为作为一种社会行为,在承担信息交换功能的同时,也反映了说话者之间的社会关系。"权势"是人与人之间的一种主要社会关系,表现为交际中的某一方为了彰显其个人威望和权力,在交际中表现出傲慢、自信或不容辩驳的强势交际风格。在涉老调解过程中,调解员出于调解进程和调解目的等因素考量,往往会使用较多的提升权势策略。从本研究的现有语料来看,调解员所使用的提升权势策略又可细分为极致表达、打断、嘲讽、批评教育、反问和普法六个小类。

（一）极致表达

极致表达指与语义上引起事件或事物最大或最小属性的表达方式（Whitehead 2015）。它作为言语交际中常见的一种语言现象,常被用作语言策略来实现交际目的。极致表达作为描述事实和规范问责的修辞手段,可以用来反驳对方观点,也可以对己方观点进行辩护或申述（Potter 1996）。极致表达的话语表征一般是通过程度性的副词或普遍性的词汇来实现,如"一定""完全""都""每个人"和"所有人"等。根据合作原则,为了使交际能够顺利进行,交际双方都应该要遵守质的准则、量的准则、关系准则和方式准则。在言语交际中,极致表达主要与质的准则和量的准则相关,即应该要提供包含交际所需的信息,还要真实和可信。它又可分为两类,分别是与事实相符的极致表达和与事实不相符的极致表达。当调解员使用了与事实相符的极致表达时,他就是遵守了质的准则和量的准则。此时,调解员的调解策略是为了肯定自己话语的真实性和权威性。

📖 **例 1**

> 调解员：来不来?
> 唐家亲戚：来的。
> 调解员：我们再等一会……这个事情我们**一定**要管的。

📖 **例 2**

> 调解员：也就是说即使婚礼结束了,你**都**还不知道。
> 老汉：没有知道,**根本**不知道（女儿结婚）这回事。

📖 **例 3**

> 调解员：还是自己心里难受,放不下是吗。

余奶奶：对呀。

调解员：动机是为孩子，理由也有，比如说担心牵挂。但是呢，就是一个边界的问题。还有，什么东西**都**要讲一个度。

在例 1 中，因为冲突一方的当事人还未到，调解员在等待过程中为了安抚现场观众情绪，使用了程度副词"一定"来表明自己的决心和态度。在例 2 中，调解员和老汉都使用了极致表达的策略。调解员使用了程度副词"都"，表达了自己惊讶的神情，老汉则使用程度副词"根本不知道"来凸显自己对女儿隐婚这一事实的不满。在例 3 中，调解员则语重心长地对余奶奶进行了劝慰，通过程度副词"都"强调了交往边界问题的重要性，以此引发余奶奶的反省。

与事实不相符的极致表达往往属于夸大事实的范畴。夸大事实的极致表达违反了质的准则，但由此也产生了言外之意。从现有语料来看，夸大事实的极致表达主要有诉诸普遍性、诉诸绝对性和诉诸最高级三种。相关例子见例 4、例 5 和例 6。

例 4

调解员：我们知道父母有七个子女，现在还剩下五个。但是他们并没得到母亲的一大半财产，您得到了。现在最要紧的是父亲的赡养问题。你应该做的，你应该特别明白。不管你是身体有病，还是你现在住在父母的家里，你应该承担的责任，是不是应该比别人多一些？这是最现实的问题。

小妹：您说得非常的对。可是，要不一说，我老说拿我这个病……

调解员：**每个人**的家庭，**每个人**的身体都会出现许多状况。但是唯有照顾父亲，是现在最重要的事。咱们可以把自己的身体稍微放一下，但是父亲不能等。父亲在眼巴巴的希望，他的子女接他回家。你应该怎么想？

小妹：我当然愿意接他回家了。

例 5

调解员：不管是通过试管还是抱养，如果这个孩子的到来并没有让我有这种……我的婚姻一下就变得甜蜜了，公公婆婆一下对我很尊重或者是很喜爱很感激。如果没有这样的体验的话，那么她所有的这些前期的这种挫败都会带来一种情绪，叫做愤怒，而这个愤怒<u>一定</u>会反馈到婚姻关系当中。

例 6

女儿：他挂了电话那一秒钟，我的心真的很痛很痛。

调解员：觉得自己好像是<u>最</u>不被重视的那个人。

女儿：对。

例 4 是一则诉诸普遍性的极致表达。普遍性指事件发生的常见性和必然性。在涉老调解中，调解员会将事件的状态或性质进行极端地扩展或应用，从而使所有相关的个体都具有共同的品质或状态。在例 4 中，小妹一直强调自己的身体原因，从而通过凸显自己的个体原因来为不赡养老父亲找借口。调解员则对此表示不认可，不仅剥夺了她的话轮，还通过连续两个"每个人"的极致表达将这一种个体化的现象扩展为普遍性的现象。实际上，在现实生活中，并非所有人的家庭，也并非所有人的身体都会出现状况。调解员使用这一策略的目的在于希望小妹不要强化自己的个人经历，应该将重心放到老父亲的赡养问题上。

例 5 是一则诉诸绝对性的极致表达。绝对性有两点，一是没有任何条件和限制，二是可以或不能拥有相关性状。在涉老调解过程中，调解员会通过诉诸绝对性来强调陈述的毫无疑问、毋庸置疑或事物的独一无二。在例 5 中，媳妇因为生孩子的问题与公婆发生了矛盾，进而导致夫妻感情危机。调解员对媳妇的心理变迁进行了分析，使用了绝对性的肯定陈述"一定"来让丈夫和媳妇得到明确信息，即夫妻间的感情不和是一个必然性的结果。

实际上,夫妻间的感情不和不仅仅是来自于媳妇的愤怒情绪,也还有丈夫对妻子的失望等因素。调解员使用这一策略的目的在于告诉公婆和丈夫,要更加体谅媳妇,更加包容媳妇,不要让她有愤怒的情绪。

例6是一则诉诸最高级的极致表达。最高级指优于或胜过其他所有事物的特性。它表示的是一种程度、高度和峰值的最高或极限度,具有强烈的排他性。在涉老调解过程中,调解员会通过一些最高级的指示词,如"最""比……更"或者"比……都",来指称一个事物的品质或性状的极端性。在例6中,女儿表达了老父亲在年轻时候对自己的漠视,调解员则使用了"最"这一最高级话语标记来对她做出积极回应。实际上,女儿所认为的父亲对自己的漠视可能是一种误解,并不是事实的全部。但在那种情况下,调解者只有认可她的这一种表达才能够让谈话继续下去,不然女儿就会持续地陷入这种消极情绪中。从结果来看,调解员的这一策略是成功的,女儿针对调解员的话语做出了更为积极的回应。

（二）话语打断

话语打断是指在对话中,一个人在另一个人讲话时插入自己的发言,从而打断了对方的话语。这种行为通常被认为是不礼貌和不尊重对方的,因为它打断了对方表达自己思想的权利。打断也可能会导致对话变得混乱和不愉快,因为它破坏了对话的流畅性和连贯性。但在调解过程中,出于各种原因,打断现象时常发生,且在大多数情况下,打断都是调解员发起的,体现了调解员在调解过程中的主动性。

例 7

媳妇：她（婆婆）已经去过我房间了,已经穿好衣服了。我婆婆你放心,肯定很利索的,是个利快人。……

调解员：那她是故意的,在你看来她就是故意的?

媳妇：我看来就是故意的,她（婆婆）主要是想让我花钱,对啊,为什么,因为以后有一次小孩生病了。……

调解员：但是有一个细节你自己也告诉我们了，这个孩子到了你们家以后，你公婆非常喜欢，你丈夫也非常喜欢，甚至比你还喜欢。

 例 8

女儿：我当时是非常低落的，事业也不顺，工作也不是很顺，然后读书也不是很顺利的情况下，他再用这种语言来伤害我，其实我那时候……

调解员：小丁，我想如果是像你所讲的这个情况，可能我们可以去说爸爸，你那个时候采取的（方式），比如说跟女儿沟通的方式是不对的，说话方式是不对的，但是不是真的就是由此得出来一个结论，这个爸爸对女儿感情不够，好像还有待商量。

 例 9

调解员：小李，两个老人家，除了你跟他们的相处，为什么他们总会担心你对小陈不够好，不够爱？

女婿：这个事情我没法表达，我不能说我对我老婆多好，我老婆在我身边你可以让她。

余母亲：你威胁她的，那么我问你，你对你老婆好是……

调解员：是我在跟他谈话，是我在谈话，不是你。

在例 7 中，调解员两次打断了媳妇的话轮。这两次打断的目的略有不同。在媳妇的第一个话轮中，她努力通过细节性地描述来证实婆婆在行为上有失当的地方，调解员为了加快调解的节奏，直接打断她并说出了她想表达的言外之意，即婆婆的行为是故意的。在媳妇的第二个话轮中，媳妇尝试进一步通过举例子的方法来描述婆婆的行为失当，调解员则对此表示不认可，直接打断她的话轮并提出了自己的质疑。例 8 的打断情况与例 7 中的第二个话轮存在相似性。即调解员的打断目的也是表达对说话人内容的不认可。但在此语料中，调解员的表述更为婉转。事先通过假装认可的方式来舒缓女儿情绪，再间接表达自己的不认可。例 9 中的打断则很直接,调解员用命令式的口吻剥夺了母亲的话轮,因为母亲的中途插话影响了调解的顺利进行。同时,调解员的打断策略往往伴随有话语标记词。例如在例 8 中,调解员就都通过人称指示词来实施打断行为。从现有语料来看,这种命令式的打断看起来比较粗鲁,但在很多情况下却十分有必要。因为放任冲突一方按照自己的思维无休止地叙述下去就不能有条不紊地安排调解节奏。

（三）话语嘲讽

话语嘲讽是一种特殊的交际策略,其目的在于让对方感到羞耻或尴尬,从而达到自己的交际目的。它通常是一种讽刺和挖苦的言语行为,旨在让对方感到自己的观点或行为是错误或可笑的。因而话语嘲讽通常会引起对方的不满和反感,破坏交流的氛围。在调解过程中,调解员应该尽量避免使用话语嘲讽的策略,应该采用鼓励和支持对方式来达成调解目的。但在某些特殊情境下,比如冲突一方的言行突破了道德底线或极度不配合调解员的调解工作,话语嘲讽有时可以达到一定的效果。

📖 例 10

余妈妈：我是为我女儿好。

调解员：*你是一个好妈妈,就从爱的数量上来说,你是一个好妈妈*。但是你们在这瞎折腾,为你好的最大原则,最大的前提是别人需要,要不然等一下我们 8 个人围着你们俩转为你好,我陪你们聊 20 多小时,把你们全身捏两遍,扶你们过马路一百多次,要吗? 你们需要吗? 什么叫为你好?

📖 例 11

调解员：*陈爸爸可能是家里的山*。可是我觉得就好像那封建社会的三座大山一样,压在你孩子们的头上。你这三座大山是哪三座呢? 压迫、控制、索取。其实陈先生你是一位很典型的,在农村社会里面,具有家长制的。

在例 10 中,母女间的矛盾在于母亲过多地干涉女儿婚后的感情生活,引发了女儿和女婿的不满。鉴于母亲没有意识到她自己的错误,同时也不想让母亲过分难堪,调解员用了嘲讽的策略先对母亲进行了虚假的肯定,进而通过举例子的方式指出母亲思维中的错误认识。在此则语料中,调解员嘲讽策略的使用是为了在言语上攻击母亲,让母亲感到自己的观点或行为是错误或可笑的。例 11 的与例 10 十分接近,调解员也是用嘲讽的策略先进行虚假的肯定,再进行否定。但在例 11 中,调解员则使用隐喻的说法来开展说理,从而使自己想要表达的意思尽可能含蓄幽默地传递出来,以达到说服对方的目的。同时,结合例 8 和例 11 两则语料来看,调解员在使用嘲讽策略的时候,其实也间接表达了他们的不满或反感。例如在例 10 中,调解最后的三个反问已经很鲜明地表达了自己的态度,例 11 中调解员的"压迫""控制""索取"和"家长制"等词汇也已经清楚表达了自己的否定意见。

值得一提的是,在日常交际中,嘲讽策略的使用还可以通过提升自己地位来降低对手地位。但在本研究中的相关语料中,未发现上述用法。这可能是因为在涉老调解过程中,调解员需要保持一定的中立性,没有必要过度提升自己地位,同时为了调解的顺利达成,调解员也没有必要过分降低冲突双方地位。

（四）批评教育

批评教育策略是指在调解过程中,调解员通过批评和反思来促进当事人的成长和发展。批评教育策略可能会产生一些负面影响,例如可能会导致当事人的自尊心受到伤害,从而影响调解的效果。此外,批评策略可能会导致当事人对调解员的不信任,从而影响调解的进行。鉴于老年群体的特殊性,调解员在涉老调解过程中有关批评教育策略的使用是比较慎重的,且大多不会针对老年人,往往是针对的是老年人的成年子女。

 例 12

调解员：停下,停下！你怎么可以打人呢？大家都静一下！好了！*你*

刚才这个行为不对的! 不管怎么样不能动手的。

📖 例 13

余母亲:他们给我打过几次电话? 看过我几回? 我的外孙都比他们两个更有情。

调解员:*我注意到的余女士思维很大的一个特点——非黑即白*。你不要,你就是讨厌我;你不见,你就是排斥我。就在这两个极端跳来跳去。

📖 例 14

调解员:你一直在强调说,我生儿育女就是为了防老,其实*这是一种很落伍的观念*。生儿育女,不仅仅是为了防老。我们给孩子生命的同时,我们首先要考虑到,他不仅仅是我的孩子,我的女儿我的儿子,他是一个活生生的人。他是一个鲜活的生命。

在例 12 中,调解现场出现了突发情况,因为老人的赡养问题,作为冲突一方的大嫂冲上去给了自己小叔子一巴掌。调解员当即中断调解,维持现场秩序,并对大嫂的行为进行了严肃的批评教育。调解员的话语内容明确,语气严厉,有效地体现了自己的权威,同时避免了事态的进一步恶化。在例 13 和例 14 中,调解员的批评教育方式则显得更为间接。在例 13 中,调解员采取一种居高临下式的评价式说教。在例 14 中,调解员则是采取对等的姿态来开展说服式说教。就调解的原则而言,调解员应该尊重当事人的感受和尊严,避免使用过于严厉或攻击性的语言,因而例 13 和例 14 的方式可能更为妥当。但我们也看到,在例 12 的突发状况下,调解员的严厉性表达也有其适用性。另外,从礼貌原则来看,调解员在例 13 中的表达要比例 14 更加的不礼貌。这可能是因为例 13 中的余妈妈和例 14 中的陈大爷在性格上就存在很大差异。余妈妈虽然有点偏执,但性格更为内向,陈大爷则比较外向,因为调解员根据冲突当事人的个性和情况,采取了不同的话语表征,应该说也是符合当时的情境。

（五）反问

反问是修辞学中的一种常用手段,它通过反过来问一个问题来表达说话人的观点或意图。反问通常用来表达强烈的情感或强调某个观点,使语言更具有说服力和感染力。在涉老调解中,反问策略可以被用来激发当事人的思考和自我反省,促进他们更深入地了解自己的需求和利益。通过反问,调解员可以引导当事人思考问题的本质,而不是仅仅停留在表面上。同时,反问策略也可以用来缓解当事人的情绪,让他们更加冷静地思考问题。

📑 **例 15**

调解员:你老公的爸爸现在什么情况你知不知道?

唐家小儿媳妇:我爸爸现在什么情况?

调解员:你知不知道?

唐家小儿媳妇:我知道。

调解员:*有没有去看过? 有没有去关心过?* 你这个儿子啊!

📑 **例 16**

调解员:父亲和母亲对子女表现出来的爱护形式是不一样的,其实你现在有两个孩子,你作为母亲,你肯定也可以做一个对比,你和你丈夫是否在用,一模一样地方式在爱你们的孩子,*如果方式不一样,是不是就能说明大家爱的程度不一样呢?*

📑 **例 17**

余妈妈:原先我们不想跟他干,就是怕他怎么样她,现在既然她跟他一个立场,那我们就跟他干到底,老命一条。

调解员:*可是余女士,不是说这个女婿,是你帮女儿找的吗?*

余妈妈:是的,我瞎了眼睛,我听了媒人的骗。

在上述三则语料中,调解员都使用了反问的修辞来开展调解工作,但从修辞的目的来看三者间则存在差异。在例 15 中,调解员使用反问策略的目的是为了表达愤怒和惊讶情感。尤其是最后的感叹"你这个儿子啊"更是将这种情感表达得淋漓尽致。在例 16 中,调解员使用反问的策略是为了强调自己的观点。在调解员提起反问之前,她实际上已经将自己的观点鲜明地表达出来,即不能因为父母亲对自己爱的形式不一样而说明爱的程度不一样。在此基础上,调解员通过反问的策略再次强调了自己的观点,让听话者更加明确自己的意图和立场。在例 17 中,调解员使用反问策略的目的是为了激发冲突方思考,让她能够回想起自己的初心。但从余妈妈的回应来看,调解员的反问并没有达到预期的效果。整体上来看,反问的调解策略能够让调解者的话语更具说服力和感染力,也容易引发听众的思考和共鸣。

（六）普法

在涉老调解中,普法策略可以帮助调解者更好地引导当事人遵守法律法规,增强法律意识和法治观念,从而更好地解决纠纷和矛盾。根据张志文(2022)的相关论述,普法策略主要包含以下几个方面:① 解释法律:调解人可以向当事人解释相关法律法规,让他们了解自己的权利和义务,以及法律对纠纷解决的规定和要求;② 引导法律适用:调解人可以引导当事人正确适用法律,避免因为对法律的误解而产生矛盾和纠纷;③ 法律教育:调解人可以向当事人进行法律教育,让他们了解各种法律知识和法律常识,提高他们的法律素养和法律意识;④ 法律提示:调解人可以在调解过程中,根据情况向当事人提供法律提示和建议,以便更好地解决问题;⑤ 法律引导:调解人可以引导当事人遵守法律法规,以法律为依据解决纠纷,从而达到调解的目的。从本研究收集的语料来看,普法在涉老调解中是一项频率使用较高的策略。

例 18

调解员:赡养父母是子女的法定义务,你们兄妹四人都有赡养老人的法定义务,而不仅仅是你们一方,我注意到你们里面有一个细节,大哥因为放弃了继承权,他也就不去赡养老人,而且你们似乎是默认了,但是这个是错误的。**我们国家的《老年人权益保障法》明文规定了赡养人不得以放弃继承权或者是其他的理由来拒绝履行赡养义务,放弃了继承权,他也要赡养老人。**这个可能是你们之前不清楚的地方,所以说大哥一直以来对老人不闻不问不关心是错的。第一个,赡养老人的承诺问题。如果你们姐弟四人,做了这样的一个口头上的约定,那么这个约定不违反法律的规定,那也是有效的,但是这是一个附条件的赠与行为,你附条件的赠与行为必须得第一条件能够实现,也就是你所说的把老人照顾好。第二个,赠与人他是可以享有任意撤销权的,除了是对救灾扶贫这样公益性的是不可撤销的赠与之外。也就是说,姐姐在房屋没有登记转移到弟弟名下之前,他都是可以撤销的,这也就是弟弟感到非常悲哀的地方。我这边已经照顾了九年或六年,那么现在这个承诺没有实现,我拿不到房子了。**那么最后就要说到补偿,弟弟本身他作为子女之一,他也有赡养父母的义务,**那这个补偿怎么来计算,来衡量的问题就是你们姐弟四人。

李先生:嗯。

📖 例19

小严:她身体不好了,儿子该照顾照顾,该赡养赡养,绝对一毛钱不差,但是如果跟这个女人有任何瓜葛的,这女人的所有义务,我是一分不承担。

调解员:*这个女人你没必要承担义务的,这个女人在法律上不是由你来承担义务。*

小严:老爷子甭管怎么样,我总会照顾他。

📖 例20

调解员:但是你们已经成人了,你们眼中不要只盯着财产,*你们已经成人了,要靠你们自己的。*父母有父母的权力,但是父母的做法可能确实有瑕疵,但这不是你们推卸,不照顾父母,不关心父母,不给父母经济上帮助的理

由,这个不是你们的理由,儿子我问你,你爸爸这个情况你知不知道?

唐家小儿子:知道的。

从上述三则语料来看,调解员的普法策略在法律的解释、引导、提示和教育等方面都有所涉及,且在很多方面都表现出一种综合型的特点。但鉴于冲突双方的文化水平以及当时的其他因素,人民调解中的法律普及并不会像司法调解中那样事无巨细。例如调解者在例 18 中的普法就比较详细,不仅说明了法律的来源依据,还说明了法律的适用性提出了建议。但在例 19 和例 20 中,调解者的普法则比较简单,仅仅是法律教育和法律解释。

二、语用移情

语用移情策略是指在调解过程中,调解员通过引导当事人表达情感、理解对方感受、调整情感态度等方式,促进当事人之间的情感沟通和理解,从而增强调解效果(张燕 2021)。Slote(2020)认为,语用移情是一种直接的、非推理的了解他人心灵的方式。当调解人员能够站在当事人的角度,了解调解双方各自的处境、想法和诉求,自然就容易找到解决矛盾的最佳平衡点。语用移情策略在涉老调解中的应用非常广泛。在涉老调解过程中,冲突当事人之间往往都存在着亲情的牵绊,因而彼此之间的情感交流往往是非常重要的。调解员可以通过语用移情策略来帮助当事人建立情感联系,更好地理解对方的立场和需求,增强彼此之间的理解和信任,从而找到更好的解决方案。常见的语用移情策略包括情感共鸣、情感疏导、情感引导等。相关例子见例 21、例 22 和例 23。

例 21

调解员:您好,请问您今天来这里有什么事情需要解决吗?

陈大爷:是这样,我和我的邻居之间有很多不愉快的事情,我们之间经常争吵。我想寻求一个和解的办法,希望可以得到你的帮助。

调解员：我理解您的处境。作为调解员，我的任务是帮助您和邻居走出目前的僵局并找到一个可以让大家都满意的解决方案。为了达到这个目标，我们需要互相尊重、倾听对方的意见并试图理解对方的立场。您觉得这样可以吗？

例 22

调解员：我能看出来，您的情绪非常紧张，这件事肯定给您带来了很多压力和困扰。我能怎么帮您吗？

陈大妈：是的，我感到非常沮丧。我感觉自己受到了不公正的待遇，并且对我产生了很大的影响。

调解员：我理解您的感受，这对您来说肯定是非常困难的时期。我们会向您提供支持并尽力帮您找到一个可以满足双方需求的解决方案。

例 23

调解员："我们在座的所有人，心里面都很心疼。12 岁辍学去打工，把他们放在一个陌生的环境、陌生的城市、一个复杂的社会，而且两个女孩，你不担心她们会受到伤害吗？你怎么忍心呢？房子不等于家，你们家在老家的确有一栋很漂亮的小洋楼，那栋漂亮的小楼房可以换来你女儿的童年吗？可以换来她们内心的那种安全感吗？"

例 21 是一则有关情感共鸣的调解案例。情感共鸣指调解员通过倾听和理解当事人的情感话语，表达出自己对其情感的理解和共鸣，从而建立情感联系，增强当事人之间的情感认同和信任。在此则案例中，调解员先对陈大爷的处境表示认可，进而提出愿意对陈大爷进行帮助。调解员的相关话语拉近了他和陈大爷彼此之间的心理距离，获得陈大爷的积极回应，可以预见在接下来的调解过程中陈大爷肯定是会积极配合。

例 22 是一则有关情感疏导的案例。情感疏导指调解员通过倾听和理解当事人的情感表达，引导当事人表达负面情绪，减轻情感压力，从而缓解冲突和促进对话。在此则案例中,陈大妈的情绪很不稳定,一直沉浸在自己的沮丧情绪中,这样一种状态实际上很不利于调解工作的展开。调解员先帮助陈大妈识别自己的沮丧情绪,让她更好地理解自己的感受,再倾听陈大妈的情感表达,让她感受到被尊重和关注,最后提供情感帮助,让她感受到他人的关心和支持。

例23是一则有关情感引导的案例。情感引导指调解员通过引导当事人表达积极情感,增强当事人之间的亲和力和合作意愿,从而推动调解进程。在此则案例中,调解员通过前期访谈了解到,此次调解中的老大爷与她两个女儿的关系很不好,究其原因在于老大爷在两个女儿年幼时未尽到很好的养育义务。在此情况下,调解员通过一个旁观者的视角,将两个女童在异地生活中的危险与无奈娓娓道来,引导老大爷去理解女儿们的痛苦与悲伤,进而通过换位思考的方式增进彼此间的理解,为接下来的协商和调解打下基础。

何自然(1991)认为,话语中的语用移情主要通过移情指示语来完成。常见的移情指示语有我们、咱们、我和咱等。在很多调解案例中,调解员的移情指示语往往是一种假包含性的表达,即所谓的我们、咱们、我和咱等并非指调解员自身。见例24。

📖 例24

调解员:所以反过来,我认为有三种境界。哪三种呢? 我觉得可以这样概括,叫有气,然后有事,最后有趣。最高的境界是有趣。再回过头看一下这个事情,挺有意思。哎呀,你看,*我*还跟*我*老婆吵架了,跟*我*老婆吵架了,两个人跟孩子一样。想一想,挺有趣。也就是说,*我们*不要去一心避免事情的发生,没关系。*我们*也不要去害怕我们会碰到一些冲突矛盾,没关系。关键是*我们*不要跳进某个层次,也不要丢了某个境界。

在此则调解案例中,夫妻俩坚守二十年的感情,因为生活小事走上了婚姻破灭边缘。调解员在最后提出建议时用了"我"和"我们"的移情指示语。

其中第一个"我"和第二个"我"指的是丈夫,第三个我指的是"妻子",后面的四个"我"指的是"夫妻俩"。也就是说,上述移情指示语实际上都不涉及调解员自身,是一种虚假性的表达。调解员使用虚假性指示语的目的在于顺应冲突双方的面子需求,安抚他们的负面情感,拉近他们的人际关系。但在例 21、例 22 和例 23 中,我们可以很明显发现,调解员所使用的移情指示语都是一种真实性表达,实实在在指向调解员自身。这可能是因为涉老家庭冲突的内容很多时候都是与伦理道德和法律法规相违背,调解员不好以虚假性的表达将自身代入其中。假如调解员使用例 24 中的虚假性表达就会暗示他们在日常生活中也会犯这样的错误或者主观认可冲突一方的某些不恰当行为,这既违背了调解员的中立原则,也对调解员的权威性是一个重大打击。

三、语用缓和

在言语交际中,为了避免或减少话语可能带来的矛盾、冲突和交际失败等负面效应,说话人经常采取某种方式对话语进行修饰。这种修饰又被称作语用缓和,可以是一个词、一个句子或一个句群。调解中的语用缓和是指调解员在处理纠纷时,使用一些温和、委婉、尊重的语言,以缓和当事人的紧张情绪,促进双方的沟通和协商。语用缓和语的使用能让某一言语行为更容易被听话人接受,进而更有效地实施说话人的交际意图。通过使用语用缓和策略,调解员可以减少语用参数,减少或者弱化社会、身体、心理上的冲突,以便控制、维持、处理社交活动,改善冲突双方之间的和谐。从本研究所收集的语料来看,调解员在涉老冲突中的语用缓和策略主要有四种,分别是使用礼貌语言、使用肯定语言、使用模糊语言和使用委婉语言。相关例子见例 25、例 26、例 27 和例 28。

📖 **例 25**

调解员:小妹呢,刚才提了三个方案。*您¹* 现在呢,不同意的是其中一个方案。那还有两个方案呢? *您²* 考虑了吗? 一个是您给她 20 万。一个是每年给她1万5,一直到拆迁。那**您³**告诉我们,对小妹的这两个要求,这两个方案,**您⁴**有没有应对的方案?

📖 **例 26**

　　调解员:这是家里边的事情。***您说得对!*** 她不应该到这里来解决问题。但是有一个人,她非得到这里解决问题,说明这家里的不公正,不能由她个人的力量扭转。于是,她觉得自己冤得慌。她特别委屈她才来这里。

📖 **例 27**

　　调解员:你的这个认知***很容易***让你演变出一种巨婴思想,把啃老当作理所应当。
　　王先生:我啃哪方面老?
　　调解员:你构建了父母应该让你坐享其成的愿景,但是因为落空了,***可能有些***恼羞成怒。

📖 **例 28**

　　调解员:由于他们内心挤压了很多的感受,就会觉得,是不是他们很嫌我们,也许他们很多做法***不尽完美***,甚至也有***个人情绪***,但是经过大家分析,我不用再多说了。

　　例25是一则调解员使用礼貌性语言的案例。礼貌性语言在人际交往中主要用来表达尊重和友善。在此则案例中,二哥对于小妹的诉求采取完全不配合的态度,从而使得调解进入了僵局。调解员为了打破这一僵局,四次使用礼貌性称呼"您",并再三向二哥说明小妹的诉求,其根本目的在于展示对对方的尊重和重视,从而使调解更加融洽和愉快。但从语义来看,上述案例中调解员"您"这一称呼的使用存在细微差异。"**您¹**"的语义主要涉及确认,即调解员确认了二哥对于小妹某一诉求方案的否定。"**您²**""**您³**"和"**您⁴**"的语义主要涉及请求,即调解员请求二哥认真考虑小妹的另外两个诉求。

例 26 是一则调解员使用肯定语言的案例。肯定语言是指用于表示同意、支持、赞扬或肯定某人或某事的表达方式。它在人际交往中的作用主要是建立积极的人际关系,增进互相理解和尊重,促进友好和融洽的交流。在此则案例中,父亲对于调解表现出了明显的抗拒,认为女儿不应该把家里边的事情拿到外面来说。为了避免进一步刺激父亲,调解员在表达不同观点之前,先使用肯定语言"您说得对"对老父亲的观点进行了肯定。但这种肯定往往是一种虚假性肯定或象征性肯定,伴随其后的往往是不同的观点。在调解员说完这一句话之后,她就从女儿的角度对父亲的观点展开了反驳。从调解的实践来看,调解员的这一策略往往能增强自身话语的影响力和说服力,使对方更愿意接受和支持调解员的观点、建议或请求。

例 27 是一则调解员使用模糊语言的案例。模糊语言是指在交流中使用含糊或不明确的语言表达方式,它可以用来委婉地表达意见、拒绝或批评,以避免直接冲突或伤害他人的感情。在此则案例中,调解员对王先生的啃老思想进行了直接批评,但为了避免过于伤害王先生的个人面子,他使用了"很容易""可能"和"有些"之类的模糊性语言表达。通过这些模糊性语言的表达,调解员既客观陈述了自己的观点,又留下一定的余地和灵活性,以便王先生进行辩解。从本研究收集的其他语料来看,调解员使用比较频繁的模糊性语言主要有"可能""也许""或许"和"可以"等。这些模糊性表达暗示了一种不确定的态度,避免调解员过于坚决或强硬的表态,为冲突双方提供了更多的讨论和妥协的空间。

例 28 是一则调解员使用委婉语的案例。在社会生活中,出于文化禁忌或礼貌性表达,人们会使用一些委婉语。调解中的委婉语使用不仅可以协调人际关系,营造舒适的交流环境,还可以避免尴尬,减轻可能发生的矛盾和摩擦,使交际顺利。在此则案例中,调解员出于中立原则不好对冲突一方的行为进行过度指责,因而使用了"不尽完美"这一修饰语来进行描述,既表达了自己的立场观点,又不至于引起对方的过分反感。同时,针对冲突过程中双方的激烈言语交锋,调解员也使用了"个人情绪"这一较为中性的表达来客观陈述,在平衡双方情绪的同时,为双方未来可能的和解留下了伏笔。

整体来看,调解员在调解过程中委婉语的使用是人际交往中礼貌原则和面子原则相结合的产物。

四、回避

回避策略是指调解人在面对冲突或争议时选择避免直接介入或干预,而采取一些措施来缓解紧张局势或帮助当事人自行解决问题。但是,回避策略并不意味着完全回避问题或责任,而是在适当的情况下采取一些措施来帮助调解进程更顺利地进行。从本研究收集的语料来看,调解员所使用的回避策略又可细分为使用冗余信息和转移话题两个类别。相关例子见例29、例30、例31和例32。

📖 例 29

调解员:**女方当事人。你给我的感觉呢,是一个有激情也情感很丰富的女孩子。你爱他,你可以不顾一切地去主动追求他。但是,你感情也太敏感。很多事情呢,如果你心胸稍微放开一点,不要去过于计较的话,可能很多事情也就不会那样。**再一个呢,你也没有方法,你如果拿到丈夫给你的钱,你给你公公婆婆,就应该是正常的给他的生活费或者日常的需要的那些钱。你是该给的,那其他的钱你应该留着。

王女士:不给他妈,他懂的。他妈是什么人他自己知道。

调解员:你不至于弄到自己要生孩子了都没有钱,你想吃点什么都没有钱。所以呢,有些事情造成那种被动的局面。他妈妈搞不好还认为你可能没有全给她,你还留了一些钱。因为按照常理啊。所以有时候想问题啊,不要都从你的个人感受来想。你跟公公婆婆相处也好,跟弟弟们相处也好,或者弟媳妇相处也好,你有想法,你不说出来别人怎么会知道你有什么想法呢? 这一条呢,你自己又情感那么丰富,遇到问题你,有想法你不说出来,你这个傻老公呢他又没有那样敏感。他不会去好好地了解你在想什么,他(需要)给你什么。

王女士:有说的。我曾经用写日记……

调解员：是。你这个傻老公就傻在这个地方。他不知道怎么去做好关爱你的工作,因为他是一个长子。

📖 **例30**

婆婆：我觉得我儿媳妇做饭的水平太差了,我每天都在家忙碌,她却不肯尽自己的责任。

调解员：我理解您的感受。**不过,我们是否可以转换话题,看看能否找到一些可以共同关注和解决的问题呢**?

婆婆：什么问题?

调解员：比如说,最近天气炎热,您和您女儿都需要注意防暑降温,可以一起讨论看看应该怎样预防中暑。

📖 **例31**

王小姐：反正我绝对不再到我妈面前的,绝对不会,死都不会！我宁愿把小孩送掉,我就是宁愿承受这种痛苦,我都不愿意和她相处！我没有什么好说的！

调解员：**我想问一下小王,你生这个女儿是顺产还是剖腹产?**

王小姐：顺产。

调解员：当时生的过程特别痛苦? 很疼吗? 痛了多久生下来的孩子?

王小姐：嗯。两个多小时吧。

调解员：还算生的顺利的。你在生孩子疼的时候,你当时在想什么? 你知道我在生我儿子的时候我在想什么吗? 我在想我妈,我很希望那个时候,我妈妈能在我身边。因为我在那时候想,在我二十多年前,我出生的时候……

📖 **例32**

女儿：如果你要在我身上挖一块肉去,你就挖一块,我认为没有必要说假话。

母亲：是呗，我就要挖你的肉。

女儿：随便什么时候，你要挖我也不会说什么。

画外音：调解员拨通了弟弟的电话。

调解员：**作为弟弟，作为这个房子很重要的一部分，你怎么看待这个房子？**

例 29 是一则调解员使用冗余信息的个案。冗余信息是指调解员在调解过程中不断重复已经提及的内容或不断插入与调解内容关联不大的信息。在具体调解过程中，当冲突涉及复杂问题或大量信息时，调解员使用冗余信息可以帮助当事人更好地理解和处理冲突的矛盾所在。此则案例是一则因婆媳关系紧张而导致的夫妻冲突。在调解过程中，王女士一直抱怨婆婆对自己不好，丈夫对自己也不够关心。调解员通过王女士的沟通，发现事情并非如她所说的那样，反而王女士本人在心智和行为处事上都还存在一定问题。为了帮助王女士认识到这个问题，调解员在开始长篇大论地事实分析前，插入了一段对于王女士性格的描述。通过这一冗余信息的插入，调解员引导王女士去充分反思自己的个人因素，为随后的调解工作打下了基础。值得一提的是，调解员使用冗余信息应该要适度和恰当，过度的使用冗余信息可能会导致当事人疲劳和不耐烦，反而阻碍有效的沟通和解决。

例 30、例 31 和例 32 是一则调解员使用转移话题的个案。转移话题策略指调解员在调解过程中改变讨论的焦点或引入新的话题来使调解活动朝着积极方向发展。从本研究收集的语料来看，调解员使用转移话题的策略的目的主要有两个，分别是重新定义情绪（例 30 和例 31）和引入新的视角（例 32）。在例 30 中，调解员通过提出其他相关话题，转移婆婆的不满情绪，从而缓解挑衅和紧张的情况。调解员没有直接否认婆婆的观点和感受，而是带着理解和关心，转移了话题。在例 31 中，王女士对其母亲极度不满，发表了情绪化的言论。调解员为了缓和她的激动情绪，通过引入新的话题将交谈的主题从王女士和她母亲的关系转向王女士的生产过程。通过这一话题的转换，王女士的情绪得到了有效缓解，话语表达也不再那么的极端。比较而言，调解员在例 30 中的话题转移较为直接，例 31 中的话题转移则较为隐性。在例 32 中，母女两人因为房子问题引发激烈争执，场面一度失控。由于母女二人都表达了断绝母女关系的意愿，调解员一时找不到很好的切入点来进行调解，只好拨通了弟弟的电话，引入了利益相关的第三方，从而使母女二人暂时放弃自己的诉求。应该说，在此种情况下，调解员的这一策略使用是相当成功。通过引入不同的思考视角，调解员帮助母女二人看到问题的多样性，从而为新调解方案的产生埋下了伏笔。

第三节　涉老调解中的手势语

人际交往中的沟通是以语言为典型媒介，辅以多种非语言媒介和线索（如手势、面部表情和眼神等）的人际互动方式（张恒超 2022）。本部分主要关注调解员的手势语，从非语言策略角度对涉老冲突的调解策略展开进一步分析。本部分有关调解员手势语的分析主要借鉴李振村（2019）的分析框架，从符号性手势语、说明性手势语、表露性手势语和适应性手势语四个角度切入。相关语料来自于《钱塘老娘舅》的一期调解视频，主要内容是关于农村瘫痪老年人的赡养问题冲突。

一、符号性手势语

符号性手势语指那些具有标志性含义，能够为大多数人所能理解的，固定为一个"符号"的手势语（李振村 2019）。它好比语言中的成语，具有通用的特点，即既有固定的表现形式，又有约定俗称的含义。例如"摇头"和"点头"就是两个典型的符号性手势语。在世界上绝大多数文化中，大家普遍认可"摇头"表示不同意，"点头"表示同意。从本研究所收集的语料来看，调解员所使用的符号性手势语主要有表达概念、辅助语言交流和增加交际互动三个功能。

（一）表达概念

符号性手势语可以用于表示特定概念。调解员可以用简单的动作来代表日常生活中的常见,从而加深当事人的认识。从本研究收集的语料来看,调解员们主要使用"点赞"和"摆手"两个符号性手势。

"点赞"即竖起大拇指。在一则案例中,大嫂在丈夫去世以后,不仅为婆婆养老送终,还一直不离不弃地照顾瘫痪在床的老公公。调解员在得知这一情况中,不仅对大嫂进行了口头表扬,更是不由自主地竖起了大拇指,为大嫂的行为点赞。此时,调解员的手势与其语言表现出共同性,即手势是对语言的重复。

"摆手"即手掌竖起,左右摇摆。在一则案例中,大嫂因为对小叔子不满,在极度气愤情况下打了小叔子一耳光。为了安抚小叔子情绪,调解员对大嫂进行了批评教育,并明确告诉大嫂,打人是不对的行为。因而,调解员摆手手势的意义为"不可以",这一手势也是对语言的重复。

（二）辅助语言交流

符号性手势语可以与口头语言结合使用,帮助人们更清晰地表达和理解语言信息。它可以用于强调关键词、澄清含义或提供更具体的描述。从本研究收集的语料来看,调解员较少使用此类符号性手势。在本研究的语料库中发现一则调解员表死亡含义的手势。

在此则案例中,周围人群纷纷为大嫂抱不平,向调解员说明大嫂在过往生活中的不容易。当调解员在得知大嫂的丈夫已经去世后,十分诧异,并通过反问的方式进行了再确认。调解员双手下摊的手势伴随着他的话语"老公已经去世了?"同步发生,其含义应该是"去世"。但这一手势不应解读为是对语言的简单重复。从现场视频来看,调解员的这一手势还具有震惊和惋惜的情感成分在内。因而,调解员的死亡手势包含了其语言所不具备的信息,是对语言信息的补充。

（三）增加交际互动

符号性手势语还可以增加交际互动的参与感和活跃度。它可以引起他人的注意,并鼓励他们参与到交流中来。从本研究收集的语料来看,调解员主要通过"邀请"手势来增加人际间的互动。

　　在一则案例中,调解员通过前期的访谈,已经大致了解了此次家庭矛盾纠纷的前因后果,并进行了总结性发言。但是冲突中的另一方当事人在关键性问题上一直采取沉默的态度,影响了调解活动的进一步推进。调解员为了打破僵局,也为了对当事人形成心理压力,鼓励围观群众发表他们的看法。调解员的这一组合手势(右手掌心朝下)与他的话语"大家都说说看"同步发生,其含义应该是邀请其他人发言,这一手势应该是对语言信息的重复。

　　值得一提的是,调解员的符号性手势除了增加交际互动外,还可以抑制交际互动。例如调解员也会使用表制止含义的手势来阻止其他人说话。在一则案例中,当冲突一方的当事人到达现场以后,围观群众对他们进行了指责。由于场面比较混乱,调解员不能有效地和当事人沟通,因而他通过这一手势(手掌斜朝外、用力外推)制止围观群众的发言。这一手势与调解员的话语"好了,好了,大家不要说话"同步发生,因而其含义应该是制止。

二、说明性手势语

　　说明性手势语指交际者根据交际活动需要而设计的一些手势动作,来说明某一事物或人物的形状或情态(李振村 2019)。例如在日常交际中,人们会用两只手比画出圆的形状来描述球。在调解活动中,调解员的说明性手势可以增强口头语言的表达力和清晰度,帮助冲突双方更好地理解和记忆信息。从本研究所收集的语料来看,调解员的说明性手势主要有描述事物、描述方向、描述数量和比较形状四个功能。

(一)描述事物

　　描述性手势可以用来描述物体的形状、大小、位置等特征。例如,用手指画一个圆圈来描述一个圆形物体,或者用手指比画一个长方形来描述一个长方形物体。从本研究收集的语料来看,调解员较少使用复杂的组合型手势来描述物体,而是通过直接指向相关物体来进行说明。在本研究的语料库中发现一则调解员表示耳朵的描述手势。

　　在此则案例中,调解员的交流对象是一位瘫痪在床、将近 90 多岁的老年人。在和他进行沟通之前,调解员需要确认老年人的听力是否正常,因而当他向老年人进行发问"老人家,你就听得到吗?"的同时,他还把右手指向自己的耳朵,让老人家更好地明白自己的问题。此则手势与语言的关系应该是凸显,即凸显了话语中的个别信息。

（二）指示手势

　　指示手势可以用来指示特定的对象、地点或方向。例如,用手指指向一个人或地方来表示那个人或那个地方,或者用手势指示一个方向来指引他人前进。从本研究收集的语料来看,调解员的指示手势主要是指人,又可细分为实指和虚指。在一则案例中,调解员向冲突的一方详细说明了当前的现状,即当事人的老父亲已经瘫痪在床,迫切希望能和当事人见面。但是,当事人中的二儿媳却对此百般阻挠,不停地打断调解员的话语。调解员在愤怒之余,提高语气,再次质问二儿媳"你老公的阿爸,现在什么情况,侬晓得弗晓得?"伴随这一话语,调解员使用了两个指示手势,当他说"你老公"时,他的手指直接指向镜头左边的男士,当他说"阿爸"时,他的手指指向镜头右边的远方。因而,调解员的这两个手势是指向了两个不同的人,但通过他的话语,旁观者可以清楚知道,这两个手势是一组组合手势,真实的指向对象是当事人的老父亲。此则手势与语言的关系应该是强调,强调了冲突中当事人之间的身份关系。

　　同时,调解员的指示手势不仅可以表示单数含义,还可以表示复数含义。在本研究的语料库中发现一则调解员的群指手势,即调解员邀请围观群众发表意见。为了指明邀请的范围,调解员以自己为中心,右手划半圆,将接下来的话轮明确地出让给围观群众。

　　此外,在本研究的语料库中还发现一则十分特殊的指示手势。由于手势是一种视觉形态,它可以通过与面部表情和身体空间等形成一个紧凑的整体。在此则案例中,调解员的这一手势并非与语言同步发生,而是发生在语言结束之后。因而,调解员的这一手势与语言的关系可以解读为信息的扩展。在调解员要求大嫂正式向小叔子道歉之后,他的眼神注视大嫂,暗示她要开始道歉,右手则指向小叔子,表明道歉的对象是他。在此情境下,调解员的眼神和手势构成了一个严谨的语义表达,在没有语言配合的情况下,独立地传递了意义,实现了双向指示的功能。本则语料表明,虽然我们一直将手势称之为辅助语言表达或伴随语言表达,但在某些情境下,手势可以脱离语言满足交际需要。

（三）比较手势

比较手势可以用来比较不同的事物或概念。例如,用手指比画不同的高度或大小,或者用手势表示两个选项之间的差异。在调解过程中,调解员为了说理活动更加形象生动,往往也会使用比较的策略。在一则案例中,调解员要求大嫂向小叔子道歉,但又怕大嫂碍于面子不肯实施这一行为。在此情况下,调解员通过比较的方式对大嫂进行了表扬,让大嫂明白道歉并不是令人丢脸的行为。调解员告诉大嫂,"他跟你相比,一个天一个地。"在讲述这一话语的过程中,调解员使用手势进行了说明,即当他说"一个天"时,手指指天,说"一个地"时,手指指地。比较手势一般都是组合式手势,其与语言的关系往往是对语言信息的重复。

（四）数量手势

数量手势可以用来表示数量或数字。例如,用手指伸出相应的数量来表示具体的数字,或者用手势表示一些物品的数量。从本研究收集的语料来看,调解员甚少使用数量手势,但也发现一则表平均的手势。

在此则案例中,调解员在调解成功之后,对二儿子进行了最后的嘱托,尤其是向他说明了老父亲医药费的问题。他告诉二儿子,"以后的医药费,也要平均分担"。在讲述"平均"这个词时,调解员双手手掌朝内、匀速画圆,因而这一手势也是对语言信息的重复。

三、表露性手势语

表露性手势语指交际者通过手势来表达情感、意图和态度等（李振村2019）。在调解过程中,虽然调解员应该采取中立原则,不应将个人的情感带入调解活动中,但在实际过程中,调解员也会不自觉地流露出一些个人情感。从本研究收集的语料来看,调解员的表露性手势语主要有表达个人情感、加强语言表达和增加交际亲和力三个功能。

（一）表达情感

表露性手势语可以帮助人们表达情感,如喜悦、悲伤、愤怒、惊讶等。虽然面部表情是表达情感的主要媒介,但手势也可以直观地传达情感状态,使沟通更加丰富和准确。在本研究的语料库中发现两则相关手势,分别表达"愤怒"和"满意"。

在表"愤怒"的案例中,调解员在了解此次家庭矛盾的基本情况后,大致已经判断出责任方是二儿子一方。针对二儿子好几年对老父亲不闻不问,也不支付赡养费的情况,调解员用严厉的话语对二儿子夫妻进行了指责。在指责过程中,他右手指向儿子,不停上下舞动,舞动的频率反映了他内心的愤怒。在表"满意"的案例中,调解员在现场走访之后,得知现在是大嫂每晚不辞辛劳地照顾老公公,十分感动。他口头表扬了大嫂,"全靠你照顾,不错不错"。与此同时,调解员将手轻轻地放在大嫂的肩头,通过这一手势由衷地对大嫂的行为表达认可和满意。在这两则案例中,调解员的手势与其语言构成了互补关系。愤怒手势补充说明了调解员的愤怒程度,满意手势则补充说明了调解员不能言表的满意之情。

（二）加强语言表达

表露性手势语还可以增强口头语言的表达力。有时候,语言本身可能无法完全传达我们想要表达的意思,而手势可以帮助我们补充或强调特定信息,使对方更好地理解我们的意图。在本研究的语料库中发现两则相关手势,分别表达"决心"和"转折"。

在表"决心"的案例中,调解员在等待二儿子夫妻到来的过程中,向周围群众了解了二儿子一家的基本情况。最后,调解员向围观群众表态,"这个事情,我们一定要管的"。伴随着这一话语,调解员的手指朝下、狠狠戳下去。这一手势充分表达了调解员解决这一家庭矛盾的决心,与其语言表达形成了补充关系,即不仅要管,还要管到底。在表"转折"的案例中,调解员已经进入了说理阶段。他先为二儿子夫妻俩不赡养父亲的行为寻找了一些可能的解释,接着通过"但是"这一转折语对他们进行了不留情面的批评。在调解员说"但是"这一词语时,他的手掌朝上,用力向下斩去,表明前面说的一切现实都不足以成为后面所说行为的理由。调解员的这一手势凸显了他话语的部分内容,表明后半段话语才是他的真实意图。

（三）增加亲和力和共鸣

表露性手势还可以帮助调解员更好地与冲突双方建立情感连接。人际交往中共享的某种手势可以传达共鸣和亲近感,有助于加强人际关系和建立良好的调解氛围。在本研究的语料库中发现了一则表示表扬的手势。

在此则案例中,调解员在经过说理环节和协调环节之后,需要二儿子进行表态,并对老父亲的赡养问题做出承诺。但由于此前阶段调解员曾对二儿子进行了严厉批评,为使调解进一步开展下去,他在此阶段采取了安抚和鼓励的策略。调解员通过第三方客观陈述的方法告诉围观群众,"他心里有爸爸。他没有去看爸爸,他心里很难受啊"。与此同时,调解员的手掌斜朝上,不停在二儿子身前摆动。通过这一手势,调解员拉近了二儿子的心理距离。结合他的话语内容来看,这一手势的含义应该是表扬,手势与语言形成了举例关系,即表扬的具体对象是二儿子。

四、适应性手势

适应性手势是调解员在日常生活中自发形成的,带有习惯性特点和个人风格的体态语言(李振村 2019)。它具有稳定性,个体一旦形成某种适应性手势,就不会轻易改变。同时,适应性手势具有习惯性,它并不是为了调解活动的需要而做出,而是为了调解员的生理或心理需要而做出。比如,当调解员做出某一手势时,他会觉得比较舒适或比较自信,他就会不自觉地做出相关手势。最后,适应性手势并不依赖于语言,在语义上也不与语言存在密切关联。

在本书的语料库中发现一则调解员典型的适应性手势。在对二儿子夫妻进行说理过程中，调解员的右手不断打开又握起来。这一手势与话语内容之间不存在任何关联，但与调解员的话语停顿则关系密切。当调解员说完一句话后，他的手掌往往是握起来。但当他开始新的话语时，他的手掌往往是打开的。结合手势的激活理论和手势的认知节省理论来看，调解员适应性手势的功能可能是激活心理表征和节省认知资源。因为在说理的过程中，调解员需要调动大量认知资源来思考，从而使自己的说理活动有理有据。结合本研究收集的其他语料来看，调解员适应性手势与语言的关系可能是形成连贯话语。

第四节　多模态调解策略的综合分析

冲突性磋商指交际各方因利益或价值观念的对立而产生的不和谐、敌对或仇视性的话语互动过程。它聚焦于冲突性话语的人际意义，关注说话者之间的交际互动，包括会话角色、话步类型、交换结构模式及其建构资源等（Martin & David 2007）。调解策略，究其实质就是一种第三方介入的冲突性磋商行为。它通过引入第三方权威者，对冲突双方的不和谐话语进行干预和引导。但不同于冲突性磋商，在冲突性调解中，调解者与冲突双方之间的话语行为主要是支持性的，而非对抗性。本部分尝试借鉴瞿桃、王振华（2022）的"冲突性磋商话语多模态设计框架"，从语言和手势两个角度来对涉老冲突的调解策略展开综合分析。

一、多模态分析框架的理论基础

根据社会符号学理论，多模态话语的生成是从系统到话语实例的操作过程，包括话语化、设计、生产和分布四个层面，分别与语义、词汇语法、媒介和实体层相对应（Kress & van Leeuwen 2001；张德禄 2018）。多模态设计在操作上位于话语化和生产之间，是使用词汇语法资源来实现语义的过程，是"对使用什么模态、模态组合来体现意义，模态之间如何协同等做出合理的安排"(Kress 2010：139)。设计是社会符号学的核心概念，Bezemer ＆ Kress(2016)归纳了多模态设计的四大过程：框定(Framing)、选择(Selection)、配置(Arrangement)和前景化(Foregrounding)。以下研究者将结合涉老冲突调解策略对这些过程进行说明。

(1)框定。框定是对语篇/符号体之间的时间/空间界限的划定(Kress 2010)。内在的意义是无形的、流动的，符号化的过程将内在的意义进行外在的物质化表达。在此过程中，意义成为语篇/符号体，被框定在特定的时间和空间之中。框定的语篇在内部是衔接的整体，在外部与其他语篇相区别。在多模态设计时，设计者需要对被框定的内容和框定的手段进行选择。内容的选择由设计者依据自己的目的、兴趣和原则进行，是影响受众意识形态的方式之一。手段的选择与模态相关，不同的模态提供不同的框定手段。在冲突性调解话语中，时间框定可以划分调解的语类阶段、话轮与语句等，空间框定可以将调解者、冲突者、工具和环境元素划入特定的调解互动空间，并形成参与者框和共同的空间定位(Goodwin 2000；Deppermann 2013)。时间框定可由口语词汇、停顿等实现，空间框定可由目光协同、身体靠近动作等实现。

(2)选择。多模态设计的可用资源是多种多样的，需要设计者根据具体情况做出合适的选择。选择是多模态设计的核心步骤，主要包括话语、语类和模态三个方面的决策(Kress 2010)。设计者根据语境要求、修辞目标、受众需求、模态供用特征来判断候选项的合适性。话语选择影响修辞框架，进而影响受众看待事物的方式；语类选择影响互动模式，实现特定的社会关系。模态选择包括模态类型和具体的词汇语法资源，影响语篇的物质性、符号性和存在论特征(Kress 2010)。全部的选择形成语篇的风格，并将社会差异体现为符号差异。在冲突性调解话语中，常见的话语修辞框架有日常型、事实型、权威型、主观型等；可选的语类有争吵、诉讼、辩论、肢体冲突等；可用的模态选项包括语言、图像、动作、表情等。

(3)配置。配置是在框定的时空内对所选的资源进行组合与安排，包括模态、语篇和语段三大层面(Kress 2010)。模态层面的配置有模态内和模态间两个维度。语篇层面的配置需要实现意义上的完整连贯和形式上的衔接。语段是符号序列，它的配置需要考虑情感特征、事实性、真实性、虚构性等各种现实因素的表达（Kress 2010）。进行配置时，设计者要考虑语境条件、修辞目标和受众的特征与能力，使元素的安排与这些因素相适应。配置是社会组织的符号面，它以特定的方式对元素进行组合，对受众与语篇的交互方式进行安排，建构特定的社会关系。在冲突性调解话语中，配置涉及到调解交换结构的符号安排，包括时间上的序列结构和协同结构，以及空间结构。此外，由于时空模态的共存，还需要关注符号在时间和空间配置上的协同布局。

（4）前景化。多模态语篇中的元素众多，设计者需要处理框架中元素的主次关系。前景化就是依据重要性对某些模态和符号进行突显（Bezemer & Kress 2016）。在前景化过程中，设计者需要同时考虑自己和受众对重要性的判断，也要根据不同交际阶段的修辞目标对不同的模态进行前景化。各个模态都有其独特的前景化方式，如书面语中的加粗、下划线，口语中的重音，图像中的放大等。被前景化的模态在语篇中往往提供最大的信息量，功能负荷最高（Kress 2010）。被前景化的符号通常更易吸引受众注意力，影响其阅读路径。

在冲突性调解话语中，交际者根据其修辞目标和对符号供用特征的理解，选择特定的模态作为其磋商的主要模态。比如，朋友辩论常将口语作为前景化模态，手势、表情、目光等则被背景化。但随着调解的发展和修辞框架的变化，在某些具体的交际时刻，非语言的符号（如制止别人的动作）也可能会被前景化。

二、调解策略的多模态设计框架

基于上述理论假设和操作流程，在瞿桃、王振华（2022）所建构的"冲突性磋商的多模态设计框架"之上，研究者根据调解话语的特殊性，建构了"调解策略的多模态分析框架"。具体如图 4.1 所示。

如图 4.1 所示，调解策略的多模态设计框架包括设计者、设计语境、设计理据、设计资源、设计过程和设计结果等要素。首先，从设计的基础来看，文化语境和情景语境促动语义的选择，实现语义是设计的目的，词汇元素和语法组合则是设计的资源,所以调解策略的多模态设计是基于语境、语义和词汇、语法资源的。第二,从设计者的角度来看,调解话语的调解者和冲突者从语义出发,结合其修辞目标、受众特征和可用模态的供用特征,对其话语进行选择与安排,这是他们进行多模态交际的理据。第三,从设计的过程来看,框定、选择、配置和前景化是设计时的具体实施步骤。最后,整个设计的结果是引发话步和支持话步的产生,它们之间形成时间和空间上的交换结构,最终建构成为多模态调解话语。

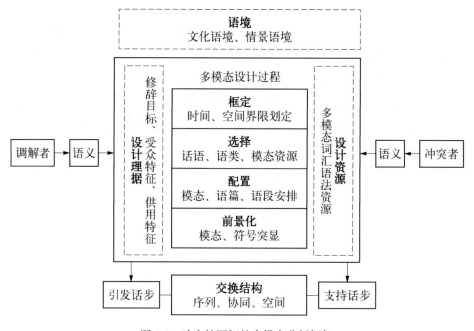

图 4.1　冲突性调解的多模态分析框架

三、调解策略的多模态案例分析

本小节按自下而上的方法,以上文所提及的"钱塘老娘舅"的一个调解片段为例,依据前文所建构的多模态分析框架,对调解者调解策略的运用开展综合分析。由于本研究的多模态分析框架案例涉及了框定的概念,因而在非语言手势的描写上,研究者增加了目光这一分项。案例中的相邻语对、话轮、语言表征、手势表征和人际协同等信息见表4.1。

表 4.1　调解案例的多模态分析

相邻语对	话轮	主体	口语	目光	手势	人际协同
1	1	调解者	老先生,你有没有钞票?自己有没有钞票?	注视老先生	适应性手势:手掌上下轻微摆动。身体前倾。	二儿子、二儿媳沉默,目光注视老父亲
	2	老先生	(沉默)	注视调解者	符号性手势:摇头	
	3	调解者	没有了?	注视老先生		
2	4	调解者	没有了?	注视二儿子	符号性手势:双手摊开	二儿媳注视老父亲
	5	二儿子	(沉默)	注视旁边		
3	6	调解者	这个样子了,你看到没有。	侧视,身体侧倾朝向二儿子		二儿媳注视调解员
	7	二儿子	(沉默)	注视旁边		
4	8	调解者	你嫂子睡在这里照顾。每天都睡在这里。你们能不能做到?	注视二儿子	说明性手势:食指指向沙发	二儿媳注视调解员
	9	二儿子	(沉默)	注视旁边		
	10	二儿媳	照顾,我可以来照顾。	注视调解员		二儿子注视旁边
5	11	调解者	好的,可以来照顾的啊?	目光从二儿子移向二儿媳	说明性手势:食指指向二儿媳	二儿子注视调解员
	12	二儿媳	可以来照顾	注视调解员		
6	13	调解者	那我们给她拍下来。	注视摄像机	说明性手势:手掌朝向摄像机	二儿子注视摄像头
	14	二儿媳	可以来这里睡觉。			

续　表

相邻语对	话轮	主体	口语	目光	手势	人际协同
7	15	调解员	那你们轮一下好了,你几天她几天。能讲到这里,说明你是个好媳妇。希望能说到做到。	注视二儿媳	说明性手势:手掌来回缓慢移动	二儿子注视摄像头
	16	二儿媳	可以照顾	注视调解员		二儿子注视调解员
	17	二儿子	怎么安排,我来弄。			

　　(1)框定。此案例中时间框定的主要方式是调解员的话轮分配和冲突一方的话轮回应,从而形成了7个相邻语对,17个话轮。空间框定主要是用目光接触和身体朝向,形成了四种空间结构:A. 调解者和老先生(相邻语对1);B. 调解者和二儿子(相邻语对2和3);C. 调解者和二儿媳(相邻语对5和6);调解者、二儿子和二儿媳(相邻语对4和7)。

　　(2)选择。此案例属于冲突性调解话语,涉及的内容是家庭场域中的老年代际冲突,调解话语选择的模态主要是语言和手势,但也涉及目光和身体方位。引发话语和支持话步主要由口语实现,并以目光注视和侧身等动作加以协同。例如在相邻语对2中,调解员为了向二儿子传递老父亲没钱这一信息时,不仅目光注视二儿子,还是用了符号性手势(双手一摊),表明老父亲是确实身无分文了。在相邻语对6中,调解员为了对二儿媳形成心理压力,要求摄像师把二儿媳的承诺记录下来,特意双手指向摄像机,将二儿媳的目光从调解员身上移向摄像机。

　　(3)配置。在本案例中,除眼神外,模态组合方式主要有三种:语言;手势;语言＋手势。整体上来看,语篇的模态配置主要是通过语言＋手势的形式实现。作为冲突一方的二儿子和二儿媳在调解员的引导下,一步一步做出支持性的回应,使语篇的意义完整连贯。同时,受个体因素的影响,个体的模态配置表现出差异性。调解员主要通过语言和手势的形式来配置模态资源,因为调解员在调解过程中处于主导地位,表现地比较自然和随意。二儿子和二儿媳则主要通过语言的形式(沉默也是语言的一种特殊表现形式)来配置模态资源,作为一个普通人,他们在镜头前表现出一定的拘谨,手势不是那么的丰富。老父亲因为瘫痪在床,语言表达有困难,只能以手势来配置资源。

(4) 前景化。在本案例中,前景化的模态为主要是口语,手势作为背景化资源对口语的论述起支撑辅助的作用。但本案例中也存在若干手势作为前景化资源的案例。例如在相邻语对 1 中,老父亲的摇头手势是前景化资源。在相邻语对 2、3 和 4 中,二儿子的眼神是前景化资源。

正如多模态设计框架中所提及的,调解者和冲突者的多模态资源选择有着充分的设计理据。从语境因素来看,人民调解文化决定了调解员在调解实践过程中起主导作用,话轮分配成为时间框定的主要方式。同时,调解过程中以口语为主的话语方式也决定了语言在符号分工中的前景化地位。从修辞目标来看,调解者和冲突方各自不同的修辞目标是影响多模态设计的重要因素。例如,在相邻语对 4 中,调解者需要对老父亲的看护做出安排,他直接使用了权威性的修辞框架。他手指指向沙发,告知二儿子一直是他的大嫂睡在沙发上照顾老父亲,同时眼神注视二儿子,并询问儿子的态度。从情理法的角度来说,在大哥去世的情况下,照顾老父亲的责任自然落到二儿子身上,因而调解员将话轮出让给了二儿子。但在二儿子家中,做主的一直是他媳妇,在他保持沉默的情况下,二儿媳抢过了二儿子的话轮,以插话的形式建构了协同话步,作出了积极的回应。从受众特征来看,调解者会根据受众的特征选择最合适的调解方式。例如在相邻语对 1 中,针对老父亲听力衰退、语言表达不清的现状,调解员调整自己的身体姿势,以身体前倾并加大音量的方式与他进行沟通。从模态供用特征来看,交际中的参与者往往根据其对模态供用特征的理解来进行模态选择。例如在本案例中,目光对于交际互动的开启和维持就起到十分重要的作用。调解员在开启话轮时会看向特定的个体,冲突方在接受或拒绝话轮时也会展示不同的回看方式。例如在相邻语对 4 中,二儿子拒绝了调解员的话轮,因而他的目光并没有看向调解员,而是看向了旁边。

本 章 小 结

本章主要从多模态话语分析的角度对涉老调解的调解策略进行分析。研究发现,调解策略的本质就是调解员综合运用各种资源,促使冲突双方彼此间友好协商,达成一致。从语言层面来看,调解者使用的策略主要有提升权势、语用移情、语用缓和和回避四大类别。其中提升权势策略可细分为极致表达、打断、嘲讽、批评教育、反问和普法六个小类,语用移情策略可细分为情感共鸣、情感疏导和情感引导三个小类,语用缓和策略可细分为使用礼貌语言、使用肯定语言、使用模糊语言和使用委婉语言三个小类,回避策略可细分为使用冗余信息和转移话题两个小类。从手势层面来看,调解员主要使用了四类手势,分别是符号性手势语、说明性手势语、表露性手势语和适应性手势语。符号性手势语主要有表达概念、辅助语言交流和增加交际互动三个功能。说明性手势语主要有描述事物、描述方向、描述数量和比较形状四个功能。表露性手势语主要有表达个人情感、加强语言表达和增加交际亲和力三个功能。适应性手势语则是调解员出于生理或心理需要而做出一种无意识行为,与调解活动并不直接相关。从语言和手势的关系来看,调解活动中的手势与语言存在着重复、凸显、强调、补充和话语连贯等关系。最后,本章将调解员的语言和手势进行整合分析,从框定、选择、配置和前景化等角度建构了基于多模态的调解策略分析框架。研究结果表明,调解员的语言和手势表现出互补性,调解过程中的多模态资源配置有着充分的理据,会受到交际语境、修辞目标、受众特征和模态供用特征等因素影响。

第五章 涉老调解的立场研究

引　言

近几十年来,随着语言学研究人文主义倾向的复苏,对话语主观性和主观意义的研究逐渐取代对客观命题意义的研究。人际交往中的立场(stance)研究越来越受到语言学及相关学科的重视,已然成为当前学界的一个研究热点(Kiesling 2022)。立场体现在人们言语交际的方方面面,不管是书面互动方式还是言谈会话方式,言语主体的立场表达都体现在语言中。正如 Du Bois(2007)所提出的,人们运用语言所做的最重要的事情就是建构特定的立场。调解实践作为以言语活动为主的话语活动,无论是冲突矛盾的事实阐述还是人际关系的和谐干预,都包含了调解者和冲突者的主观认识、价值判断与个人情感。在调解过程中,冲突双方往往基于各自不同的立场,运用不同的语言表征来对同一冲突事件做出不同的事实陈述。此外,调解者在综合运用情理法原则开展事实推理,促使冲突双方达成意见一致的过程中,也需要有个人立场的参与。从一定意义上来说,调解的话语性质和人际互动特点为调解者表现其主观立场提供了可能,冲突双方为了维护各自的权益,也有表达自己话语立场的主观诉求。本研究在互动语言学的理论背景下,将调解者在涉老调解过程中的立场表达置于互动/社会的矩阵中进行研究,重点讨论立场确立与协商的语言形式特点,进而分析其在交际过程中的人际语用理据。通过对相关议题进行讨论,本章节能够加深对涉老调解语境下调解者立场表达基本面貌的认识,为调解者建构适切立场提供直接的理论依据。

第一节　立场研究回顾

立场是语言研究的一个重要方面。它的重要性体现在它在语篇中的三大功能：一是表达作者或说者的观点，传达个人或社团的价值体系；二是建立和维持作者与读者之间、说者与听者之间的关系；三是组织文本或话语，即组篇功能（Thompson & Hunston 2000）。当前，语言学界对立场研究一直保持浓厚兴趣，但由于学术背景、关注兴趣和研究角度的差别，迄今为止，学界对立场的定义和内涵并未达成一致（罗桂花 2014）。两个作者可能用"立场"来描述不同类型的现象，研究相同或类似问题的学者也可能使用不同的术语来指称相同类型的现象。比方说，一学者可能用"立场"来表达另一学者的"主观性"，而其他学者则可能使用"评价"来描述同一问题。整体上来看，学界对于立场的研究主要有三个视角，分别是语义视角、功能视角和互动视角，进而形成了不同的研究范式。在罗桂花（2014）的研究基础上，研究者将这三个视角的主要观点综述如下。

一、语义视角的立场研究

最先明确提出立场概念的是 Biber & Finegan（1988）。他们将立场定义为："说话者或作者对信息的态度、感觉、判断或者承诺的显性表达。"这一研究中，立场的广义范畴包括确定性（certainty）、一般性（generalization）和实际性（actuality），三者都表达了说话者（作者）对于他们所表达信息的态度，或是对信息的指涉框架，或是对内容的判断或态度，或是对真实性的承诺程度。从这个定义可以看出，Biber & Finegan（1988）所言的立场其实质是关于信息命题态度的。但 Biber & Finegan（1988）的这一研究的范围仅限于立场的副词性标记。他们认为副词结构是英语中立场的重要词汇标记之一，并根据语义标准区分了六种类型的立场副词：① "诚实地"类状语（honestly adverbials），如"truthfully、frankly"，表达言说方式（manner of speaking);② "一般 地(generally)"类状语,如"briefly、broadly、roughly",表达近似、一般化、典型或惯常情况(approximation,generalization,typical or usual case);③ "确实地(surely)"类状语,如"certainly、surely",表达确信(conviction)或确定(certainty);④ "实际上(actually)"类状语,如"actually、really",表达现实性(actuality)、强调(emphasis),超乎预料地确信/真实(greater certainty / truth than expected);⑤ "可能(maybe)"类状语,如"maybe、perhaps、possibly",表达可能性(possibility,likelihood)、不确定的断言(questionable assertions)、闪避(hedging);⑥"令人惊奇地(amazingly)"类状语,如"curiously、appropriately、sadly、oddly、ironically",表达与认识状态无关的对内容的态度(attitudes towards the content independent of its epistemological status)。

在随后一年,Biber & Finegan(1989)又对立场的定义作了进一步完善,表述为"对于信息命题内容的态度、感觉、判断或承诺的词汇或语法表达"。在该研究中,立场的实现手段已从单纯的副词性手段扩展到"词汇或语法表达",包括形容词、动词和情态词等。他们并以语法和语义为基础将这些标记区分为 12 个类别:① 情感标记,包括副词、动词和形容词,如"happily、enjoy、fortunate";② 确定性副词,如"assuredly、indeed";③ 确定性动词,如"conclude、demonstrate";④ 确定性形容词,如"impossible、true";⑤ 质疑性副词,如"allegedly、perhaps";⑥ 质疑性动词,如"assume、indicate";⑦ 质疑性形容词,如"alleged、dubious";⑧ 闪避(hedges),如"maybe、sort of";⑨ 强调(emphatics),如"for sure、really";⑩ 可能性情态动词,如"might、could";⑪ 必要性情态动词,如"ought、should";⑫ 预测性情态动词,如"will、shall"。虽然在该定义中,Biber & Finegan 将立场的对象界定为信息命题内容,但在对立场进行分类时,他们区分了"言据性(evidentiality)"和"情感(affect)"两种。其中,言据性表示说话者对知识的态度,包括可靠性、认知方式和语言表达的充分性等;情感包含一系列的个人态度,如情绪、感觉、心境和一般性意向等。情感又区分为"积极"和"消极"两个次类,言据性区分为"怀疑"和"确信"两个次类。可见,在这一研究模式中,立场不仅仅是关于"命题"的态度,还包括个人的内在情感。

Conrad & Biber(2000)进一步明确了立场的三个子范畴：1. 认识立场，指对命题确定性、可靠性、局限性的评论，以及对信息来源的评论，如"probably，according to the President"；2. 态度立场，表达说话者的态度、感觉或价值判断，如"surprisingly，unfortunately"；3. 方式立场，表示如何说或者写，相当于社会语言学中的言说风格。这三个范畴的类别、功能和例子如表 5.1 所示。

表 5.1　Conrad & Biber(2000)的立场标记分类

作者立场	标记语	功　能	例　子
认知立场标记语（epistenmic stance）	确定型标记语（certainty）	表作者对命题的确定性	particularly, indeed, in fact, clearly, undoubtedly, obviously
	模糊性标记语（hedging）	表作者对命题的可能性、局限性	seem, perhaps, maybe, probably, some, about, mainly, basically
	言据性标记语（evidentiality）	表作者对命题的真实性	according to X, as … said
态度立场标记语（attitudinal stance）	情感型标记语（affect）	表作者对命题的情感态度	unfortunately, strikingly, surprisingly
	评价型标记语（evaluation）	表作者对命题的价值判断	significantly, necessarily, wrongly, must, would
方式立场标记语（style stance）		表作者对文中命题陈述方式的评价	honestly, frankly, generally speaking

这一分类框架虽具有开创性意义，但也存在不足。比如在具体语料分析时，某一立场表达归为哪一类，常常是两可的。如"I hope there's enough there"句中的 hope 既可以表达个人态度又可认作认知立场，传达不确定的意义。因此，在这一框架中，立场的分类标准有时不是很清晰，主观性较强。

整体上而言，语义视角下的立场研究主要是根据立场表达手段的分布和出现频率来分析文本的语体类型，考察的焦点是词汇和短语如何编码并反映不同类型的立场，即立场标记的语义特征。所以，无论是立场表达手段的分类还是立场类型都是以语义为基础的，特别是词汇语义。在这种几乎完全是基于语义的立场研究模式中，立场是词汇在脱离语境的情况下所表达的主观意义。

二、功能视角的立场研究

功能语言学视角的立场研究试图突破语料库视角下的静态语义概念，把语境、功能因素纳入了考察范围，认为立场是语言形式在特定语境中的特定话语功能，其中代表人物有 Ochs(1996)、Berman et al.(2002)和 Hyland(2005)。

Ochs(1996)在研究语言与社会文化的关系时提出，立场作为核心，与时间/空间位置、社会身份、社会行为和活动一起构成语言建构社会文化的四个功能维度。她将立场定义为"社会公认的意向"，并区分了两种立场：认识立场和情感立场。其中，认识立场指的是知识或信念，包括对知识确定性的程度，命题真实性的承诺度，知识的来源等。感情立场指的是心情、态度、感觉和意向，以及情绪的强度。Ochs 提出，立场是社会行为和社会身份的核心意义成分，表达认识和情感立场的语言结构是构建/实现社会行为和社会身份的基本语言资源。所以，认识和情感立场在社会生活的构成中具有特殊的功能和核心的地位。

Berman et al.(2002)则提出了一个"话语立场(discourse stance)"的分析框架。在文本建构中，"话语立场"包括三个相互联系的维度：取向(orientation)、态度(attitude)和概括性(generality)。取向主要是考虑文本生成和解读中的三个参与元素的关系：发送者(sender)、文本(text)和接收者(recipient)，相对地产生三种取向：发送者取向、接收者取向和文本取向。态度维度包括三种类型：① 认识态度，从可能性、确定性、信息来源等角度考察认识主体与命题之间的关系；② 道义(deontic)态度，指的是对当前话题采取一种判断性的、规定性的或评价性的审视；③ 情感(affective)态度，考虑的则是认识主体关于某一事态的情绪。概括性这一维度并考察文本中所指人物、时间和地点一般化或特殊化的程度，形成三个表达层面：个人或具体化指称、类指和非人称。这些功能维度贯穿整个文本，所以与"命题态度"不同,后者管辖范围仅是命题或句子。Berman et al.(2002)等认为话语立场的三个维度的元素可能交替出现在某一话语中。某一文本可能首先以发送者取向作为指示中心而开始,然后转换到以文本甚至是以接收者为指称中心,并有可能再次回到以说话者/作者为中心的视点。同样,一个文本也可以包含三个维度中的某一元素或多个元素,可以在对人、地、时的指称上兼有具体性和一般性。Berman 等提出的这一分析模式及其这一模式的应用研究,如 Berman(2005)考察的是语言形式如何被用来满足既定的话语功能,突出了形式/功能路径的立场研究范式。

Hyland(2005)将立场定义为作者的语篇"声音"或者社区公认的个性,是一种态度的、作者导向的功能。它关心作者展现自己和表达判断、意见和承诺的方式,包括作者对特定信息的态度、作者对信息真实性的确定程度、作者获取信息的方式以及作者对待信息和读者的视角。Hyland 区别了立场与介入(engagement)的差异。立场与介入都是作者在语篇中表达自己以及预测读者可能的反对意见和其他可能性意见的方式,体现了作者的自我意识和读者意识。但立场与介入相对,介入是读者导向的功能,是作者承认读者在场,并积极地将他们拉入讨论的方式,包括将读者视为话语参与者,以及引导读者理解等。Hyland 的研究模式中,立场包括三个范畴:言据性、情感和出场(presence)。言据性指的是作者对他所展示的观点的可信度及其对读者所具有的潜在影响的承诺表达;情感包括一系列对所说话语的个人的和专业的态度,包括情绪、视角和信念;出场指作者选择在文本中投射自我的程度。Hyland 对立场的研究展现了作者如何在文本中定位自己,突出了立场标记在书面语篇中的作者导向功能。同时,Hyland(2005)从功能语言学的角度出发,将立场标记语分为以下四种:模糊限制语(hedges)、确定表达语(boosters)、态度标记语(attitude markers)以及自我提及(self mentions)。但 Hyland 立场标记语的这四个分类也有不够准确的地方,比如在 Hyland 的框架中,四类立场标记语分类标准并不统一,第四类"自我提及"和前三类明显不在同一个层次上。其立场四标记框架如表5.2 所示。

表 5.2　Hyland 的立场四标记框架

立 场 标 记	功　　　能	举　　　例
模糊限制语(hedges)	表作者部分肯定语篇信息真值	about, almost
确定表达语(boosters)	表作者全部肯定语篇信息真值	actually, definitely
态度标记语(attitude markers)	表作者对语篇和读者的情感值	admittedly, curiously
自我提及(self mentions)	指作者指称自己的第一人称代词	I, we, me

功能视角的立场研究突破了早期基于语义的立场研究,不再将语言意义的考察限制在句子内部,而是将语境、功能因素纳入考察范围,立场是各种语言形式在不同语境中用以实施的各种话语功能。

三、互动视角的立场研究

社会学角度的立场研究开始关注说话者和听话者活动中的话语语境和社会语境因素,并从词语的主观意义考察推进到主体间的互动。其中颇有影响的是 Du Bois(2007)的研究。他通过对日常会话中互动者如何表达立场进行分析,将立场表达(stance-taking)定义为:由社会行为者以对话的方式、通过外在的交际手段发出的公开行为,这种公开行为在社会文化领域中的任意显著维度上同时对客体进行评价,对主体进行定位,并与其他主体建立离合关系。在此定义的基础上,他将立场表达建构为一个立场三角行为。如图 5.1 所示。

如图 5.1 所示,立场表达行为含有三个元素:立场主体 1、立场主体 2 和立场客体。前二者通常为互动双方,立场客体指的是互动者所谈论的话题或焦点(人物、事件、问题等)。值得注意的是,在立场表达行为中立场客体可能是一样的,也可能在不打断话语活动连贯性的前提下发生改

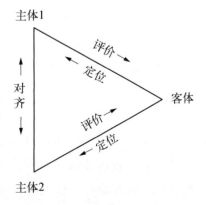

图 5.1　立场三角示意图

变。立场表达行为又含有三个子范畴：评价(evaluate)、定位(position)和离合(align)。评价指的是立场主体导向立场客体，并认为客体具有某些特定性质或价值的过程。定位又分为情感立场和认识立场两个类型。情感立场指的是说话者在情感阶上选定一个位置，如喜欢、高兴等。另外，说话者不仅在情感阶上定位自己，还在认识阶上定位自己，实施认识立场行为。所以，定位主要是社会行为者在责任上的定位，并唤起社会价值的行为。离合是衡量两个立场之间，以及两个立场主体之间关系的行为。在 Du Bois 看来，某一立场表达行为实施的并不是某一单个立场子行为，三大子范畴评价、定位和离合并非相互分离、各自独立的立场范畴，而是说话者一个立场表达行为的三个不同方面，也就是说互动参与者在话语活动中同时实施表达评价、定位和离合三个立场子行为。

按照 Du Bois 的观点，立场表达是一个言语互动过程，互动参与者利用各种语言手段(语音、形态、词法、句法等)在互动的过程中表达立场，主张"立场通常成对地由互动双方来建构"。所以，Du Bois 的立场研究模式被视为是对广泛持有的认为立场是特定语言(句法或词法)形式编码的内在意义或说话者所表达的主观态度的观点的回应。在这一研究模式中，立场被认为是一种行为，而不是一种语义，立场被看作是主体间的协商、合作、共同构建的，是言语互动活动过程中浮现的产物。在立场表达中两个主体根据彼此先前话语和社会语境共同构建和协商他们的立场。"立场三角"理论突出了立场的主观性、互动性和评价性，从互动视角阐释了对话中的立场共建和立场分离，为话语立场提供了一个新的理论分析工具。

Du Bois 对立场的定义和立场三角的研究模式得到了广泛的认可和支持。在 Du Bois 的研究启发下，各国学者对互动中的立场现象做了一系列的研究。如 Karkkainen(2003)考察了英语中"I think"在会话中的立场表达；Wu(2004)讨论了汉语句末语气词的立场表达；Haddington(2006)分析了新闻访谈中的立场表达；Keisanen(2006)探讨了否定是非问句和反义疑问句的立场表达；Raunionmaa(2008)研究了芬兰语和英语中重复话语的立场表达。这些研究一致表明立场是交互主体间的行为，词汇等语言手段的立场功能并非既定的，而是在会话连续建构的交互主体的网络中"浮现"出来的。

此外，Englebretson(2007)基于语料库对"立场"一词在话语互动中的意义作了定量分析，揭示了话语互动中立场的五个特性：① 立场发生在三个层面：身体行为、个人的态度/信仰/评价、社会道德；② 立场是公开的、可以察觉的、可以解释的，并能为他人发现的；③ 立场本质上是互动的，由参与者协商而构建；④ 立场本质上是索引的，能唤起广阔的社会文化框架的背景或其所发生的物理背景；⑤ 立场表达产生结果，对参与的个人或团体导致一定的结果。Englebretson(2007)的研究模式奠定了互动视角下立场研究的理论基础，五大原则阐释了立场作为一种社会行为的性质和特征。

整体上而言，互动视角下的立场研究采用真实自然的日常话语和机构话语为语料，特别强调立场作为一种交互性言语行为的性质，注重立场表达的主体交互性和动态浮现的特点，分析的焦点从单个话轮扩展到话语序列。这种研究模式不仅仅关注说话者对知识等表达承诺或是态度，更关注这些表达和态度在实际社会语境中的互动使用，以及它们在互动过程中对说话者和听话者产生什么样的互动效应和结果。

本书有关涉老调解中的立场研究主要采用互动视角，不仅关注调解者的立场表达，也关注冲突双方的立场表达，并基于 Du Bois(2007)的立场三角框架和罗桂花(2019)的相关研究，从评价立场、情感立场、认识立场和离合立场四个范畴开展研究。

第二节　立场的语言表征

一、评价立场

评价立场是说话人依据一定价值标准对评价客体做出的一种主观态度和行为。作为一个重要的思考和决策过程，评价立场要求交际双方要以客观、理性和批判性的方式来评估不同的观点和主张。从语义上来看，任何评价都可置于"好—坏"或"肯定—否定"的连续尺度上。从语言表征上来看，个体实施评价立场的主要语言手段有名词、动词、形容词和副词。

（一）名词

名词是表示人物时地的词（邢福义 2001）。它的语义结构除了基本的概念义和特征义之外，还有语用义。因为任何事物的特征都是多方面的，不同的特征在具体语境中激发人们多方面的联想和想想，使得名词得以在客观的命题意义基础上产生主观的内涵，具备评价意义。例1、例2和例3是三则有关肯定、中性和否定立场的语料。

调解员：因为你早已超越了他对你的**_肯定_**，所有幸福自己制造那是**_最高维度幸福_**，如果我们依托他人是低纬度的，要依托自己来创造**_幸福感_**。

例1是一则调解员使用名词手段表达肯定立场的案例。在此则案例中，调解员使用了肯定性名词"肯定""幸福"和"最高纬度幸福"来对冲突一方的家庭生活陈述做出了正面回应。相关词汇表明，调解员的评价立场是肯定的，即完全同意冲突一方的观点。

调解员：老丈人，您认为女婿在家庭中的责任是什么？

老丈人：我认为他应该承担起家庭的**_经济责任，养家糊口_**。

调解员：女婿，您认为自己在家庭中的责任是什么？

女婿：我认为我不仅要承担**_经济责任_**，还要尽力照顾好家人的**_生活和身体健康_**。

例2是一则冲突双方使用名词手段表达中性立场的案例。在此则案例中，调解员通过提问的方式请冲突中的翁婿来谈论各自对于家庭责任的看法。这种方式可以让双方更清晰地表达自己的想法，也更容易达成共识。

由于家庭责任是一个抽象名词,且调解员的问题也不涉及冲突双方对他人的评价,岳父和女婿都使用了比较中性的名词来开展评价。例如岳父使用了"经济责任"和"养家糊口"来进行评价,女婿则使用"经济责任""家人的生活"和"身体健康"来进行评价。

例3

调解员:第二点呢,小王,你是不是在整个的你的成长经历里面,有没有那种**_婴儿心态_**或者**_受害者心态_**?就是说什么呢,老觉得别人对不起我,打电话叫大姐接、叫弟弟接就不叫我接,读书怎么样,又怎么怎么样。我开始以为你家父母怎么虐待你了,所以造成你后面有这么大的委屈,后来我听来听去,说心里话,我真没感觉怎么虐待你。

例3是一则调解员使用名词手段表达否定立场的案例。在此则案例中,针对冲突一方的事实陈述,调解员表现了明显的不认可,并使用了两个否定性的名词"婴儿心态"和"受害者心态"来引导小王反思自己的已有认识。

（二）动词

动词是表示动作或行为的一类词,它们在句法结构中活动能力最强,是句子中最主要的部分。相比较名词而言,很多动词本身就有很强烈的感情色彩。例如在法庭庭审话语中,"诱供"和"逼供"就是两个色彩很强烈的否定意义词汇。从本研究收集的语料来看,动词也能够表达肯定、中性和否定的立场。

例4

调解员:女婿,您怎么看?

女婿:我觉得我**_尊重_**老丈人,但有时候我们的看法不一样,我也有自己的想法。

调解员:那您有没有尝试过听取老丈人的建议呢?

女婿:有的,但我们有时候的想法真的不一样,我也希望老丈人能够**_理解_**我。

调解员：好的，我理解了。那我们能不能想办法让你们之间的沟通更加顺畅呢？比如说，老丈人可以尝试更多地**_倾听_**女婿的想法，女婿也可以更加**_尊重_**老丈人的意见。

例子是一则调解员使用动词表达肯定立场的案例。在此则案例中，调解员使用提问的策略请女婿谈谈他对于老丈人的看法。针对彼此间的双边关系，女婿使用了"尊重"一词来描述他对老丈人的态度，使用了"理解"一词来表达了他对老丈人的期待。针对女婿的表述，调解员表达了认可，使用了"倾听"和"尊重"两个动词进行总结，表达了肯定的立场。

📑 例5

邹大姐：可以自理，我妈妈为什么当时选择和我小弟弟在一块呢，我小弟弟还没结婚呢。

调解员：结论就出来了，这位大嫂，我为什么刚才拦住您，不让您继续说下去，您是站在您的视角。我**告诉**您，一个相对中立的视角，父母选择小弟或者是小弟弟跟父母在一起，他们是不是儿子在啃老，或者是妈妈愿意，还是怎样，总之，撇开经济不说，妈妈从情感上选择了跟弟弟共同生活，她从情感上更接受她的小儿子，明白了吗？

例5是一则调解员使用动词表达中性立场的案例。在此则案例中，调解员对于邹大姐的观点是持一个完全反对的态度。但是，为了避免过于刺激邹大姐，她在向邹大姐传递信息时，使用了一个较为中性的动词"告诉"，而非使用"奉劝"或"正告"这样略带贬义的词汇。

📑 例6

调解员：你父母为什么对你后面这段婚姻对你进行所谓的**_干涉_**呢，因为你妈妈看出了你的敏感，尤其是冲动。如果说女人第二次感情不幸，再来个第三甚至第四次，这在你们所在的环境下是不可想象的。

母亲：人活在世上，人要脸树要皮嘛。

调解员：所以说你妈妈是*怕*你再次*冲动*，又*犯*这种错误，仓促地结束然后又转身仓促地开始，她*怕*你折腾，你知道吧，她不是*怕*别的，她怕你*折腾*，怕你*受不起*这个*罪*。

例 6 是一则十分典型的调解员使用动词来表达否定立场的案例。在有限的话语中，调解员使用了大量的否定性词汇来对女儿进行劝告，例如"干涉""怕""折腾"和"受不起"等。相关动词从母亲的角度出发，表达了老母亲对于女儿未来生活的深深担忧。

（三）形容词

形容词是表示性质状态的词，主要用于表示事物的性质和状态，因而可细分为性质形容词和状态形容词(邢福义 1997)。相比较名词和动词，评价义是形容词的基本语义特点，因而形容词是表示评价立场的重要手段。但从本研究收集的语料来看，调解员在调解过程中的形容词使用并不是太频繁。这可能是因为调解员需要遵守中立的原则，不能带入过多的个人情感。另外，在本研究中，调解员所使用的形容词主要与肯定性立场或否定性立场相关。例 7、例 8 和例 9 是三者相关语料。

例 7

邹老太太：我说我这份呢，给我小儿子。我一直呢，就跟我老儿子一块过，老儿子，儿媳妇，孙子都待我*挺好的*，我也*知足*。我那仨孩子也待我都*不错*，有时间都来看看，这不说卖了吗，卖了呢他们就又说不干了。我希望他们*和气生财*，别都闹翻了，我要求他们都*和和气气*的。

例 7 是一则冲突方使用形容词表达肯定性立场的案例。在此则案例中，针对几个儿子之间有关房产份额的争议，邹老太太表达了她的主观期望。她使用了"挺好的""知足"和"不错"等形容词对她和子女间的关系做出了评价,又使用了"和气生财"和"和和气气"等形容词对子女间的关系提出了正面期望。

 例 8

　　调解员:老丈人先生,您对女婿做事的印象如何?

　　老丈人:他**太年轻**了,不懂事。

　　调解员:女儿选择他为伴侣,一定有她特别欣赏的地方。女婿先生,您觉得老丈人怎么样?

　　女婿:他很**固执**,有点**顽固**。

例 9

　　妻子:可是到他爸那边的时候,他又听他爸的,就是我说什么都好,然后家里面一有什么,然后他又过来整我了。

　　丈夫:其实不是了,可以这么说吧,就信息不对称吧,从我老婆这边听到这个信息,从我父母听到那个信息,然后他们不断地在互相地说对方,整天为这个事搞得**焦头烂额的**,也有点**晕乎乎的**。

　　例 8 和例 9 则是两则形容词表达否定立场的案例。在例 8 中,调解员试图平衡冲突双方的情绪,调节现场氛围,通过插入冗余信息的方式请翁婿双方针对彼此的印象发表看法。由于调解员的这一提问涉及到个人的态度,翁婿双方都使用了负面的形容词来对彼此进行评价。老丈人使用"年轻"和"不懂事"来形容女婿,女婿则使用"固执"和"顽固"来形容老丈人。在例 9 中,针对妻子的指责,丈夫向调解员展开了抱怨。他通过两个形容词"焦头烂额的"和"晕乎乎的",传递出了自己的无可奈何,表达了对家里面夫妻关系和代际关系的负面立场。

　　(四)副词

　　副词在句法中的功能主要是充当状语,也可充当修饰语或补语。张谊生(2000)根据副词的句法功能和语义,将副词划分为描摹性副词、限制性副词和评注性副词。就评价立场而言,评注性副词是表达评价立场的主要手段,其中又可分为两种,一种是直接表达评价义,另一种是用来强化主观评价。相关例子见例 10、例 11 和例 12。

📑 **例 10**

调解员:你们好。我今天来帮助你们解决问题。首先,老丈人,您能够*完全地、真诚地*告诉我们您对这个问题的看法吗? 而女婿,您是否能够*耐心地* 听取他的看法呢?

例 10 是一则调解员使用副词直接表达评价立场的例子。在此则例子中,调解员在听完翁婿双方的矛盾冲突后,使用两个疑问句进入到正式的调解中。针对翁婿双方的矛盾,调解员使用"完全地"和"真诚地"这两个副词来将话轮交给老丈人,又使用了"耐心地"这个副词请求女婿不要和老丈人抢夺话语。相关副词的使用体现了调解员中性的评价立场。

📑 **例 11**

调解员:她刚才的表态,*非常*符合她这种性格。

📑 **例 12**

调解员:那为什么到你身上*这么*明显,为什么没有在父亲身上*那么*明显呢,因为你*非常*善良、*非常*盲目地接受他身边那些能够影响到她的东西?

例 11 是一则调解员使用副词来强化主观评价的例子。在此则例子中,"非常符合"有两个层次的语义:"符合"是一种客观陈述,体现了中性的评价立场;"非常"这一副词的加入强化了调解员的感情色彩,使听众对于调解员的立场评价感知更加强烈。例 12 中"这么""那么"和"非常"这三个副词也都是同样的情况。

在某些情况下,副词的使用还能转变调解员原本的立场评价。在例 13 中,"惯着她"原本就是一种中性的立场评价,但副词"太"的加入,使得调解员的立场评价由中性转向了否定。

📖 例 13

妻子:他爸说,你不要把她弄惯了,你好的不吃都给她吃,你自己也要吃啊,就是我坐月子的时候,叫他也不要这样子对我。

调解员:那也就说,家里人确实跟你表达过这个意思,不能**太**惯着她了。

丈夫:对,可以这么说吧。

调解员:所以你当时那句话出来,是不是你也认同父母说的,确实不能**太**惯着她了。

二、情感立场

情感是人类最重要的人生体验,也是现代法律诉讼的核心成分(Dahlberg 2009)。情感立场是指对某个人、事物或观点所持有的情感态度或情绪倾向。它通常反映了个体的喜好、偏好、赞赏或反感,因而可细分为积极的、消极的或中立的三个子范畴。但情感立场是主观的,不同的人可能对同一对象持有不同的情感立场。从调解中的人际互动来看,情感立场是一种言语行为,调解中的三方参与者通过各种语言手段来描述自己或他人的情感、表达自己此时此刻的情感或唤起听众的情感。罗桂花(2019)从元功能的角度将法庭互动中的情感立场划分为三种,分别是情感描述、情感表达和情感唤起。本研究涉老调解中的情感立场分析主要采用这一分类。

(一)情感描述

情感描述,指的是说话人对他人或自己过去的情感进行叙述,以达到一定交际目的的言语行为。在涉老调解过程中,冲突双方进行情感描述的目的主要是再现事件进程中的情感波动,还原当时的心理活动。相关例子见例 14 和例 15。

📖 例 14

调解员：你们俩能不能回忆一下过去的一些美好时刻，来缓解一下危机？

老丈人：嗯，我记得他结婚的那一天，我们全家都很高兴，我们一起笑了好久。

女婿：对，我也记得当时大家都开心得不得了，喜气洋洋的。

📖 例 15

老人：通过这次调解，感谢各位老师专家，帮助我们家里解决了纠纷。我要感谢我女儿，这么困难时帮助我，我以后也会回报她的。这个你放心，我和老太婆虽然离了婚，前半辈子我们也是同志关系。

女儿：爸爸也一直很辛苦，把我们抚养大，谢谢你。

例 14 和例 15 是两则冲突当事人描述过去积极情感的语料。例 14 发生在调解过程中，调解员为了让冲突双方进一步达成合作意向，请双方回忆一下过去的美好时刻。此时，老丈人和女婿都做出了积极回应，场中的调解气氛得到了缓和。例 15 发生在调解成功之后，冲突双方通过回忆过去进一步表达了对当前调解结果的认可。相比例 14，例 15 中冲突双方的情感描述要显得更为含蓄。但从老人的话语"前半辈子我们也是同志关系"和女儿的话语"爸爸一直很辛苦，把我们抚养大"，也可推断出他们这是对过去家庭关系的回忆。

（二）情感表达

情感表达，指的是说话人有意表示自己在说话当时的内心情感。在调解过程中，冲突当事人的情感表达一方面可以帮助他们调节和管理自己的情绪，从而更好地应对冲突和压力，另一方面可以帮助冲突双方能够倾听和理解彼此的情感,从而增进彼此之间的共情和互信。相关例子见例16和例17。

 例 16

老丈人:我觉得女婿对我的态度越来越差,他从来不懂得尊重我。

女婿:我觉得我一直在尽力,但是我感到老丈人不信任我,并且总是在说教我。

例 17

调解者:所以现在我叫你们两个,撇开前面所有的,日子是你们过的,孩子是你们的对不对,双方大人急急忙忙跑过来,难道真的想分谁是对的谁是错的,把两个分掉,就是目的吗?

丈夫:那天我迫于无奈,我觉得真的是过不下去了,我给她发了一个信息,发完我自己眼泪都流下来了。

调解者:想过下去吗?

妻子:我肯定是想过(下去)啊,不然我找你们干什么,我直接上法院就好了。

例16是一则冲突双方表达消极情感的语料。在调解过程中,老丈人和女婿都表达了对彼此的不满意。老丈人使用了"越来越差"和"不懂得尊重"等语言表达,女婿则使用了"不信任"和"说教"等语言表达。例17也是一则冲突双方表达不同情感的语料。在此则语料中,丈夫表达了消极情感,"眼泪都流下来了"直接表达了他的后悔和懊恼。妻子则表达了积极情感,"想过(下去)啊"表达了她对丈夫的依恋以及渴望存续夫妻关系的意愿。一般而言,由于调解中人际冲突的破坏性,冲突双方的情感表达整体是消极的。

（三）情感唤起

情感唤起,指的是说话人通过特定的方法和技巧来唤起听话人的情感,以达到一定的交际目的。通过情感唤起,调解者可以帮助冲突双方更深入地了解自己情感的根源和背后的需求,从而激发他们积极参与解决冲突的过程。相关例子见例 18 和例 19。

📖 **例 18**

调解员:在未来,你们想让你们的关系变成什么样子呢? 你们有什么期望?

老丈人:我希望我们能够更加亲密和相信对方。

女婿:同意,我也希望老丈人能更信任我,我们之间的关系能够更加和谐。

📖 **例 19**

调解员:你觉得这个孩子改变不了什么,因为你对你自己的婚姻已经是绝望了,但是我对你们的婚姻还是非常有信心。

女方:为什么呢? 我自己还没有放弃啊?

调解员:主要没有放弃的是你丈夫,他没有抛弃你,而你似乎总是对自己充满了怀疑,对你身边的爱你的人、理解你的人充满了不信任。他已经做出了这么大的让步,难道这还不能让你放宽心,面对现实,好好的两个人一起携手把这个孩子抚养成人吗? 抛开那些什么自卑,抛开那些负面的东西。

例 18 和例 19 是两则调解员唤起冲突双方积极情感的语料。在例 18 中,调解员直接发问,请翁婿双方谈论一下对未来双方关系的憧憬。经过前期调解,此时翁婿间的矛盾不像开始时那样紧张,因而双方的积极情感都被调解员成功的唤起。老丈人希望他们未来的关系是"亲密和相信",女婿则希望他们未来的关系是"信任和和谐"。例 19 是一则因婆媳矛盾而引发的夫妻冲突。调解员循循善诱,通过让女方抛弃过去的不好记忆来唤起她对未来的希望,从而使她从当前的消极情感中走出来。但在调解过程中,因为冲突的不可控性,调解员也并不是总能够成功唤起冲突双方的积极情绪。在例 19 中,调解员的情感唤起就不是那么的有效。

三、认识立场

认识立场是交际者对命题所持的观点、看法和态度。它是话语立场的一个重要维度,其重要性甚至超过了评价立场和情感立场(Biber et al. 1999)。认识立场反映了冲突双方认识的实际来源和实际状态,也可能基于一定的目的、利益、需要和当前言语情景的主观建构,介于冲突事件的实际信息状态和冲突双方所提供的信息来源之间。因而,认识立场体现了冲突双方所拥有的做出某种事实陈述的证据,但这种证据可能是真的,也可能是假的。在调解过程中,调解者需要认真分析冲突双方的认识立场,并对他们提供的信息来源和可靠性做出认知判断。

认识立场包含了两方面内容,分别是信息来源立场和信息内容立场(罗桂花 2019)。信息来源立场是指当事人或调解人在调解过程中所依赖的信息来源以及对这些信息来源的态度和偏好。信息内容立场则指当事人或调解人在调解过程中对信息内容确定性和可靠性的主观判断。在调解中,信息来源的选择和信息内容的表达对于了解问题、澄清事实以及寻求解决方案都至关重要。从本研究收集的语料来看,调解中相关方的信息来源立场主要有引证型、转述型、感官型和推断型。从语义上来看,不管是信息来源立场还是信息内容立场,两者是认识立场的一体两面,且都处于"可信—不可信"的语义区间中。比较而言,从信息内容的可信度而言,信息来源之间的关系应该是引证型>转述型>感官型>推断型。但这也是一种相对的提法,例如在推断型中就有基于法律事实的推断,那么这一信息来源的可信度就要大于转述型和感官型。

(一)引证型

引证型立场主要通过引用法律、法规和案例证据等方式来证明信息来源的权威性。相关语料见例 20。

📖 例 20

　　调解员：但是，我要告诉你一点的是，08 年的时候，这套房子的所有权，经过你们双方的离婚协议已经明确了，所有权只是刘女士一个人的。

　　老人：嗯。

　　在例 20 中，调解员使用了一些法律专业术语，如"所有权"和"离婚协议"等，来表明自己对房屋由有权的认识，即这一套房子的所有权应该归老人家前妻所有。这一认识立场的信息来源具有权威性，因而也得到了老人家的认可。在法庭庭审中，法官在表达引证型认识立场时，往往使用介词短语的语言表征，如"根据……"和"依照……"等（罗桂花 2019）。但从本研究所收集的语料来看，并没有看到相关的表达。这可能是因为在人民调解过程中，调解员在情理法的把握上更倾向于情和理，同时在人民调解中，冲突双方在法律性条文的理解上也存在一定困难。

　　值得一提的是，在涉老调解过程中，调解员也会将自身的生活经历当作一种直接的证据来开展说理。见例 21。

📖 例 21

　　调解员：那我来跟您说说我自己，我也是读了大学的，后面还读了好多，我在读高中的时候就早恋了，可是呢，这个早恋并没有导致我不读书，我还一直在读书，但是我是想说，就是这个谈恋爱并不一定会导致读书不好，所以您这一块呢，不能怪您的儿媳妇，想不想读书是他的问题。我是觉得呢，这读书呢，这不是一个事儿，您得过去，您得尊重您的儿媳妇，因为你们是一家人，我觉得这个很重要，刚刚她坐在这儿哭的时候，我心里非常非常的难受，我知道人不到万不得已的时候不会那样嚎啕大哭，她心里一定非常的委屈，所以我觉得，您可能要对她要稍微宽容一点。

　　在此则案例中，婆婆将儿子事业上的不成功归咎于他早恋，进而对他的早恋对象(如今的儿媳)十分的苛责。调解员简要回顾了自己的人生经历,从而得出早恋不一定就读不好书的结论,并以此当作一种证据来对婆婆展开说理。在调解过程中,调解员相对于冲突双方具有一定的权威性,因而这样的一种引证型方式也具有合理性。

(二) 转述型

转述是说话人以某种方式标志出话语中出现的另一个声音的行为(Thompson 1996)。因而,转述型立场可以理解为在话语中间接引用他人的话语。它除了要清楚地标记出信息的来源,还要对信息的确定性和可靠性做出评价。转述型立场一般是由"从……听到""据……说"和"听……说"等话语标记引导。例 22 是一则典型的转述型立场表达。

📖 **例 22**

调解员:我们从街坊四邻那里了解到,你们之间的矛盾是由于沟通不畅造成的。他们建议你们要好好地交流和表达自己的想法,这样才能更好地理解对方。

老丈人:我觉得那是女婿的问题,他从来不愿意听别人说话,而且总是插话。

女婿:我反而觉得是老丈人不听我说话,每次我跟他提出意见都被打断了。

在此则调解案例中,调解员将翁婿间的矛盾归结为沟通不畅。导致调解员得出这一结论的信息源来自他的街头采访。他不仅告诉翁婿两人他的这一结论的来源,"从街坊四邻那里了解到",还告诉他们街坊四邻对他们的建议,"要好好地交流和表达自己的想法,这样才能更好地理解对方"。

一般而言,调解中转述型立场的信息来源往往是来自于第三方,但就冲突双方而言,为了强化对方蛮不讲理或品行恶劣等形象,冲突的一方也会转述另一方的不当言论。例 23 和例 24 就是两则这样的语料。在例 23 中,媳妇描述了她和婆婆的一次争执,并转述了婆婆的相关言论,如"你怎么对我了,你不给我吃不给我睡不给我住,然后还又说我要治她"等。随后,媳妇又使用了一些否定的词汇手段,如"无中生有""一句一个谎"和"没有一句是真的",来表达了对婆婆话语的评价立场。通过媳妇的转述行为和评价立场,一个造谣生事、无理取闹的恶婆婆形象跃然纸上。在例 24 中,儿子小周先生则转述了父亲老周先生年轻时教育他们的话,"说穷要穷得有骨气",展现了一个与现在存在一定差距的父亲形象。

例 23

妻子:我已经失去理智了,我就指着她(指婆婆),我说我怎么对你了,当着所有人面,我说你在我那,我怎么对你了? 一件事一件事给我说出来。**_然后她就说,你怎么对我了,你不给我吃不给我睡不给我住,然后还又说我要治她_**。就是这些无中生有全部指向我,这些事情都不用我辩解,他都知道,一句一个谎一句一个谎,没有一句是真的。

调解员:那当时他妈妈是什么态度?

例 24

调解员:那他之前有过外面借钱的情况有吗?

周先生:有啊,太多了。其实我们之前比较自豪的,**_因为他之前总跟我们说穷要穷的有骨气。_**

值得一提的是,在例 23 和例 24 中,冲突一方都是转述另一方的话语来展开论述。但在庭审话语中,也存在冲突一方转述自己的话语来作为证据的情况。在例 25 中,被告就转述了自己曾经的话语,将自己从对被转述内容的责任以及现实中的法律责任切割开来,实现了责任分离。但从本研究收集的语料来看,冲突双方的话语表述中并没发现这种案例。这表明,在涉老冲突的过程中,冲突双方的焦点总是聚焦于对方,而非自身。

📖 **例 25**

被告：因为当时我到那里的时候就看见有人在打他。所以，后面跟我一起去的那个人，叫什么龙哥，要过去打他，后来*我就说别去了，去了等会儿会打死人了*。后来，刘某某就喊我们走了。后面的事，我什么都不知道。

（三）感官型

感官型立场主要指信息来源于个体的知觉，即"通过视觉、听觉、嗅觉、触觉、运动觉、机体觉和平衡觉等对客观现实个别特性做出反应"（胡壮麟1995：13）。从本研收集的语料来看，这里认识立场在涉老冲突调解中应用的并不多，且主要是一种听觉型。相关语料见例26。

📖 **例 26**

调解员：您是怎么想的？
母亲：他们听到我跟人家辩了口。

在例26中，调解员请母亲表达一下儿女们对她指责的看法，母亲通过"听到"一词表明儿女们的信息来源是"耳听"，而非"眼见"，因而存在误解的可能。通过这样的话语表述，母亲认为儿女们的指责很不可靠，间接地表达了不可信的认识立场。

（四）推断型

推断型立场，表示说话者在推理的基础上作出陈述或提供新的信息（De Haan 2001）。从本研究收集的语料来看，冲突双方推断型立场的信息来源主要有基于个人经验、基于事实判断、基于他人行为和基于法律事实。相关例子如下。

📖 **例 27**

调解员：我可以理解你们俩对女婿酗酒的问题都很担心。我想问一下,你们认为女婿酗酒的原因是什么呢？也许有一些你们不了解的情况导致了他的酗酒行为。

老丈人:***我觉得他酗酒是为了逃避压力和问题,而并不是只是为了好玩***。

女婿:我知道我的喝酒有些多,但这并不代表我有酗酒问题。我喝酒只是为了放松。

例27是一则基于个人经验的推断型认识立场。在此则案例中,调解员请老丈人表达一下他对女婿酗酒原因的看法,老丈人则基于个人经验将其归因为"逃避压力和问题"。同时,老丈人也使用了先行词"我觉得",表明他对于这一结论的可信度其实也不是很有把握,仅仅是一种个人猜测。

📖 例 28

调解员:就从你这方面了解,你觉得你妈妈为什么会对嫂子有这么大的成见呢？

小姑子:***可能就是因为我哥上过几年大学,没有拿到毕业证书,心里觉得很不甘心的,我可能是那样想***。

例28是一则基于事实判断的推断型认识立场。在此则案例中,调解员请小姑子分析一下婆媳矛盾的原因,小姑子基于她所了解到的事实,将其归因为哥哥因为和大嫂谈恋爱而没拿到毕业证。但小姑子使用了"可能"一词,表明她对这一原因的认识可信度也不是很高。

📖 例 29

王女士:***她也不一定说是拿我的生命来赌……***

皮先生:你听我说完好不好！

王女士:他兄弟三个人在的时候,还有他父亲在的时候,他家生活条件在我们村上还算是好的,吃的东西还是比较好的,到他们都出去打工了他弟弟他们都不在家了,他父亲出去补鞋了,中午是不回来吃的,就我跟她母亲,他母亲每天就是素菜,不是像你们说的没有肉就是素菜,就是辣椒水拌拌的那种菜,然后呢隔壁那人就看不下去,其实也跟我说,她说你婆婆真的太厉害了。他妈给我解释的是说,因为我们结婚欠人家钱嘛,要还钱,所以我们必须要省。他母亲是这样说的,如果你觉得你妈不是那样子的话,你没在家的时候还有我去到浙江的时候为什么会那么瘦呢?

　　例 29 是一则基于他人行为的推断型认识立场。在此则案例中,王女士基于婆婆的差别化饮食对待,得出了婆婆想要她命的结论。相比较例 27 和例 28,例 29 中王女士对这一推断的自我可信度感知还是比较高的,这从她下一话轮中的长篇大论中就可以看出来。但令人奇怪的是,在王女士的话语中,她也使用了"也不一定"这样的程度修饰语来降低这一立场表达的可信度。从研究者的角度而言,这可能是一种自嘲,也可能是一种无奈。

📖 **例 30**

　　调解员:这一套婚后购买的房屋,根据购房合同上面的购房人的名字,以及按揭贷款的情况来看,将来产权办理应当是登记为场上的母亲,以及您的前妻他们共有。由于你的前妻去世了,那么属于你前妻那部分的份额,应当由她继承人来继承,她有哪些继承人,她有父母,丈夫和她的儿子。但是又由于她明确地在遗嘱中说明,属于她的那份额交由她儿子继承,*那意味着什么呢*,……,这个房屋 50% 的份额由场上的母亲拥有,而林先生(男方)有 25% 的份额,还有你们的儿子 25% 的份额。

　　男方:这是需要调解的,如果直接按遗嘱,我们可以直接上法院。

　　例 30 是一则基于法律事实的推断型认知立场。在此案例中,调解员用"那意味着什么呢"这一话语标记,引出了他的推断型结论,对于林先生前妻遗留财产的所有份额做出了明确安排。由于林先生前妻的遗嘱具有法律效力,调解员在表达认识立场时候,直接使用了陈述式的表达,且没有使用任何的诸如"可能""应该"和"或许"之类的模糊表达。相关语言表达,简洁明白,体现了很强的可信度。

四、离合立场

离合立场指的是互动参与者相对于其他参与者采取的一系列趋同或趋异的定位立场的行为,也就是"相对于你的立场,我如何建构我的立场"的行为(Haddington 2007)。相较于评价立场、情感立场和认识立场,离合立场的在交际中的互动性和交互性最为明显,因为离合立场的本质都是对先前话轮和先前话语目的的采纳或拒绝。本部分采取罗桂芬(2019)的分类,将离合立场分为相合立场和相异立场两类。但是,由于话语立场是动态建构的,交际双方的相合立场和相异立场也并不是绝对对立,而是位于"绝对相合—绝对相异"的立场之间,形成一个统一的连续体。

(一) 相合立场

相合立场即说话人表达与他人先前话语趋同的立场,顺应他人前一话语中的目的、观点、评价、认识和行为投射等。从本研收集的语料来看,三方交际者在调解中的相合立场又可细分为同意、增进和推衍。相关例子如下。

📖 例31

调解员:听了你们两位的意见,我认为你们还是有一些共同点的,比如你们都希望家庭和谐,都想要爱人和亲人幸福,对吧?

老丈人:是啊,我们就是希望女儿过得好,和睦恩爱。

女婿:是的,我也是希望我们之间的问题能够得到解决,让家庭更加和谐。

📖 例32

调解员:张女士,现在我们其实不是追究的是女儿耿耿于怀也好,而是你能不能去体会一下女儿内心的那种难受,没有对错,她真的很难受,因为她希望妈妈跟她说两句话,结果一圈说完了没她什么事,她在旁边流眼泪,你会不会心疼?

母亲:**我肯定心疼**,我不知道她是这样的人。

例31和例32是两则表同意的相合立场案例。同意指的是对先前他人话语中的目的、观点、评价和认识等表示赞成与支持。在例31中,调解员在听取了翁婿双方的观点之后,总结了他们的共同点,并向翁婿两人进行了确认。翁婿两人都使用肯定的话语表达"是啊"或"是的"来对调解员进行回应,明显表达了相合的立场。在例12中,针对调解员的陈述,母亲虽然没有使用"是"或者"不"进行直接回应,但她话语中的"肯定心疼"则间接表明了她对于调解员的话语也是认可的。

📖 **例33**

调解员:听说你们的关系最近有点紧张?

老丈人:是啊,我总觉得他做事没有我想象中的那样好。

女婿:我也感到有一些隔阂,但我也不知道该怎么做。

调解员:我理解你们两位的感受,但总有解决困境的方法。老丈人,你认为女婿在哪些方面需要改进?

老丈人:他总是这样那样的做事,我觉得有些不得要领。

调解员:女婿,你能否举个例子说明一下?

女婿:我认为我做的大部分事情都是为了家庭幸福着想,但我也知道自己判断有时候会有点失误。

调解员:听起来你们都有些难以理解对方的行为。既然你们都想要改善关系,那么我们可以从沟通开始,尝试多倾听对方的想法和需求。

📖 **例34**

调解员:回(娘)家以后就没回来了?

妻子:对,从那天回去就没回来了,再也没回他(丈夫)家了。我也发信息给他（丈夫）了，我就跟他（丈夫）说，你永远永远都不要来叫我了。

例33和例34是两则表增进的相合立场案例。增进指听话人不仅同意说话人的观点，还在此基础上做了进一步的阐述、说明或补充。在例33中，针对翁婿二人的关系紧张问题，调解员请翁婿二人进一步的说明，翁婿二人在承接调解员的话轮之后，分别作了补充说明。如：老丈人认为女婿的行为方式"不得要领"，女婿则认为自己仅仅是"判断有时候失误"。在例34中，妻子在回应调解员的话轮中，不仅直接同意了调解员的提问，还补充了其他额外的信息，即不仅行动上不回夫家，还在口头上将这种意愿通知了丈夫。

📖 例35

老丈人：我的意见他总是不听，我觉得他不够懂事。

女婿：我也是为了你们好，可是你也不能一直干涉我们的生活，我觉得你的观点太死板了。

调解员：我明白你们的烦恼。但是我相信你们都是很聪明的人，只是有时候在观念和价值观上略有不同。……

例35是一则表推衍的相合立场案例。推衍，指的是听话人对说话人的话语做进一步的推理和衍变，并对话语中所蕴含的观点、评价和认识等表示相合的立场行为。在例35中，针对翁婿二人的话语表述，调解员先表示了肯定，即"我明白你们的烦恼"，在此基础上，他进行了进一步的推衍，认为两人的矛盾在于"观念和价值观上略有不同"。在此则案例中，调解员对翁婿二人话语的推衍体现了话语互动中的主题交互性，而连词"只是"则起到了推衍线索标记的作用。

（二）相异立场

相异立场指的是听话人表达与说话人先前话语相异的立场，没有顺应对方所投射的话语轨迹。从本研究收集的语料来看，交际三方在调解中的相异立场可细分为否定、挑战和搁置。相关例子如下：

 例 36

婆婆：她（和儿子吵架）就回来骂人。女儿就多说了一句话，我女儿就说算了哦，还去骂什么哦。

媳妇：***不是***这句话！***绝对不是***这句话！

例 37

老丈人：我就是觉得女婿不够孝顺，不尊重我和老婆。

女婿：我可是经常来看你们，帮你们做事，怎么说我不孝顺？

例 36 和例 37 是两则表否定的相异立场案例。否定，指的是听话人对说话人的某个观点、认识或提议表示不同意或不接受。在例 34 中，针对婆婆对当时情况的描述，媳妇情绪激动，两次使用了否定词"不是"来进行直接否定，其中第二次的否定词前面还带上了程度副词"绝对"，以表明她自己的相异立场。在例 35 中，面对老丈人的指责，女婿并没有直接反驳，而是通过摆事实加反问的方式表示了质疑，从而体现了他的相异立场。

例 38

老丈人：我怎么说呢，我觉得我一个人都不如女婿。

女婿：哪里哪里，您多有见识，多有经验呀。

例 38 是一则表挑战的相异立场案例。在此则语料中，女婿对老丈人的话语内容并不认可，但他并没有使用直接否定的方式，而是通过反讽的方式来表达相异立场。从女婿话语的字面意思来看，他是在称赞老丈人，但结合当时的语境以及女婿的语音语调，很明显，女婿的言外之意是对老丈人的讽刺。

📖 **例 39**

　　调解员：妈妈这里，张女士？

　　母亲：她说这些事情，根本就没有。

　　调解员：***我们暂且不说有没有***，你能不能感受到女儿她内心的那种难受？

　　母亲：她一点点小事，她就记在心里，我就没有考虑那么多，反正都是我的小孩。不是说前母后母的是吧？你一点点小事你就记恨、就耿耿于怀是吧。

　　例 39 是一则表搁置的相异立场案例。在调解过程中，有时可能会遇到一些敏感或争议性的话题，冲突当事人可能对这些话题持有强烈的情感或立场。在这种情况下，调解人可能会选择搁置话题，即将相关话题暂时搁置，不在当前阶段进行讨论。在例 37 中，后妈和女儿对于女儿的事实陈述存在一些分歧，但这些分歧都是生活中的细小事件且很难证明谁对谁错，因而调解员直接选择了搁置这个问题的讨论，通过引入了新的一个话题来推动调解的进行。

第三节　立场的互动分析

　　本节尝试借鉴互动语言学的主体间性理论和语用学的语用目的理论，建构一个涉老调解立场的综合性解释框架，据此分析冲突双方和调解者在人际冲突中的立场焦点确立、立场互动以及其背后的语用目的。

一、调解立场的设计框架

（一）理论基础：主体间性与语用目的

　　互动语言学视角下的立场研究将立场视为互动的产物，而且它所涉及的话语实践研究也是互动的偶然产物（Keisanen 2007）。因而，立场的表述与人际交往的互动关系相关，具有主体间性（Keisanen 2003）。立场中的主体间性就是建立在交际者对话轮和主体选择等的协商中。它包括参与者对交际中话轮结构的转换、话语序列的变化、交际者角色的调整、语法结构以及修辞方式等方面的互动性选择（Eaglebretson 2007）。在这样的互动性交往过程中，任何立场的确立和协商都不是依靠交际者个人的自我陈述完成，而是建立在与他人沟通的基础之上。一方面，交际中任何一方所构建和表述的立场总是基于前一话语互动中自身潜在或明示的立场。另一方面，交际一方的需求直接或间接影响着另一方的应对，交际双方彼此间总是根据对方需求来决定自己在立场表述中所选择的语言形式与策略。从这样的认识角度出发，涉老调解中的立场表达不再是冲突双方或调解者单方面的个人陈述或价值情感表达，而是发生在调解语境中所有交集参与者的主体间性活动。

同时，话语立场的表达也是人类交际过程中的言语行为之一。这种行为受到交际目的的驱使，是立场主体追求特定目的的结果（罗桂花 2019）。交际主体所施行的立场行为都受到了特定交际目的的驱动。这种目的与个人的形象建构、理性诉求或人际关系管理等方面密切相关。因而，立场建构的过程既是立场主体实现目的的过程，也是交际双方追求目的、目的互动的过程。同时，交际中的参与者也会根据彼此的社会交往关系来制定或调整相应的立场，随之发生变化的是立场的话语表征。目的导向下的立场分析将交际参与方的立场表达看做是一种目的性和策略性的行为，从语用目的角度为立场分析提供了一个可能的解释框架。

（二）分析框架

依据上述假设，研究者在 Du Bois（2007）"立场三角理论"的基础上建构了"目的导向的立场分析框架"。具体如图 5.2 所示。

如图 5.2 所示，目的导向的立场分析框架包含了交际参与者、立场动态互动、立场语言表征和立场语用目的等要素。第一，从交际的参与者来看，涉老调解的立场互动主要发生在冲突方 A、冲突方 B 和调解者之间。三方通过彼此间对其他方话语意图的推测与判定来动态调整自己的立场，从而开展选择性的对话。第二，涉老调解是一个主题关注极强的多方对话，调解

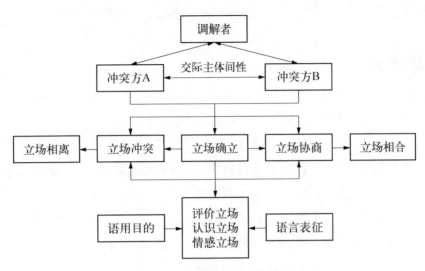

图 5.2　目的导向立场分析框架

者需要给予冲突双方充分的时间和机会来表达他们的观点,确立他们在某一议题上的真实立场。立场包含了四个维度,分别是评价立场、认识立场、情感立场和离合立场。评价立场、认识立场和情感立场的互动协商能产生两种取向,分别是立场相离和立场相合。第三,调解者需要根据冲突双方的立场差异性,努力找寻其中的共同点,通过立场协商的方式实现他们的立场相合。冲突双方也有可能因立场差异性过大而导致冲突加剧,走向立场相离。同时,立场是动态建构的,调解过程中的立场冲突和立场协商不是固定不变的,而是可以相互转换。第四,交际参与方表达立场的语言表征主要是词汇手段和语法手段。词汇手段有名词、动词、形容词和副词。语法手段有反问句、间接引用和强调句等。第五,交际参与者的立场表达背后存在着理据性,这种理据性与他们的交际目的相关。他们彼此间所持的目的以及彼此间的目的关系决定了话语立场的本质和根本走向,影响到立场建构的动态过程和调解目的的最终实现。

二、案例分析

本小节按自下而上的方法,以"金牌调解"中的一个调解片段为例,依据前文所建构的分析框架,对涉老调解中的立场建构开展综合分析。相关语料如下。

 例 40

话轮 1——调解员：在他们家人的印象当中，好像在你们出现问题之后，你们两个人大多数的做法，都是选择逃开，或者是不管。

话轮 2——李女士：我们好像没有什么机会去面对面交流。因为他妈妈每次找到我们，一种是把我家里门撬了，一种是到我妈妈家里，旁边去跟我所有的邻居，去说我们的二十条罪状。要么就是去请锁匠把我们家的门给撬了。从来没有说，他妈妈能够跟我们平心静气地交流一下这种状况。

话轮 3——调解员：你知道他妈妈为什么不接受你吗？

话轮 4——李女士：她觉得我是个坏女人嘛。然后把她的儿子给教唆坏了，挑拨她们母子关系吧。第一个，我觉得，实际上在我看来，这个问题是他妈妈和他儿子之间的问题。但是因为他妈妈不敢去正视这个问题，然后把所有的问题都推到我这个坏女人身上是最容易解决问题的一种方法。

话轮 5——调解员：嗯。

话轮 6——李女士：所有的责任都是我的，是我教唆她儿子。那么这样子她就不需要去面对她和她儿子之间真正存在的问题。

例 38 包含了两个相邻语对，共计 6 个话轮，其中话轮 1—2 为第一个相邻语对，话轮 3—6 位第二个相邻语对。有关上述 6 个话轮的立场表达及语言表征如表 5.3 所示。

表 5.3　话轮的立场分析及语言表征

	评价立场	情感立场	认识立场	离合立场	语用目的
话轮 1	否定：逃开；不管		转述：在他们家人的印象中		
话轮 2	否定：没有；从来没有	情感描述	转述：听邻居说 感官：亲眼看到	相离：否定	建构对方负面形象，唤起他人同情

续　表

	评价立场	情感立场	认识立场	离合立场	语用目的
话轮 3	中性				
话轮 4	否定：不敢；推		推断：坏女人；教唆儿子	相合：推衍；同意	塑造自身形象，转移矛盾焦点
话轮 5	肯定				

在话轮 1 中，调解员通过提问的方式和李女士确定了立场的主题，即有关她与邹老太的处理方式。这一话题也得到了李女士的认可，在随后的话轮中她进行了积极的配合。在话轮 1 中，调解员对这一立场主题的评价立场是否定的，她使用了两个带贬义的动词"逃开"和"不管"来描述李女士和邹先生的行为。同时，她又使用转述的方式来表达她的认识立场，即她的这一评价立场是通过邹先生家人的方式获知的。在话轮 2 中，李女士通过两个否定性表达"没有"和"从来没有"直接表达了否定的立场，即她不同意调解员有关他和邹先生的指控。在此基础上，她通过回忆的方式描述了邹老太过去的不良行为，并告知调解员这些信息都是通过邻居转述和自己亲眼看到的。虽然邹女士并没有使用直接的情绪性词汇，但从她的描述中可以体会到无奈和愤怒的情绪。通过相关话语表述，李女士建构了一个霸道蛮横的邹老太形象，成功唤起了听众对她的同情。整体上来看，李女士在这一个话轮中与调解员表现出了相离的立场，因为她并没有承接调解员的语义轨迹。

在李女士回应之后，调解员在话轮 3 中调整了她的评价立场，从否定转向了中性，并展开了进一步的提问。李女士则进一步表明了否定的评价立场，通过两个动词"不敢"和"推"表达了对邹老太的蔑视。同时，针对调解员的提问，李女士通过推断的方式来表达她的认识立场，即邹老太可能对她存在误解。通过相关话语表述，李女士塑造了自己是一个被人误解和伤害的形象，并将邹老太和她的矛盾转移到邹老太她们母子身上。整体上来看，邹女士在这一话轮中表现出与调解员相合的立场，她通过同意和推衍等方式积极顺应了调解员的疑问。此后，调解员彻底地转变了她的立场，使用了一个简单的同意标记语"嗯"表达了肯定的评价立场。

本 章 小 结

　　本章主要从互动语言学角度对涉老调解的立场进行分析。研究发现，立场本质是一种交互性的言语行为，它不是涉老调解活动单方面参与者的个人陈述或价值情感表达，而是发生在调解语境中受语用目的驱动的所有参与者的主体间性活动。同时，研究者借鉴 Du Bois（2007）"立场三角理论"，对调解员和冲突双方在调解实践中的立场表达的语言表征进行了详细分析。评价立场置于"肯定—否定"的连续语义尺度上，交际参与者通过名词、动词、形容词和副词等词汇性手段来实施评价立场。情感立场置于"积极—消极"的连续语义尺度上，交际参与者主要的情感立场表达主要有情感描述、情感表达和情感唤起三种。认识立场置于"可信—不可信"，交际参与者通过引证、转述、感官和推断等信息来源来表明他们的认识立场。离合立场置于"相合—想离"的连续语义尺度上，交际参与者通过同意、推进和推衍等方式表达相合立场，通过否定、挑战和搁置等方式表达相离立场。最后，本章节根据互动交际的主体间性和语言目的原则，从交际参与者、立场主题确定、立场动态建构、立场语言表征和立场理据性等角度建构了一个调解立场分析框架。相关研究结果表明，立场建构的过程既是交际主体实现立场诉求的结果，也是交际双方追求目的和目的互动的过程。

第六章　涉老调解中的信任管理研究

引　言

冲突是人际交往中不可避免的一部分。它作为一种对抗性、攻击性的言语行为，轻者会破坏彼此间的人际关系，伤害相互间的亲情友情；重者会转为刑事案件，成为影响社会稳定的不安定因素（唐飞 2011）。冲突双方在发生矛盾纠纷时，容易产生两种负面心理：一是愤怒，而愤怒往往导致冲突；二是委屈，由此产生一种世界对自己不公平的想法。这些负面情绪容易加深冲突双方的错误思想认识，陷入极端化的死胡同中（陈雯 2022）。从一定意义上来说，人民调解的本质就是一种心理调解。新乡贤调解员需掌握一定的心理学知识、方法和策略，在调解过程中洞察冲突双方的心理需求，促进双方在认知交流的情况下形成心理合意。信任作为一种重要的人际心理情感，既是人际合作的润滑剂，也是人际合作的情感基础（Barbalet 1996）。Deutsch（1958）认为，假如冲突双方没有相互信任的条件，他们就很难通过有效的沟通达成共识。调解中的信任指的是从调解开始到调解结束过程中的各种信任关系。回归到涉老冲突调解语境，新乡贤调解员的一个重要工作就是为冲突双方搭建一个信任的桥梁，既要建构起冲突双方对调解者和调解程序的信任，也要在冲突双方的不信任的基础上修复彼此之间的信任。本章节拟以信任管理为研究对象，探讨调解员在涉老冲突过程中的信任建构、信任修复和情感管理问题。

第一节　信任研究回顾

一、信任的基本概念

（一）信任的定义

信任作为重要的社会伦理概念和社会心理概念，直接关系到人际交往的得失成败。心理学家倾向于将信任看成是一种对情景刺激的反应，是一种人格因素。社会学家注重信任对社会秩序的作用，强调文化和制度对信任的影响，是一种对维持道德社会秩序的期望。经济学家则强调信任付出的"理性经济人"特点，将信任看成是人们为了规避风险、减少交易成本的一种理性计算。由于学界对于信念的关注焦点不同，针对其定义也存在多样性。整体来看，学界对于信任的定义主要有三种：

（1）作为信念、意愿和行为。这种观点将信任视为个体对对方及双方关系持有的积极信念，并基于此认为对方的行为将给自己带来积极结果（Whitener et al 1998）。它的另一种表现形式是对对方可信度（trustworthiness）的评估，即被信任方所具有的、影响其值得信任程度的特征。

（2）作为行动意向或意愿。这种观点认为当个体愿意基于对对方可信任行为的积极预期而行动时，真正的信任才存在。但是，信任意愿也不必然表现为信任行为，信任行为还受到外部情境因素的影响（Mayer et al 1995）。

（3）作为风险行为，如合作、公平、风险规避和利他等。这种观点将信任视为在两难情景中的选择行为（Mayer et al 1995）。该视角在信任测量的外显化、客观化方面有着独特优势，并且在理论和实证方面有着良好的研究基础。

上述三种视角的定义虽然在有关信任的核心特征上存在差异，但在信任的本质上都认可它是一种心理状态。在此基础上，Rousseau et al（1998）提出了一个综合性的信念定义，即"信念是一种心理状态，它给予对方行为意图的积极期望而愿意接受由此带来的风险。"在该定义中，信任包含两个关键要素：依赖和风险。依赖是指一方允许其命运被另一方的行动来决定，它基于对另一方可信度的积极期望或信心。风险是指如果另一方不可信，可能会给信任方带来消极结果，即失去某些重要的东西，使信任方处于脆弱状态。风险为信任提供机会、信任是在风险条件下愿意接受脆弱状态而决定依赖某方。概而言之，信任就是主体在依赖与风险的理性评估中所做的一种心理选择。

（二）信任的分类

学界针对信任的分类有两种观点，一种是基于交际主体和交际客体的互动，另一种则是基于语义的情感认知对立。第一种分类主要涉及五种信任类型：基于威胁的信任（简称威慑信任），指对对方行为的预期仅建立在外部惩罚或强制力的基础上；基于计算的信任（简称计算信任），指个体对信任可能给自己带来的成本和收益做严格分析后的结果；基于了解的信任（简称了解信任），指对对方能力、人品等方面的充分了解；基于关系的信任（简称关系信任），更强调随时间而提升的关系质量而非对对方具体行为的观察，更多基于过程证据而非特质证据；基于认同的信任（简称认同信任），源自对对方价值观和意愿的完全理解、同意和共情，以至于一方愿意被另一方代表其行动。第二种分类则是将信任分为基于认知的信任和基于情感的信任。前者强调个体对对方可信度和可依赖性的判断，后者更强调彼此之间的关心。

实际上，上述分类并不矛盾。认知信任与了解信任的本质内涵相同，都强调对对方特质的了解。基于情感的信任包括基于关系和认同的信任、都强调关系在人际信任中的重要性；基于威胁的信任由于不包含对对方意愿的积极预期、也不涉及风险，因此它展示的不信任；基于计算的信任暗含着对对方的怀疑，因此也可归属于不信任的范畴。据此，姚琦和马华维（2013）通过图示的方法将上述各信任类型之间的关系作了总结。具体如图6.1所示。

二、信任的研究取向

当前，学界对于信任的研究表现出多元主义取向，主要有个体理性主义和组织关系主义两个视角。本部分主要基于姚琦和马华维(2013)的前期文献回顾,将两者的主要观点进行综述。

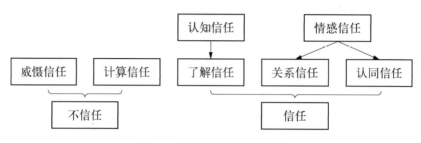

图 6.1　信任类型之间的关系

（一）个体理性主义取向

个体理性主义视角主要基于社会学、经济学和政治学的相关理论,将信任视为个体被驱动做出的理性选择,即将交易过程中的期望收益最大化、期望损失最小化。Hardin(1992)在此基础上、进一步引入个体对对方利益理解这一因素,提出互利信任的概念,认为一个理性的信任包含两个核心要素——个体对信任方的了解和被信任方的动机(即愿意实现此信任)。

个体理性选择视角重点关注信任的影响因素和发展模式研究。该视角认为,信任者对他人的一般看法(即信任倾向)以及被信任者可信度是影响信任的重要变量。Mayer et al(1995)认为,信任倾向是影响个体信任的较稳定的个体内在因素,信任者的信任倾向越高,它对被信任者的信任程度就越高。对于可信度的维度,Cumming & Bromiley(1996)提出了善意的努力、诚实、不过分利用他人这三个成分。Mayer et al(1995)则提出了能力、善心、诚实三维度划分。虽然研究者得出的具体维度或因子命名存在差异,但通常都包含能力和动机两部分。可见,理性选择视角下的信任研究虽然关注了信任者(信任倾向)和被信任(可信度)的特征,但两者是孤立的,并没有考虑双方的互动关系对信任的影响。

在信任的发展模型方面,理性选择视角的潜在假设是：信任发展几乎必然是序列的,信任关系双方的地位均衡且对互动的认识和期望相同。具体来说,该视角认为信任的发展模式呈现经典的 S 形曲线,信任双方的每一个积极行为都增加对方对其持续可信度的感知。最终，当双方达到高水平的信任并且信任增长的空间很小时，信任的发展速度放慢。Lewicki & Bunker(1995)提出的信任发展模型就将信任发展过程分为早期阶段、维持阶段和成熟阶段。

由上面分析可知，理性选择视角虽然从标准的、规范的角度澄清了个体应该如何做出信任决策，但并没有有效地描述人们如何实际做出这种决策。另外，它还忽略了情感和社会影响对信任决策的作用，最多是一种"社会化不足的"信任。

(二) 组织关系主义取向

作为对上述局限的回应，Thomas et al(2009)指出信任必须更系统地包括社会和关系基础，即信任不仅是对风险的一种计算导向，更是对他人和社会整体的一种社会导向。当前组织关系视角下的信任研究日益增多，信任研究正在经历从理性选择视角到组织关系视角的转变。相关研究表现出三个显著特点。

(1) 从双方关系中的信任转向三方和网络关系中的信任。关系视角下的信任研究最初关注的是双方(dyadic)的信任关系，并且是可区分的双方，即"存在一个有意义的因素将双方次序化"，如管理者和下属间的信任、企业和供应商间的信任(Kenny 2006)。例如 Wong et al(2006)使用管理者下属配对数据考察了信任与感知到的组织公平以及组织公民行为的关系。Yakovleva et al(2010)使用"行动者—同伴依赖"模型考察了工作场所中同事间信任的特点。此外，关系视角下的研究者越来越关注方(triad)甚至是多方(myriad)信任，其中第三方(the third party)对信任的影响是当前研究的热点。Burt & Knez(1996)认为，组织中的第三方会通过闲谈传播与信任相关信息，是组织中信任的重要渠道。但由于个体偏好传播与自己期望一致的信息，因此闲谈对信任判断的作用很复杂。比如一个人与潜在被信任方关系很近，第三方倾向于传播能够确认或加强这种关系的信息，进而增强信任方对此人可信度判断的确定性。Uzzi(1997)对纽约服饰行业的研究则表明，第三方在新关系中起重要的"协调者"作用，使个体将期望和机会从已经牢固的关系扩展到还没有足够了解或交往历史的关系中。Lau & Liden (2008)进一步研究了团队领导作为第三方的重要形式,结果发现在控制关系人口学特征和同事帮助行为的基础上,同事更倾向于信任团队正式领导信任的员工,相对不太信任领导不太信任的员工。还有些研究者关注关系网络作为一个整体对信任关系的影响。例如,Cassar & Riglon(2008)研究了在简化的网络情境中,网络结构、信息作用和信任水平的关系。Di Cagno & Sciubba(2010)通过博弈游戏模拟考察了网络形成对信任和可信度的影响。

此类研究关注信任的社会属性,将组织中的人际关系作为信任的前因变量,增强了学界对信任的前因变量和信任建构过程中互惠性依赖的了解。同时,此类研究的对象由个体到双方、再到三方和网络的转变也扩展了信任的分析水平,体现了信任的复杂性。

(2) 强调信任者的主动性。个体理性选择视角下的信任研究体现在关于信任者主动性和信任发展的研究中。此类研究关注的是促成信任者行为的因素(如被信任者的可信度),而不是信任者在实际社会情境中选择和使用信任形式时自己所起的作用。当前,越来越多的研究者在关注前因变量的同时,也注意到信任者主动性以及双方的交互作用。McKnight et al (1998)首先在信任影响因素中区分出“信任姿态”的概念,认为个体不管他人是否可信,会策略性地假设他们是好意的、可信的,以获得更好的人际结果。信任姿态在初始关系中会导致信任意向,且这种作用不受信任倾向的影响。Mizrachi et al(2007)提出了“信任库”(Trust Repertoires)理论,系统说明信任者如何根据政治环境的变化而应用不同形式的信任。该理论认为,信任是信任者文化库的一部分;信任者是有见识的行动者(agent),他们根据权力和政治情景的变化,选择、组合和应用不同形式的信任。通过应用不同形式的信任,信任者清晰地界定了他们的社会关系界限。另外,还有研究者考察了个体对社会关系的主动运用和关系的时间维度对组织中信任的影响,并发现了社会网络中过分镶嵌连带的潜在的消极影响。例如 Chao et al(2004)的研究发现,人力资源管理的关系实践(即基于个人关系做人力资源管理决策)对管理信任有着消极影响,感知到的程序公平在其中起中介作用。Poppo et al(2008)的研究则发现,当双方对继续交往的预期较低时,先前交往历史对信任有直接的消极影响。最新的研究成果则是 Murgnigan et al(2004)提出的"动机化归因模型"。该模型关注交际参与方的动机视角，认为交际双方对互动看法存在差异且可能受自我服务偏见驱动，其中依赖感是重要影响因素。信任方受动机的驱动会夸大被信任方的可信度并导致急剧信任行为，而非小尺度的低风险信任行为。急剧信任增加了被信任方互惠的可能性，并促进了信任的急速发展。当双方的信任感相似，并且是低到中等程度，或当信任已经形成时，信任发展呈现出与理性选择模型一致的趋势(S曲线)。动机化的归因模型回应了对增加信任发展理论研究的呼唤，并进一步明确和深化了归因过程在信任形成中的重要作用，在有关信任的研究中具有重要意义。

(3) 重视不同情境中的信任。随着信任研究视角由个体理性选择向关系的转变，研究者日益强调组织和文化情境在理解信任形成中的重要作用。首先，组织或任务结构影响组织中的信任。例如 Hill et al(2009)考察了在电子沟通中，组织情景和导人性会议沟通媒介对双方信任发展和合作行为的影响。其次，情景调节信任倾向——信任可信度——信任之间的关系。例如 Gill et al(2005)的研究发现，在强情景中(如有关可信度的信息很清晰)，信任倾向与信任的相关不显著，而在弱情景中(如有关可信度的信息很模糊时)，两者呈正相关。可信度的三个维度(能力、仁慈和正直)对信任的预测力依赖于关系阶段、情景、工作性质和工作方式等变量的调节。最后，信任的作用依赖于不同信任对象。Mayer & Gavin(2005)的研究表明，在组织中，个体会同时形成对多个权威的信任。同事信任对团队绩效没有影响，而对领导的信任能显著影响团队绩效；对直接上级的信任更多地影响与工作相关结果，对组织领导的信任与组织导向结果的相关性更强。

在本书中，研究者对于调解中的信任研究主要基于组织关系主义的取向，即将调解过程中的多方参与者纳入调解的机构组织关系和个体人际关系中进行综合性的考量。

三、信任与调解的关系

信任是人民调解的基础和前提，因为人民调解首先强调冲突双方当事人的自愿性。当冲突双方当事人自愿接受调解员的调解，就意味着双方彼此间建立了初步的互信，也建立起对调解员的初步信任。苗克奇（2013）曾对信任在诉讼调解中的功能做了系统性论述。相关论述对于人民调解同样具有启发意义。回归到人民调解的制度语境，信任与人民调解的关系主要体现在两个方面，分别是信任加快冲突调解的进程和提升社会信任度。

（1）信任加快冲突调解进程。一种纠纷解决途径是否有效的第一标准即是冲突解决的效果如何。人民调解的产生是为了应对现实纠纷所带来的社会矛盾激化，给予当事人以多元化的冲突解决途径。融入了信任因素的人民调解，各方都以信任为原则，坦诚以待，而信任能够促进交往主体间消除疑虑，增进交流和沟通，最终促进合作。同时，信任的一个重要的功能就是简化。面对司法调解和司法诉讼资源紧缺的困境，人民诉讼调解成为民事冲突的首选途径，冲突双方基于对人民调解员的相对信任，将极大地简化冲突解决程序，提高冲突解决效率。

（2）提升社会信任度。人民调解不同于其他纠纷解决途径，它强调在冲突双方合意的基础上进行协商，并达成调解协议。人民调解与法庭调解最大的不同是双方当事人为了解决纠纷会在权利方面互相妥协，它是在双方合意、达成高度一致的前提下解决纠纷。这个过程就是双方互相沟通，互相交流，修复并重新建立各方的互信关系。这种方式既解决了问题，又没有破坏双方的社会关系，有利于社会稳定和培育新的社会信任、提高整体信任度。就人民调解而言，比纠纷解决更为重要的是恢复人际关系的和谐，比清算过去的权利义务关系更为重要的是形成新的权利义务关系。

第二节　涉老调解的信任建构

正如上文所述，冲突调解中的三方信任会让冲突调解更容易、也更有效率。邬欣言（2022）指出，如果冲突中的一方信任另一方，那么会更愿意相信对方说的话，也更会认为对方的言行动机是出于善意，并且更倾向于相信能够找到性质有效的解决方案。在涉老调解过程中，调解员的信任建构涉及两部分内容,分别是初始信任的建构和过程信任的建构。

一、初始信任的建构

初始信任指人们在最初交往中,彼此愿意相信并且依靠对方的一种心理状态(McKnight et al. 1998)。在初次见面时,冲突双方就会形成对调解者的第一印象,这种第一印象会决定他们对调解者其后信息和行为的解读方向。因此,调解员在与冲突双方初次见面时就要注意树立自己的良好形象,构建三方彼此间的初始信任。从本研究收集的语料来看,调解员主要采用两种方法来加强彼此间的初始信任,分别是自我介绍和安全调解环境构建。

(一) 自我介绍

自我介绍是向他人展示自己的身份和背景的方式,通常包含姓名、职业、学历和职业等信息。通过自我介绍,调解员可以展示自己的背景、能力和自信等方面信息,从而为自己建立良好的第一印象。同时,自我介绍也是一种社交礼仪,调解员通过主动介绍自己,可以向他人传递友好和善意,展示自己的个人素养和礼貌。

在调解的具体实践中,调解者在与冲突双方进行会面时,除了介绍自己的名字和调解员的身份外,不太会介绍自己的专业背景和工作履历,因为过度地介绍自己的个人信息会招致冲突双方的反感。但在某些地区,调解员的所有背景资料和调解履历会被制作成调解员名录,供冲突双方参考和选择。应该说,这是一种十分好的处理方式。因为如果调解员是由当事人自己挑选出来的,会拥有更高的初始信任(邬欣言 2022)。

值得一提的是,调解员们除了用语言来进行自我介绍外,还会使用服装等模态资源来对自己进行包装。如下是一名农村基层调解员的访谈话语[①]:

"我不像他们(在当地从事多年调解工作的调解员),在本地已经有好的名声了,大家熟悉他们,也愿意相信他们。我比较年轻,刚来工作,也怕人家信不

[①]　转引自邬欣言.2022.社会心理学在调解中的运用[M].北京:中国人民大学出版社.

过我。所以每次去调解,去见当事人,不管是在哪里见面,我都穿着制服去。穿着制服,表明了我的身份,他们对我这个身份还是比较认的,会更愿意听我的。"

从本次收集的语料来看,服装这一道具也被广泛运用到调解员的自我介绍中。在"钱塘老娘舅"栏目中,调解员们通常都会穿着"钱塘老娘舅"栏目的招牌绿色服装,胸口有醒目的栏目标志。借助"钱塘老娘舅"栏目的良好声誉和高口碑,即便冲突双方对调解员不是很熟悉,他们也能对他建立起较高的信任预期。在"金牌调解"栏目中,有一名女性调解员则穿着法院的日常制服,表明她虽然在此担任志愿的人民调解员,但实际上她的职业是司法工作者。这一制服传递出的双重身份信息无疑大大增加了她参与调解工作的公信力。

(二)安全调解环境构建

在调解正式开始前,调解员为了获取冲突双方的信任,另一重要策略就是构建安全的调解环境。调解环境的构建需要注意两个原则:一是相对的私密性。虽然人民调解很少采取不公开的方式,但相对私密性的调解场所能够给冲突双方提供安全感,开放的地点容易招致外部人员的干扰,并促使双方更加强硬,双方会大幅度夸大他们原本想要呈献给对方的强者或弱者形象。同时,封闭场所有利于调解者加强对场面的控制感,促使双方面对面地正式化人际交往,强化冲突双方的积极个人态度;二是相对的中立性。调解员应该将调解的场所放在中立的地方,而不是任何一方的主场。这样的安排能够避免任何一方利用自己的主场获得战术优势,也能避免双方对调解的公正性产生怀疑。但是,假如冲突双方中的一方比较弱势,或者一方解决矛盾的意愿不是很强烈,调解员也可以选择去一方的主场,从而使调解工作更有成效。例 1 是一则调解员协调调解环境的案例。

例 1

调解员:那我们肯定是要坐下来讨论奶奶的赡养问题。

二儿媳:到村委会去。一起讲。

调解员：那么在这里也可以。放这里也可以哇。

二儿媳：到村委去好了。

调解员：啊？到村委去好了。

在此则案例中，针对 98 岁老奶奶的赡养问题，调解员在二儿子家了解情况后，提出将大儿子一家和小儿子一家一起叫过来在二儿子家商讨方案。但二儿媳因为心里的疙瘩没有解开，拒绝了调解员的这一提议，提出要去村委会进行调解。在此情况下，调解员简单的诧异后，顺应了二儿媳的请求。从研究者对收集到的语料进行分析后，村委会应该是一个调解农村家庭冲突的不错场地。其他的一些场地，比如街边、农村小店或冲突一方的家里，都会涉及较多的无关方，不仅影响冲突双方表达想法的意愿，也容易伤害冲突双方的个人面子。

二、过程信任的建构

根据信息加工观点，信任方作为信息处理者，信任信息处理的结果，个体所利用的信任信息基础在冲突的不同阶段可能是不同的（Festinger 1954）。同时，交往主体会对导致信任期待落空的因素进行"归因"分析，被信任方也会在充分认识修复过程复杂性的前提下修复受损的信任关系（Fichman 2003）。因此，信任是随着时间逐渐发展起来的。但当冲突双方对调解员的信任存在认知不协调时就会导致自身心理冲突，从而引起紧张不安，影响调解的最终效果。在此情况下，调解员也要注意调解过程中人际信任关系的建构，调用语言符号资源来协商信任关系。从本研究收集的语料来看，调解在调解过程中的信任建构主要通过归因分析、公正性立场的展现、权威身份的展现和事实澄清四种方式来实现。

（一）归因分析

在心理学中，归因（Attribution）是指人们对事件或行为产生原因的解释和归属的过程（Kabungaidze et al 2013）。归因理论关注人们是如何解释和理解自己和他人的行为，并将其归因于特定的因素。它对于理解人们的行为和情绪反应具有重要意义,因为人们的归因方式会影响他们对自己和他人的评价、态度和行为。从已有文献来看,人们主要有两种归因方式。内部归因将行为的原因归因于个体的内在特征、性格、动机或能力。当人们将某个行为归因于个人的内部因素时,他们认为这个行为是由于个人的意愿、努力、技能或个性特点所导致的。外部归因将行为的原因归因于外部环境、情境或其他外部因素。当人们将某个行为归因于外部因素时,他们认为这个行为是由于环境、他人的行为或情况所导致的。在涉老冲突过程中,冲突双方总是倾向于将矛盾的原因归于外因(即总是对方的错),此时调解员就要展开归因分析,引导冲突双方换个角度看问题。相关例子如下。

 例 2

母亲:她就是记人家的缺点,从来不记人家的优点。

调解员:妈妈,在这个现场,我没有听你说过这个女儿超过三句的好话、去肯定她的好话。说句真心话,如果我是你的女儿,我也会很心寒,我即便对她有诸多的不满,但是她身上的优点、她这些年遭过的罪、走过的弯路,也许是她的不懂事,但是她挺过来了,她没有去寻死觅活,这难道不是一个优点吗?我认为这也是一个优点。我真心觉得一个妈妈在现场,不管老师说什么,你都要说"那都是我女儿不好",她这样不好那样不好……好吧,那你觉得在这样的状态下,你的女儿对自己,对自己的优点,能有一个什么样的认知呢?

例 3

调解员:从这一点上,今天我更多地心疼李妈妈。你在完成主导地这次自我救赎的过程当中,在和自己曾经创伤告别的同时,你忽略了一点,其实对妈妈有点残忍。她在今天,全场一次次地被突然撕开一个伤疤,然后盖起来,然后又撕开。包括回忆你最亲爱的爸爸,也是她的老公的时候。我很心疼李妈妈,她不像你那么能表达。人在表达、在倾诉的时候就等于卸载自己的压力。而妈妈是无声的,她一直在说自己是个罪人、错了。我觉得看得我心里有点发慌。真的意识到自己错在哪儿了吗?其实未必。她其实只是觉得对不起女儿,这是她发自内心的真诚地认为。

　　小李:嗯。

　　例2和例3是两则调解员引导冲突当事人重新归因的案例。在例2中,母亲将母女冲突间的冲突归结为外因,即女儿的心胸狭隘,但调解员则对此进行了质疑。在这一个较长的话轮中,调解员通过自身感知、自身情感体验、客观事实陈述和反问等方式对母亲的话语进行了一一驳斥。通过重新归因的方式,调解员尝试改变母亲先前的认知方式,使母亲的认知和行为形成不一致,从而引导她多从自身的角度来思考当前冲突。在例3中,调解员针对小李将自己和母亲的决裂归结为母亲的原因进行了劝说,她通过述说母亲的艰难和无助来告诉小李,母亲其实也是受害者,从而引导小李去重新思考她的认知偏差。在这两则案例中,调解员的归因分析凸显了家庭中冲突事件的偶发性和可控性。不管是例2中母女两者间的冲突还是例3中母女因第三方引发的冲突,调解员的话语表述都表明两者都是在不稳定情况下由不可预测因素引发的偶然性冲突。同时,调解员的话语还表明这种偶然性冲突是可控的,只要冲突双方转变自身的思考方式,他们彼此间的信任就能够修复。

　　(二)公正性的立场展现

　　在家庭涉老冲突调解中,调解员不仅要给冲突双方留下热情和善意的印象,更重要的是体现公正和中立的一面。参与调解的冲突双方在心理上一般都会存在或多或少的疑虑,心理防卫意识也比较强烈,调解人任何的偏袒表现都会引发不可预计的后果。从本研究收集的语料来看,调解员的公正性立场表现主要体现在两方面,分别是话轮分配的公正性和冲突评价的公正性。具体见下面两则例子。

　　📖 **例4**

　　调解员:那么周奶奶怎么看,就是今天小张在面对他父母的时候,他表现出来的那个状态。

周奶奶：爸爸是非常爱孩子的，但是不知道怎么爱，而且说话是贬损的成分很重的，还有妈妈这边呢，胆小懦弱，特别缺乏沟通的能力。

调解员：父亲这边有什么想说的吗？

例5

调解员：这么一个不太会表达，但是又很细腻很敏感的女生来到你家，其实她很渴望在你爸爸妈妈那里得到尊重，在你家人那里都要尊重。作为恋爱，是要在你这得到尊重。作为婚姻，那么就是要在你家人那里得到尊重。这样的结合才是完整的。全世界就你能袒护她，宠她。这才是爱情本来的样子。因为爱情的前提是我了解你，并且认可你，所以别人说你很张扬，别人说你怎么样，没关系，我认可，我保护。你能做到这一点，你还要干什么呢？你自己心里也要想想。那么小林女士这里我要跟你说什么呢？从电话里啊，我觉得你婆婆一听就是心直口快的人。心直口快的人有一个优势，就是有什么说什么，不拐弯也不伪装，跟她怎么相处，你记住，入耳不入心。因为人家绝对不是冲着你来的，她都是冲着这些事情来的，她只要当初没有反对你，就说明她接纳你，认可你。

在例4中，调解员通过话轮分配的方式来体现他的公正性。在这一则调解案例中，调解员先将话轮给了周奶奶，请周奶奶来发表她的看法。在周奶奶表达了对爸爸和妈妈的不满意后，调解员又把话轮给了爸爸，请爸爸来为自己辩护，从而避免了调解中的偏听偏信。在例5中，调解员通过辩证性评价的方式来体现他的公正性。在这一则调解案例中，调解员先从小林的角度对她先生进行了批评，让他明白要多疼惜自己的妻子。随后，调解员又从婆婆的角度对小林进行了批评，让她调整与婆婆的处事方式，很多时候婆媳间的冲突都是因误解产生的。相比较法庭调解的非黑即白，辩证的开展冲突评价是人民调解的一大特色。从本研究收集的语料来看，调解员很多时候都是采用先扬后抑的方式来开展说理，因为这种方式一般都能得到冲突双方的认可。

　　值得一提的,在调解过程中,调解的公正性立场不仅体现在话语表现上,还体现在场地安排上。如下是一则农村调解员的访谈语料①。

　　"那时候我们条件比较差,不像现在有专门的调解室,就在我的办公室做调解。办公室也很简陋,就两把带靠背的办公椅,其他都是高矮不一的塑料凳子。有一次两个当事人来了,我就请先进来的那位当事人坐在我对面的那把办公椅上,我自己坐在另一把办公椅上,后面近来的当事人就剩下塑料凳子了。这个细节我当时没有注意,结果那天的会谈很不顺利,那个坐凳子的当事人好像抵触情绪很强,不怎么合作,也表现出对我不太信任。后来我自己反思,可能是和这个细节有关。"

　　这提醒我们,规范有序对于构建高信任倾向的调解环境是十分必要。这不仅体现了调解员专业的专业性,也表达了对冲突双方的充分尊重。

（三）权威身份的展现

　　作为一名富有经验的调解者,他需要善于对冲突双方的情绪和言语行为进行有效掌控。虽然调解员在调解过程中需要尽可能地心平气和,但针对个别有暴力倾向、胡搅蛮缠、有错不认和拒不听劝的当事人,调解员也不能听之任之。因为争议不仅不会使事情得到很好解决,反而会适得其反,助长本是理亏方当事人的嚣张气焰。针对冲突双方当事人在调解过程中的激动情绪和不当言语行为时,调解者要展现他的权威性来引导调解的进程朝着良性方向发展。从本研究收集的语料来看,调解者的权威身份主要体现在他在调解过程中的权力使用上,具体而言有话题管理、话轮分配、话轮打断和批评指责四种方式。相关例子如下。

 例6

　　婆婆：我是花了很大的力气,因为抑郁症这一类的号不好挂。她说她

---

　　①　转引自邬欣言.2022.社会心理学在调解中的运用[M].北京：中国人民大学出版社.

失眠我就到处问人。

调解员：好，先不说这个，首先先问一下，看了中医之后您也觉得只是小问题吗？

婆婆：没有她说的那么夸张。

 例7

调解员：而你生孩子的那一天，你丈夫还出门了，没管你？

王女士：当然这事他也不知道。

皮先生：这事实是这样子的，生小孩毕竟我们也是第一次。我是在我们那里那个工厂，电厂，就是很大的一个企业工作。

调解员：你觉得你妈妈是故意做这些吗？

皮先生：我不这样认为。

例8

女婿：不是，从一开始这个矛盾的焦点就不是我。

余妈妈：我女儿一切我都可以包容。……

调解员：你别说话，让女婿说。

例9

调解员：所以我总觉得做老人吧，应该添彩不添乱，应该是帮人家分担，但不要搞分裂，这是个最大原则，我觉得这小两口并没有向你们俩提出过分要求，只是他们的反应，让你们不开心，有一些反应也过激，但他们并没有像你们咄咄逼人地提这个要求那个要求，为什么，因为他们并不需要，他们需要的是什么，支持，理解，安静，为什么，因为他们面对的事情远远比你们坐在家里面的复杂。

例6是一则调解员通过话题管理来实现自己权威身份的案例。在此则案例中，针对媳妇的抑郁症毛病，婆婆努力表达她曾经做过的行为，但调解员则通过提问的方式,将访谈的主题转移到婆婆对媳妇抑郁症的心理态度上。通过这一话题的管理,可以很明显地发现婆婆存在言行不一致的地方。在例 7 中,调解员则通过话轮分配的方式来体现他的调解权力。在此则案例中,调解员本来是和王女士在进行沟通,他们两个的一问一答构成了一个完整的相邻语对。但是针对王女士的回应,王先生为了给自己辩解,插入了一个话轮。在此情况下,调解员转移了交谈对象,将话轮给了王先生。例 8 是一则调解员话轮打断的案例。在这一案例中,针对余妈妈喋喋不休的述说,调解员直接制止了他的话语,请女婿继续他的述说。例 9 是一则调解员批评指责的案例。一般而言,冲突双方彼此间的批评指责会导致冲突的进一步恶化,但调解员的批评指责在有时候反而能缓解紧张的氛围。在此则案例中,针对老人家咄咄逼人的话语,调解员毫不留情地对她进行了批评指责。从后续发展来看,调解员的这一行为取得了应有的效果,老人家虽然在内心还有点不大服气,但至少在言语上低调了很多。值得一提的是,调解员的批评指责也要注意分寸,尤其要注意有理有据,不然过分地指责可能会导致冲突不可收拾。

第三节 涉老调解的信任修复

信任修复指调解人帮助冲突双方当事人重建彼此之间受损的信任关系。随着调解活动的逐步展开,冲突双方根据已有经验以及对调解者和另一方行动的观察和理解,会主动地对调解的可信度进行评估,从而使彼此间的信任发展到一个新阶段。在调解中,修复信任是一个关键的任务,它可以帮助当事人重新建立起合作和理解的基础,促进问题的解决和可持续的和解。从本研究收集的语料来看,调解员在调解过程中主要是用调整谈话焦点、构建冲突解决共同体、坦诚交流和强制道歉等方式来修复冲突双方的信任。

一、调整谈话焦点

在调解过程中,调解者需要依照冲突的具体情况,合理地推进调解的进程。从宏观上来说,调解员需要围绕冲突的主要矛盾,抓住关键人物和关键事件有的放矢。从微观上来说,调解员需要合理地设置调解话题,在面临调解障碍时要迂回推进。如下是一则相关的案例。

例 10

调解员:小陈,你现在是觉得无论我说什么,父母都觉得就那样了,改变不了。是吗?

陈女士:我觉得他们就口口声声就是觉得我会离婚。

调解员:我能明白你的苦处,因为可能正是因为经历了那么多。所以现在,小陈,我前面提到了,你的状态其实也很不好。

陈女士:是很不好,因为我本来就是产后激素影响,本来就是一个,精神会很波动,然后他们还反复地外面的因素加给我。

在例 10 中,陈女士的谈话内容一直聚焦在她和父母亲的矛盾,认为因为父母亲会担心她离婚而给了她很大压力。鉴于这一话题过于沉重,调解员试图转移谈话的内容,将谈话焦点放置在小陈的精神状态上。通过这一话题转移,调解员的目的在于引导小陈去重新反思自身的问题,即她的压力可能不是仅仅来自于父母亲的压力,而是还可能与她产后的后遗症有关。假如陈女士在调解员的引导下,能够意识到这一问题,那么她对于父母亲的误会就可能会消除。

二、构建冲突解决共同体

在当今社会,人际关系错综复杂,单靠调解员单一的力量往往难以妥善解决各种纠纷。构建冲突解决共同体指的是调解员在调解过程中要动用多种力量来协助调解。一方面,调解员要依靠自身的能力和素养进行调解,另一方面,调解员还要借助当事人的亲友、邻居、当地有威望的人以及其他社会力量的支持和帮助。它的基本原理就是在社会伦理规范的前提下通过施加社会压力和道德压力来让冲突双方进行妥协。如下是一则相关案例。

例 11

调解员（朝向媳妇）：刚才你讲了很多的原因。什么原因呢？我听到现在，就是她公公婆婆，以前对她不好。她认为不好。

调解员（朝向儿子）：现在你的父亲，这种情况，你作为儿子，认为应该怎么做？老百姓讲公正话，我想听一听。像他们两夫妻，父亲在这种情况之下，不闻不问，不去看望，也不去过问，这种行为对不对？

围观群众：不对。

调解员：应不应该受到谴责？

围观群众：要受到谴责。

调解员（朝向媳妇）：大姐，你看看老百姓脸上，他们为什么这么气愤？他们对你们这种行为，太不像样了。

在此则案例中，小儿子对瘫痪在床的老父亲不闻不问，且在调解过程中一直保持沉默。调解员为了打破僵局，在陈述他们不孝顺行为的同时，发动围观群众进行评价，从而对小儿子夫妻造成了强大的心理攻势。在农村涉老调解中，调解员通过构建冲突解决共同体来修复冲突双方的信任是一个十分有效的方法。因为在传统的乡土社会中，社会秩序往往是通过社会伦理来维持的，个体在村落里所遭受的道德伦理谴责往往会牵连到家庭中的其他成员身上。在此情况下，不管是冲突的任何一方，都不大愿意让乡邻看到自己不孝顺或为老不尊的一面。

三、坦诚交流

冲突双方产生冲突的根本原因在于双方皆认为对方和自己存在利益上的冲突，并且对方不会考虑自己的利益（邬欣言 2022）。基于这样的一种不信任，冲突双方就会因为不愿意承担过高的风险而拒绝与对方合作。在涉老调解过程中，调解员需要对冲突双方的不信任进行管理，而促进双方坦诚交流就是对不信任进行管理的有效手段。从本研究收集的语料来看，调解员主要通过摆事实、讲道理和给建议的方式来管理冲突双方的不信任。相关例子如下。

 例 12

小周：这样没有办法，每个月分十天一次，给他六百块钱，就光吃饭。

调解员：严格控制。

小周：对，中间我们还采取过另外一个方法，我说你要钱可以，全部给你，我们也不扣，但是很简单，你不要用电话。

调解员：我懂你的意思，就是我们不是要控制你的钱，我们是要控制你不要被人骗。

小周：然后三天他自己就偷偷去买了个电话，结果是一样的，控制不住。身份证为什么要控制，他还办了一张银行卡。

调解员：你们担心什么？

小周：我们担心很简单，他在外面借账，身份证去抵押，去办信用卡，去办别的东西。

调解员：他有发生过这种在外面借钱。

小周：有啊，太多了，其实小时候我们蛮自豪的，因为他比较权威，他曾经总是跟我们说，穷要穷得有骨气，我们不会向别人去借钱，那现在发展到，向人家吃低保的邻居去借钱，跟亲戚朋友邻居都借了。

调解员：老先生您找邻居那些亲戚朋友借钱，是为什么呢？

老周：就是人生在世嘛，总不有紧张的时候，借也没借多少钱嘛。

调解员：我能不能这样理解，基本他们给你的钱，是可以维持没问题的，但是如果要涉及到保健品的话，就会出现不够的情况，是吗？

老周：嗯。

例 12 是一则调解员通过摆事实来修复冲突双方信任的方式。在此则案例中，老周指责儿子小周干涉他的生活，不给他自由，调解员则通过提问的方式将事实的真相一步一步呈现出来。通过儿子小周的回答，可以很明显发现，儿子限制父亲的金钱支出是有着充分的理据，且儿子也为父亲提供了日常生活所需足够的金钱。调解员通过这一种摆事实的方式让老周意识到，他原本的认识是存在一些偏差的，老周在最后一个话轮中也对调解员所呈现的事实表现了认可。

📖 **例 13**

> 调解员：其实我们今天讨论的一个重要的话题，就是孩子尽孝的方式。当你们要接管这老人家财产的时候，应该是在他丧失民事行为能力的时候，你们才有这样的权利。当他神志清醒的时候，没有征求他的同意，你们不可以这样做，至少法律是不支持的。因为怕老人家被骗，所以我帮你看着。那么按照这样的逻辑，是不是老人家也不要出门了。因为一出门，就可能会有交通事故的发生。所以说我们用一种方式，用一种不恰当的方式来保护他，得出的结论是错误的。虽然你保护了他的财产，可是不好意思，老人家在晚年过得不开心，事与愿违。

例 13 是一则调解员通过讲道理的方式来修复冲突双方信任的案例。在此则案例中，子女和母亲就父亲遗留的财产发生了矛盾冲突。针对子女的错误认识，调解员从法律角度进行了详细解释。同时，调解员还使用打比方的方式让子女更好地理解自己的话语含义。通过这样一种话语方式，子女们都认识到在现阶段向老人索取财产是没有任何法律依据的，他们之间的冲突也自然消弭了。

📖 **例 14**

> 调解员：第二个呢，就是老人家您购买保健品，那么他到底是保健品推销，还是以交易的方式来进行诈骗，怎么样来判断呢，包括电视机前的老年朋友们，第一个，从它的定价，这个物品定价是否符合市场规则，是否远远高于市场价格，第二个标准，出售或者推销保健品的机构是否有经营权力，是否有生产保健品的批文批号，那么你所提到的老年人协会，它是没有这样的资质的，他是不可以进行推销的，所以电视机前的老年朋友，凡是那样的协

会这样的协会做推销,都是违法的,因为协会是一个民间组织,他不是企业不是公司,它没有经营生产推销保健品的资质。

例 14 是一则调解员通过提建议方式来修复冲突双方信任的案例。在此则案例中,老周因为没有充分的知识来识别那些过度包装、专门消费老年人的保健品,所以他在面临儿子的指责时表现出一种愤怒的情绪。针对此一情况,调解员给出了若干条建议帮助老周来分辨保健品推销和保健品诈骗之间的区别。假如老周能在调解员的帮助下,学会理性地思考和分辨,就不会再花费大量金钱在那些保健品上,那么他和儿子之间的不信任自然也就不复存在。

四、道歉

对于调解而言,让冲突中有过错的一方主动承担责任和进行行动补偿是修复彼此信任的一个重要手段,也就是所谓的道歉。道歉之所以能够在冲突中修复信任主要有两方面原因。一方面是因为它能让受害者重新获得敬意与尊严,另一方面也让受害者有机会表达因对方冒犯而遭受的痛苦及其他感受。Polin et al.(2012)的研究表明,当新人违背者能够及时、真诚和完整地道歉时,双方的信任就更有可能获得修复。相关例子如下。

📖 **例 15**

调解员:比如说,我给您示范一下,你可以和儿子说我错了,好吧,儿子,这个事就过去了,不要再提了。我怎么知道当时会伤害你,我也是没有办法,你还要说我能怎么样呢?

母亲:说过。

调解员:我告诉你,这种道歉于儿子而言依然是一种指责,你在指责他不懂事,不乖巧不退让,我都已经道歉了,你还要怎样?所以正确的道歉方式应该是李女士我给你示范一下,你可以用眼睛真诚地望着儿子告诉他,孩子妈妈真的错了,请你原谅妈妈。

在例 15 中,调解员通过前期的访谈已经基本确认了事实的真相,即这是一则因母亲过渡干涉成年儿子感情生活而造成的家庭冲突。在调解的最后阶段,调解员恳请母亲向儿子道歉,并告诉母亲如何才是真诚地道歉。在此则案例中,如果母亲按照调解员所说的,真诚地实施道歉这一行为,那么这一场调解无疑会划上一个完美的句号。

值得一提的是,根据拉扎尔(2017)的研究,完整的道歉应该包含四个成分:承认错误;提出解释;表示愧疚和自责;做出补偿和承诺。但从本研究收集的语料来看,冲突一方的道歉往往只涉及第一个部分,即承认错误,很少涉及其余三个部分。因而,涉老调解中的道歉往往都有点言不由衷,对于彼此人际修复的作用并不是很大。它更多是一种象征性的,是在调解员的干涉下给冲突双方一个台阶而已。

第四节　涉老调解的情感信任管理

随着冲突双方彼此之间信任的逐渐修复,他们在交往与合作过程中也会产生更多的情绪体验。如果他们在调解员的调解下能建立起了良好的信任关系,那么人际信任在理性的认知信任的基础上会逐渐加入感性的情感信任成分,逐渐发展出情感信任。在家庭人际冲突中,情感传递着个体对彼此的界定,而这种界定会引发信任并影响到冲突的进程。积极的情感使冲突双方体验到信任的联结,使个体相信在任何情境或者变化的情况下,信任都会是存在的,这也是双方形成终结冲突时最为关注的。从本研究收集的语料来看,调解员的情感信任管理主要有积极情感唤起和换位思考两种方式。

一、积极情感的唤起

Pondy(1967)认为,认识到的冲突和感受到的冲突是冲突发生过程的两个不同阶段。虽然冲突一方已经意识到他与另一方存在某些分歧,但并不会感到紧张或焦虑。只有当另一方给他带来了威胁感,令他感到不舒服时,行为上的冲突才会发生。因而,情感上的改变也是冲突过程的一个阶段。已有研究表明,相同的价值观、目标和群体同一性是情感信任形成的基础(王律中 2001)。如果冲突双方能有机会一起分享个人的价值观、感知、动机和目标的话,他们彼此间的情感信任感就会提升。同时,情绪也不是自发的,一般都是由刺激引起的。在涉老调解过程中,调解员首要做的就是唤起冲突双方的积极情感。具体见如下的例子。

例 16

调解员:其实我很感谢二位,二位也打开了我的一个心结。我的父亲比你的妈妈可能有过之而无不及。到目前为止,我这么大年纪,四十多岁的人。我印象当中,从来没有一次,听我父亲跟我说一句"儿子啊"。没有过,我的父亲从来没有表扬过我一句。但是今天我忽然发现,我理解了我的父亲,我完成了我的一次自我救赎。我觉得我感谢他,正因为他从来没有满足过、从来没有表扬过。所以,我想小李也有这种感觉,我们真的要一直奔跑,我们要一直努力,可能最后我们真正要的不是妈妈认错,是妈妈的一句肯定。但是事实上我觉得不需要了,因为你早已超越了她对你的肯定。

小李,我会的。

例 17

调解员:老周先生,您跟其他的老人心理特点是有差异的,第一,你刷存在感。第二,你刷权威感。你在这个现场说,我都当过兵的人,我还受这个气啊。有军德的人才有军威,老人也是一样的,我们即使不为儿女着想,我们应该为自己的安康着想,这也叫军德。那么周老先生,如果您刷存在感,您可以在社区做义工,如果您刷权威性,您可以去上一个老年大学,您可以重新学一个绘画,让您的儿女都信仰你,觉得自己的老爸有正事儿,有才情,懂得怎么样真正像一个军人、那样去生活。您把所有的钱都败掉,没有关系,但是保健品如果是不良的产品,会导致您身体各种问题的发生,这才是我跟你的儿女最担心的。

在例 17 中,调解员通过自身的经历唤起当事人小李的积极情感,让他明白妈妈虽然没有肯定他或者也没有和他道歉,但妈妈一直是关心他、爱他的。在此情境下,小李对母亲的不满逐渐消失,取而代之的是对妈妈的爱。在例 17 中,调解员利用老人引以为豪的军人身份为切入点,赋予了存在感和权威感以新的内涵,激发了老人的自尊心。同时,调解员又以不良产品和身体健康为切入点,表达了儿女对他的担心,激发了老人的内疚感。值得一提的是,调解员在涉老冲突中的积极情感唤起时,往往是将情感与价值观相关联。例如例 16 中,调解员凸显的是母爱,例 17 中,调解员凸显的是军德。因而,对于成年人的调解来说,积极情感的唤起并不等于煽情,是要去挖掘情感背后的价值观来促进信任的产生。

二、换位思考

在冲突过程中,站在不同立场的人,即使看待同一事物的内心感受也是不同的。在当今社会,冲突双方当事人往往都是第一时间从自身利益出发,忽视对方的利益以及对于人与人之间关系的维护。调解中的换位思考就是指在看待问题的时候,把自己想象成对方,去体会对方的心情和感受,以便更好地体谅对方。换位思考包含两个方面:一是调解员要引导冲突双方之间换位思考,去体会对方的难处和不得已;二是调解员要把自己置身于冲突双方的角度去思考问题,加强对冲突的切身体会。相关例子如下。

📖 例 18

丈夫:我在看到遗嘱以后很失望。

调解员:刚才您说您对您的前妻非常的失望,我却想说如果您的前妻看到您现在的状况,她会对您更加的失望。她知道自己将不久于人世的时候,她的内心最牵挂不下的是她的母亲,她的孩子,为什么不是您呢? 因为她心里很清楚就算她将不久于人世,您依旧有这样的能力把您自己照顾得很好,但她的母亲没有,她未成年的儿子没有。她只有用自己仅有的那么一丁点经济方面的能力,来试图给他们一个屏障。因为她担心,这个担心不一定是对你们过去情分的一种抹杀,这个担心更多的是对于人性的一种不确定。而事实证明,她的担心并不多余。所以这个母亲她剩下的只有你眼里看起来在床头藏一点锅盖,藏一点锅铲的莫名其妙的嚣张,甚至拿洗脚水去泼你现任妻子的无礼。这个老妈妈剩下的只有这一点了,她没有女儿保护她,所以她得保护她自己,就这么简单。

例18是一则调解员引导冲突双方换位思考的案例。此案例是一则因妻子去世以后,女婿与丈母娘的矛盾纠纷。在此则案例中,针对丈夫对前妻和丈母娘的指责,调解员从前妻的角度开展了说理。她通过引导丈夫去思考前妻在临死前的心理活动,让丈夫明白前妻为什么会制定这样的遗嘱,从而让丈夫能够对她的丈母娘能够有更大的包容。

例19

调解员:如今他老了,年纪大了,身体差了,精神也空虚了,感情也脆弱了。到现在他为了自己的身体,他把老底又给骗光了,现在他只有工资卡。如果这个工资卡被别人管着了,虽然不会少他的吃喝,还会给他生活费啊,这个都不受影响,虽然孩子们都是在为他好,但是他对你们的这种管是不舒服的。他虽然年近八十,但是我认为他思维敏捷,精神正常,他属于生活还可以自理,他不应当受到限制。

小周:确实是。但是现在我们管到他的工资卡,我觉得几位老师可能理解错了意思,我们不是为了他的钱,我们也不是为了限制他的自由。我们是担心他没有饭吃,我们去陪伴他,他是不需要,他认为我们干涉了他。

调解员:不可否认的是,老年人随着自己年龄的加大,有很多老年人跟不上这个飞速发展的时代,尤其是跟不上骗子飞快的脚步,老年人确实缺乏识别的眼光。他们跟你们开各种的会,用小恩小惠给你们发礼物,开会洗脑,完了你们就乐此不疲地屁颠屁颠地把钱交给他,买大量的吃了也没事的,一些所谓的保健品买回家来。如果说这些保健品都是好东西的话,为什么商店里没有,为什么要邮寄给你。当你觉得吃了它并没有什么用处的时候,你投诉都无门,面对着保健品,我劝老先生捂紧你的钱包。

例 19 是一则调解员综合运用两种换位思考的案例。在这一对话中,共有三个话轮,分别是调解员两个话轮和儿子小周一个话轮。调解员在第一个话轮中是引导儿子小周去思考父亲老周的生活现状,从而让他能够对父亲的行为有更多的包容。在儿子小周的第二个话轮中,他针对调解员的话语展开了反驳,认为调解员误会了他们的初衷。调解员则在第三个话轮中对儿子小周的话语表达了认可,在此情况下,他从儿子小周的立场出发,又对父亲老周进行了说理。随着冲突的进一步调解和事实真相的进一步澄清,调解员的这一种立场转换在调解中是比较常见的。

本 章 小 结

本章主要从社会心理角度对涉老调解过程中的信任管理开展研究。研究发现,家庭涉老冲突中的信任关系建构是一个动态过程,调解者需要调用语言符号资源来协商冲突双方的信任关系。涉老调解中的信任管理涉及信任建构、信任修复和情感管理三方面内容。信任建构包含初始信任建构和过程信任建构两个部分。在初始信任建构过程中,调解员主要采用自我介绍和安全调解环境构建两种方法来加强三方的初始信任。调解员在进行自我介绍时,除了使用语言资源外,还需使用服装等模态资源来对自己进行包装。安全调解环境的构建则需要贯彻相对私密性和相对公平性两个原则。在过程信任的建构过程中,调解员主要使用归因分析、公正性立场的展现、权威身份的展现和事实澄清四种策略。信任修复包含调整谈话焦点、构建冲突解决共同体、坦诚交流和强制道歉四个部分。调解员在面临调解障碍时,会合理设置调解话题,迂回推进调解进程。同时,调解员会在社会伦理规范的前提下通过施加社会压力和道德压力来让冲突双方进行妥协。坦诚交流涉及三种调解策略,分别是摆事实、讲道理和给建议。强制道歉则是调解员让冲突中有过错的一方主动承担责任和进行行动补偿来修复彼此间信任。但从话语分析来看,涉老冲突中的强制道歉更多是一种象征性的,对于彼此间信任修复的作用并不是很大。情感信任管理包含积极情感唤起和换位思考两个部分。调解员一方面通过挖掘冲突双方情感背后的价值观来促进情感信任的产生,另一方面又通过引导冲突双方换位思考或自己主动代入冲突来识别冲突中的情感障碍。研究结果表明,信任既是冲突双方的心理情感基础,也是有效开展调解的前提,调解中的信任管理和调解进程的有效推进是一个统一的过程。

第七章 结 论

调解作为一种古老的冲突解决方式,在纠纷解决和社会治理中正承担着越来越重要的地位和作用。农村家庭的发展转型主要体现为家庭再生产模式的转型,家庭结构、家庭关系、家庭伦理和家庭权力等要素的变迁加剧了家庭内部矛盾,形成了老年家庭危机的生活逻辑和生活处境(李永萍2018)。家庭代际冲突对和谐的家庭关系及社会关系构建具有一定的风险,第三方介入的新乡贤调解可以扬其长避其短,在尊重冲突双方相对隐私性的前提下,使代际成员间相互尊重、相互理解,实现代际关系良性发展。受欧美等国不断高涨的 ADR(替代性纠纷解决机制)运动影响,西方的调解话语研究主要从法学和社会学角度对执法和司法等机构语境中的调解制度进行研究。伴随话语分析、语用学和社会语言学等学科兴起,学界开始从语言学角度开展研究。学界普遍意识到,调解活动本质上就是对语言的调解,研究调解语言就是对调解实践最直接和最有效的研究(Shailor 1994)。本书主要从语言学角度切入,以农村家庭涉老冲突中的调解话语为研究对象,探究新乡贤调解员的话语使用规律和语用理据,以期对乡村文化振兴中和谐家庭语言生活的建设有所启示。

第一节 研 究 发 现

本书对于新乡贤参与家庭涉老冲突调解话语的研究主要从三个方面展开,分别是: ① 涉老调解话语的理论建构;② 涉老调解话语的使用规律;

③ 涉老调解话语的语用理据。基于研究发现,总结如下:

一、涉老调解话语的理论建构

　　农村的家庭涉老冲突作为社会建构的产物,既是特定家庭文化中不同代际间彼此互动和协商的结果,也是农村老年人通过自我价值诉求实现家庭再生产中伦理延续的过程。本部分主要从机构话语角度切入,从话语属性、交际原则、话语特征和社会文化语境四个方面展开讨论,以求揭示涉老调解的宏观话语性质。涉老调解话语是由新乡贤调解员所发起的,与涉老调解内容相关的各种语类话语,是一个包含各种类型的话语集合。它以人口老龄化进程中的社会问题关切为导向,关注调解交际互动过程中因社会制度、机构语境和话语资源等因素而在语言生活中处于弱势的老年人群体。涉老调解的话语属性主要体现在五个方面,分别是作为社会互动的话语、作为社会交流的话语、作为复杂结构的话语、作为权力和宰制的话语和作为传播的机构性话语。在交际原则方面,涉老调解需要遵循自愿原则、平等原则、诚信原则和中立原则。在话语使用方面,涉老调解需要体现真实性、互动性、逻辑性和规范性。同时,涉老调解话语需要遵循特定的社会规范和法律准则。在制度语境下,涉老调解的话语理念表现出利益共同体、动态利益观、综合性和向前看四种取向。在机构语境下,涉老调解的话语呈现方式内嵌于电视交流传统,在叙事主体、叙事手法、纪实手法和剪辑手法等方面会受到媒介技术影响。在家庭语境下,涉老调解的话语实践既要基于老年人当前家庭生活的基本现实,也要肯定他们实现个体生命价值和生命意义的基本需求。

二、涉老调解话语的使用规律

　　家庭中的涉老冲突话语除了具备一般人际话语冲突的普遍属性外,其话语冲突的对立性和不相容性会更加明显。同时,调解作为一种现场即席的实时互动,赋予了调解员和冲突双方话语交际的交互性本质。针对调解话语的使用规律,本书主要从会话分析和调解策略两个方面开展研究。

　　涉老调解话语是由一系列语段构成的语言整体,是呈会话结构形式的机构话语。研究发现,农村社会的涉老调解主要聚焦于基层治理的法治文化、社会和谐的邻里文化、修齐治平的家庭文化和以人为本的民生文化四个方面。调解话语事件由调解导入、矛盾陈述、调解协商和调解总结四个交往阶段组成。调解导入阶段一般由三个系列组成,分别是调解背景介绍、调解参与者介绍以及调解话题导入。矛盾陈述和调解协商则是调解话语事件的主体过程阶段,主要由主持人或调解员控制话语的进程。调解的终结阶段一般由两个系列组成,分别是调解结果确认和调解内容评价。在具体调解过程中,调解员通过相邻语对和话轮转换等方式引导冲突双方和调解员共同参与到调解实践中。在涉老调解的相邻语对上,其形式结构主要是毗邻单部式和毗邻多部式两种,其语义内容主要集中在由建议、指责和陈述所引发的三个大类中。涉老调解的话轮特点主要有四点,分别是:话轮的大小长短受调解阶段影响、话轮分配主要由调解员主导、话轮分配不是事先规定和冲突双方存在较多话轮重叠。同时,涉老调解的话轮基本模式为"A—B—A—B—A—B",话轮转换的方式有争取话轮、保持话轮和放弃话轮三种。调解员主要以提问的方式放弃话轮,冲突双方则以维持话轮的方式对调解员进行回应。调解员和冲突双方在三方交际中也会发生争夺话轮现象,争夺的方式主要有插入和打断两种。

　　调解策略的本质是调解员综合运用各种资源,促使冲突双方友好协商,达成一致。研究结果表明,调解者使用的语言策略主要有提升权势、语用移情、语用缓和和回避四大类别。其中提升权势策略可细分为极致表达、打断、嘲讽、批评教育、反问和普法六个小类,语用移情策略可细分为情感共鸣、情感疏导和情感引导三个小类,语用缓和策略可细分为使用礼貌语言、使用肯定语言、使用模糊语言和使用委婉语言三个小类,回避可细分为使用冗余信息和转移话题两个小类。从手势层面来看,调解员主要使用了四类手势,分别是符号性手势语、说明性手势语、表露性手势语和适应性手势语。符号性手势语主要有表达概念、辅助语言交流和增加交际互动三个功能。说明性手势主要有描述事物、描述方向、描述数量和比较形状四个功能。表露性手势语主要有表达个人情感、加强语言表达和增加交际亲和力三个功能。适应性手势则是调解员出于生理或心理需要而做出一种无意识行为,与调解活动并不直接相关。从语言和手势的关系来看，调解活动中的手势与语言存在着重复、凸显、强调、补充和话语连贯等关系。最后，研究者将调解员的语言和手势进行整合分析，从框定、选择、配置和前景化等角度建构了基于多模态的调解策略分析框架。

三、涉老调解话语的语用理据

随着语言学人文主义倾向研究的复苏，对话语主观性和主观意义的研究逐渐取代对客观命题意义的研究。话语作为社会结构和社会发展的重要表征，主要通过语言的中介作用反映交际者的文化认同和意识形态。针对调解话语的语用理据，本书主要从立场表达和信任管理两个角度开展研究。

调解的话语性质和人际互动特点为调解者表现其主观立场提供了可能，冲突双方为了维护各自权益，有表达自己话语立场的主观诉求。研究者借鉴 Du Bois（2007）"立场三角理论"，对调解员和冲突双方在调解实践中的立场表达的语言表征进行了详细分析。评价立场置于"肯定—否定"的连续语义尺度上，交际参与者通过名词、动词、形容词和副词等词汇性手段来实施评价立场。情感立场置于"积极—消极"的连续语义尺度上，交际参与者主要的情感立场表达主要有情感描述、情感表达和情感唤起三种。认识立场置于"可信—不可信"，交际参与者通过引证、转述、感官和推断等信息来源来表明他们的认识立场。离合立场置于"相合—相离"的连续语义尺度上，交际参与者通过同意、推进和推衍等方式表达相合立场，通过否定、挑战和搁置等方式表达相异立场。最后，本章节整合了互动交际的主体间性和语言目的原则，从交际参与者、立场主题确定、立场动态建构、立场语言表征和立场理据性等角度建构了一个调解立场分析框架。

信任作为一种重要的人际心理情感，既是人际合作的润滑剂，也是人际合作的情感基础。新乡贤参与的家庭涉老冲突调解究其实质就是一种家庭成员间人际信任的修复。研究发现，涉老调解中的信任管理涉及信任建构、信任修复和情感管理三方面内容。信任建构包含初始信任建构和过程信任建构两个部分。在初始信任建构过程中，调解员主要采用自我介绍和安全调解环境构建两种方法来加强三方彼此间的初始信任。调解员在进行自我介绍时,除了使用语言资源外,还会使用服装等模态资源来对自己进行包装。安全调解环境的构建则需要贯彻相对私密和相对公平两个原则。在信任的建构过程中,调解员主要使用归因分析、公正性立场的展现、权威身份的展现和事实澄清四种策略。信任修复包含调整谈话焦点、构建共同体解决冲突、坦诚交流和强制道歉四个部分。调解员在面临调解障碍时,会合理设置调解话题,迂回推进调解进程。同时,调解员会在社会伦理规范的前提下通过施加社会压力和道德压力来让冲突双方进行妥协。坦诚交流涉及三种调解策略,分别是摆事实、讲道理和给建议。强制道歉则是调解员让冲突中有过错的一方主动承担责任和进行行动补偿来修复彼此间信任。但从话语分析来看,涉老冲突中的强制道歉更多是一种象征性的,对于彼此间信任修复的作用并不是很大。情感信任管理包含积极情感唤起和换位思考两个部分。调解员一方面通过挖掘冲突双方情感背后的价值观来促进情感信任的产生,另一方面又通过引导冲突双方换位思考或自己主动代入冲突来识别冲突中的情感障碍。

第二节　研　究　贡　献

作为一个探索性的研究,本书的贡献主要体现在如下几个方面:

一是系统勾勒了新乡贤在农村家庭涉老冲突活动中调解话语的基本面貌。本研究建立了以 96 场现场调解录像为基础的调解话语语料库,转写了将近 100 万的文字语料,从真实、自然和现场即席的语料中归纳了新乡贤调解员的语言使用特点。本研究不仅从词汇、语法、会话结构等语言层面详细描写了调解话语的语言形式,还从语用角度对新乡贤调解员的立场表达和信任管理开展了综合分析,探讨了家庭涉老冲突调解的话语本质和语用理据。相关研究展现了新乡贤调解话语的基本面貌,也与当前调解话语的语言学转向相一致,可为后续调解话语的进一步研究提供素材。

二是拓展了现有调解话语的研究领域。现有调解研究主要集中在司法冲突、劳资纠纷和医患冲突等机构化语境,对家庭等日常情境下的非司法调解关注不够,也鲜有将老年人作为冲突行为的主体。从本研究结果来看,新乡贤参与的家庭涉老调解活动具有不同于法庭调解和行政调解的话语特征。新乡贤调解员表现出更多的主观能动性,在情理法的综合运用上会更偏向于情,也更注重对老年人社会权益的维护。通过将人民调解实践与农村家庭涉老冲突语境相结合,本书的研究结论不仅从分类调解角度提供了新的研究视角,也有助于我们更加准确地认识新乡贤主导的调解语言,加深对新乡贤调解员管理家庭人际关系、促进家庭人际和谐的认识。

三是为新乡贤调解员调解路径的优化提供启示。新乡贤调解员作为一种相对新兴的社会现象,在激发乡村正能量、维护乡村稳定等方面起到了重要作用。但不可否认的是,当前的新乡贤调解员队伍也存在法律法规意识不足、乡村矛盾认识不够和调解能力有待提升等问题。本研究结果表明,从语言学角度来提升新乡贤调解员的调解能力是一个十分合适的切入点。各级主管部门需要加强对新乡贤调解员的语言业务培训,要通过专家指导和现场观摩等方式加强他们的语言表达能力、语言应用意识和法律法规意识。同时,新乡贤调解员也要主动参与经验分享座谈和撰写调解档案笔记,反思调解过程中的目的、角色、诉求和权力等语境因素,形成自身有力和高效的话语风格。

第三节　研究未尽事宜

基于研究者的能力以及对国内外最新研究动态的把握等一些客观原因,本书也尚存若干未尽事宜。具体如下。

一是研究视角。调解话语研究作为一个跨学科研究,涉及到法学、社会学、语言学和心理学等学科,本书主要是从语言学角度切入,未来可以进一步拓宽研究视角,在语言学的基础上整合其他学科的研究发现,推动涉老调解话语的综合研究。

二是研究内容。基于自建的语料库,本书对涉老调解话语的研究主要聚焦在词汇、句法和会话等语言层面,对韵律、手势和空间等层面的模态资源关注不够。鉴于老年人语言蚀失的现状,韵律和手势等模态资源在信息传递和人际关系管理中具有重要地位。同时,本书对于新乡贤调解员在语言使用中的变异现象和不规范现象也涉及较少,但相关议题在社会语言学的研究中比较重要。未来可以借助 ELAN 等工具,从多模态话语分析和语言规划等角度对新乡贤的涉老调解话语进一步开展研究。

　　三是研究方法。本书主要采取话语分析的方法,从质性角度对新乡贤的涉老冲突话语展开分析,虽然总结出了一些普遍性规律,但相关结论的主观性较强。未来在拓展研究主题的基础上,可以考虑综合运用定量和质性相结合的方式,从一种阐释性方法论的角度对涉老调解话语开展多层次研究。

附录 1 《金牌调解》调解 案例语料转写

（画外音）：来自江西南昌的老周先生，今年已经 78 岁。今天他和儿子小周来到金牌调解，用他自己的话来说是为自由而来。

老周（视频插入）："生命诚可贵，爱情价更高，若为自由故……"我就是要自由，我就要抛掉嘛。

（画外音）：不自由毋宁死。听上去老周对自由的追求是至高无上的。可他的这种想法却遭到了儿子小周的嗤之以鼻。

小周（视频插入）：我没啥可说的。还能说啥？他要的是没有任何约束的自由。这个自由是不存在的。

（画外音）：显然在自由面前，周家父子俩有着难以逾越的鸿沟。也正是出于这道鸿沟，在调解开始之前，老周甚至提出了一个相当决绝的想法。

老周（视频插入）：我想脱离这个父子关系。生老病死由我自己负责。

（画外音）：老周想要的自由究竟是什么？它和儿子小周又有着什么关联？在调解现场，老周的电话又为何会频频响起？

主持人（视频插入）：是要紧的电话吗？

小周（视频插入）：肯定会打过来的，这我们有经验。

主持人（视频插入）：电话来了。手机又在响。

主持人（画外音）：这不断打来电话的是谁？这些电话和老周所要的自由是否有关联？调解的最终，老周又能后达成所愿，要到他想要的自由？

（字幕）调解即将开始。

主持人：有问题来调解，来调解没问题。各位好，这里是江西卫视《金牌调解》。我是章×。欢迎本场调解员胡××。欢迎胡老师。欢迎观察团各位成员。欢迎大家。也欢迎双方当事人。是父子二人啊。父亲老周先生。儿子周先生。

我们首先了解一下,父子二人来是为了什么问题?

老周:是为了这个小孩子一些行为。限制我这个使用我自己的工资。他把我的银行折子拿走了,身份证也拿走了,还有那个医保卡。就在这个万佛园。

(画外音):手机铃声。(老周手机响了)。

主持人:请问是要紧的电话吗?

小周:保健品推销。

支持人:刚才那个电话?

小周:一定是。要么(手机)放这里,稍微等一下可以吗? 他肯定会打过来的。这我们有经验。

主持人:所以看周先生这个反应,那应该你今天就为这个事儿来的,是吧?

小周:对。我其实没有诉求,因为我们对他一直别的要求没有。

主持人:呃。

小周:至于他刚刚说的为什么要限制他的工作。这个是,而且不止限制一次。很简单,您见过买保健品,买几大车的吗? 用车子拉呀! 搬家的时候搬了辆车! 十五号工资,十六号就送给保健品公司。外带到外面借债,而且包括他终身的积蓄,一辈子的积蓄,二十万。

主持人:没了吗?

小周:送(别人)的。

主持人:这个事情是?

小周:三年。

主持人:三年了?

小周:三到四年。

主持人:所以不得不限制了。是吗?

小周：对。

主持人：你们是三四年前就知道？还是现在才知道？

小周：（我们）是差不多两年前（知道的）。他告诉我们有几万块钱不见了，然后我们才发现。

支持人：你们发现以后也没能阻止（他）？

小周：我们根本没办法阻止（他）。

（画外音）：提及父亲对保健品的痴迷，小周的言语间充斥着无奈。而更让他苦恼的是，在把二十万积蓄都花光了的情况下，父亲老周到现在为止依旧没有醒悟，还是在持续地购买保健品。那么小周此言是否属实呢？对于小周的这个说法，老周又会作何解释呢？

主持人：老周先生，您儿子刚才说，这些年您的积蓄都交给别人了。是吗？

老周：对。

主持人：您后悔吗？

老周：（我）也没什么后悔，因为这是一个灾难。

（画外音）：按照周家父子的说法，为了购买保健品，老周耗空了毕生的积蓄，这确实称得上是一场灾难。那么这灾难是如何发生的呢？老周说这一切还得从自己的身体状况说起。

老周：2006 年我得了这个眼底出血，发病以后啊总想改善一些，就买了一本《求医不如求己》。

主持人：保健书，是吧？

老周：对对对。它（书上）是这样说。（首先）介绍了一些药（保健品），然后我就按照这个（书）参考用用，买了一点（保健品）咯。

主持人：（您）就开始买（保健品）了？

老周：对。

（画外音）：就这样，因为身体上的不适，老周开始了主动在各类书籍、广告上寻医问药的历程，久而久之便演变成了自己的消费习惯。这种习惯在起初并未影响老周的正常生活。可在 2014 年，老周却碰到了一个意外，而这个意外却是直接给他的晚年生活制造了一个巨大危机。

老周：2004 年下半年，上海中老年保健协会来了电话。他（打电话）这个人是政协委员。

主持人：您怎么知道他是政协委员？

老周：自己介绍的嘛。

主持人：之后呢？

老周：之后他就寄了张卡来。

主持人：能给我们看看吗？

老周：可以啊。

主持人：给了一张这个卡。这张卡用来干嘛？

老周：它这样的：他们现在这个保健协会，要在江西找十个形象（代言）人。这张卡里面有三万块钱，就是这些人的活动费，（但同时）也要通过他们财务部"赵部长"到南昌来激活（后），才能领到钱。

主持人：嗯。

老周：（然后）隔了几天打电话给跟我讲，他们人员已经集中了，第二天出发。结果第二天（他们）也打了个电话给我，（说）汽车在转入江西高速的时候，那个车上的押运人员哗变了。就是（因为）他们车上有钱嘛。

主持人：最后怎么办？

老周：就要求我们买保险，就是为这三万块钱。

主持人：为这笔钱买保险？

小周：他所谓的买保险，就出了问题以后，（那个协会）就要他交手术费。（说是）要请武装人员押运（钱）。他为什么会这么执着？就算花几万块钱给别人，也要这张卡？是（因为）别人承诺他三万块钱一个月，给他做代言费，连续三十个月，也就是说是（将近）一百万，所以他才会几万块钱抛出去。

主持人：这个过程你们（作为儿女）都不知道吗？

小周：我们这一辈子，（包括）我们四个子女根本不敢对他提任何要求。

主持人：他也不会告诉你们。

小周：对。我们家里他是绝对的权威，从小到大都是这样的。

主持人：什么时候你们知道了（这件事）？

小周：他自己觉得不对劲，几万块钱，七八万就没了。那我们发现不对劲，我们就去报案。那经保大队说我们不能立案。刑侦队也说，因为你都是通过快递来的，而且他每回都寄了东西给你。

主持人：老爷子，这个事情发生的过程中怎么不跟孩子们说说呢？问问他们的意见。

老周：因为孩子们他又不关心这个事情，说了等于不说。我反正我用的我自己的钱。

主持人："我可以自己做主"。您刚才说了，是因为他们选了您做这个形象代言人，对吧？您有没有问他们为什么选您做形象代言人？

老周：那我就不知道了。

主持人：您现在跟他们还有联系吗？

老周：没有。

主持人：那他们现在说的那些东西，现在的您还会相信吗？

老周：相信他们是欺骗你的嘛。

主持人：就这个您不再上他们的当，受他们的骗了。

老周：嗯。

主持人：那其他的人打电话来呢？

老周：牵涉到我的这个病的时候呢，我会考虑下。

主持人：您是说跟您的病有关的，还是会去选择性考虑？

老周：考虑。

主持人：还有可能会去购买？

老周：对。

（画外音）：听得出来，尽管有过一次被骗的经历，甚至因为这次经历被骗了数万元积蓄，可老周先生对保健品的热情却丝毫没有减少，而是依旧在购买和签收保健品快递之间乐此不疲,这从调解现场中频繁的手机来电中可见一斑。

(画外音):手机铃声。

调解员:手机又在响。

小周:保健品,不用说了。

调解员:接啊。

小周:不会接的,一定是。因为我太清楚了。

(画外音):手机铃声。

主持人:电话来了。

小周:你接一下。

老周:喂?……是一个快递。

主持人:快递是什么?

老周:包裹。

小周:又是哪个药品公司的?

老周:快递啊。

小周:又来了,0537(区号)。一天一百多个电话。

主持人:老先生,您一天能接到多少个这样的电话?

老周:呃……多的时候有几十个吧。

主持人:几十个? 然后您告诉我们,您接受这个保健品的快递大概频率是多少?

老周:也没有统计。

主持人:一个星期能收到一次吗?

老周:哎。

主持人:一次大概多少钱啊?

老周：(每次)不等。有一百多块钱的,有一千多块钱的。

主持人：费用?

老周：比较高,它是进口的(保健品)。它寄来的全是那个英文的(包装)。

主持人：那个药品是可靠的吗?

老周：那就不知道。药基本上是浪费了。

主持人：您也没敢吃是吗?

老周：没有吃。

主持人：既然都不敢吃,怀疑它,为什么还要一而再再而三的买呢?

老周：这是一家了。(还有)其他的(保健品公司)。

主持人：还有不同家?

老周：嗯。

主持人：同时好几家(保健品公司)。他们采取的都是相同的方式吗?

老周：同样的方式。它有个表格嘛。

主持人：表格? 您觉得哪个好,他就给您寄过来?

老周：嗯。

主持人：您付钱?

老周：嗯。需要付钱嘛。

主持人：所以你的钱都是花在保健品上面了?

老周：嗯。

主持人：三四年了,您算过花了多少钱吗?

老周：七八万块钱。

小周：他指的七八万指的是这一家。也许说起来很可怜,他算是工资还可以。退休工资三千多。但你们见过每天中午只吃馒头的吗? 早上我哥哥会送(饭),中午他自己吃,晚上他是到我哥哥家去吃饭。但是经常我们去看他的时候,(都是)馒头,面。

主持人：钱没了?

小周：对。

(画外音)：在小周看来,三年前自己的父亲老周还是个拿着充裕的退休工资,又小有积蓄,原本可以晚年生活无忧的老人。可就因为迷上了保健品,父亲老周不但花光了积蓄,甚至每个月的退休工资都保不住了。而为了省钱买保健品,老周甚至不惜以苛待自己的方式缩减生活开支。在这种情况下,为了保障父亲的基本生活,小周几个兄弟姐妹想出了一个办法。可这个办法非但没有得到老周的支持,反而是点燃了老周对子女们的怒火。

小周:这样没有办法。每个月分十天一次给他六百块钱,就光吃饭了。

主持人:严格控制。

小周:对。中间我们还采取过另外一个方法。

主持人:呃。

小周:我说你要钱可以,全部给你,我们也不扣。但是很简单,你不要用电话。

主持人:我懂你的意思。就是我们不是要控制你的钱,我们是要控制你不要被人骗。

小周:对。然后三天他自己就偷偷去买了个电话卡。结果是一样的,控制不住。那身份证为什么要控制? 他还办了一张银行卡。

主持人:你们担心什么?

小周:我们担心很简单,他在外面借账,身份证去抵押,去办信用卡,去办别的东西。

主持人:他有发生过这种,在外面借钱?

小周:有啊。太多了。

主持人:有。

小周:有。其实小时候我们蛮自豪的。因为他比较权威,他曾经总是跟我们说,穷要穷得有骨气。我们不会向别人去借钱。好。那现在发展到向人家吃低保的人、邻居去借钱。跟亲戚、朋友、邻居,都去了。

主持人:老先生,您找邻居那个亲戚朋友借钱是为什么呢?

老周:就是人生在世嘛,总会有紧张的时候。借也没借几多钱。

主持人:多少钱?

老周:多的千把块钱。

主持人：要借千把块钱。干嘛呢？

老周：用嘛。

主持人：现在这个钱会缺吗？

老周：不够。这里用一下那里用一下。

主持人：都用在什么地方？

老周：吃咯。

主持人：吃什么？他不是说你都吃馒头吗？

老周：吃馒头。吃馒头的日子也有嘛。

主持人：他们现在给您的是一千八呢。

老周：这样讲就不对了。像我这个年龄，人家（退休工资）五六千怎么办呢？有钱就会多用啊。

主持人：那当然。因为花到该花的地方，那是理所当然的。孩子们就觉得您花在了不该花的地方就给人骗了。这个情况还有吗？

老周：我认为没有。现在因为买这个保健品，不是那样的。

主持人：平均下来的话。

老周：一两千块钱。

主持人：多久一两千块钱？

老周：三四个月吧。

主持人：我能不能这么理解，就是在您的生活基本花销里面，基本他们给你的钱是可以维持，没问题的。但是如果要涉及到保健品的话，就会出现不够的情况，是吗？

老周：嗯。在他们看来，就是保健品这一块是不必要的支出。

主持人：所以您能不能告诉孩子们，为什么您觉得这一块不能少？

老周：我那个眼睛，2003年检查到的，医生呢，没一个人给我解释。到底你这个病（怎么样）。

主持人：好。按照您的说法就是，正规的求医问药，您没有看到一个结果？

老周：没有。

主持人：好。那这个保健品呢，能带给您什么结果？起没起作用？

老周：不明显嘛。

主持人：那为什么还要一直寻找呢？

老周：至少改善一点生活。

小周：他不相信医院。我们带他到了江西医院，看了，认为他是老年人正常状况，只要吃吃药，吃了七天认为没用，(他)又吃保健品又要去。好，我说行。中医院、江西医院、一附(医院)、二附(医院)。

主持人：正规的医院。

小周。对。没问题，去了以后那医生也是检查以后说你这个病，这老人家正常吃药。然后他一出门，院长开的药都不要了。

主持人：他们带你去医院看过好多次？

老周：看过。看是看过嘛。看了又看不好(病)嘛。他们经常都不是这么说嘛，好手在民间嘛。

主持人：要靠自己去寻医问药。

老周：对。对。

(画外音)：老周坚信，自己可以从保健品中寻求到改善身体状况的方法。也正是出于这个心理需求，他数年来沉浸在花钱买保健品的世界里，痛并快乐着。对于他的这番心思，儿子小周是否知情呢？他又会是抱着什么态度呢？

主持人：就为什么他会在这个事情上这么执着？他被骗也被骗了，可是他仍然这么执着，为什么？

小周：就他讲了嘛。自由嘛。他从来没有受过人的约束，以前他太自我了。

主持人：你们家几个兄弟姐妹？

小周：一个大哥，两个姐姐。

主持人：都不能跟父亲做交流吗？

小周：因为从小我们就是……

老周：这就是我的失败。

主持人：你觉得你的孩子们都不管你吗？你真的这么看他们吗？他们真的不孝顺吗？

老周：孝顺？怎么来理解这个孝顺呢？

主持人：这种被管着的感觉、被控制的感觉特别不好受。对吗？老人家。

老周：这不是管！这是夺权！

主持人：夺权。

老周：这是抹杀一个人的人权。我之所以国家拿这个钱给我。国家都没有讲，你这个不准用，你那个不准用。

主持人：结果被他们管住了。

老周：他们就说，打比方，你今天走到哪里去一下，你在那干什么？你找哪个？讲了什么？我还是个老党员呢。还跑到家里受这个气。鲁迅讲过一句话，生命诚可贵，爱情价更高。若为自由故，两者皆可抛。我就是要自由，我就要抛掉嘛。两者都可以抛。

主持人：您觉得孩子们为什么要这么管？他们为了什么？

老周：人生最后就是两个字，一个死一个钱。还有什么？

主持人：您是这么看他们的？

老周：当然了。

主持人：您不觉得他们是担心您，怕您受骗？您不这样想吗？

老周：受骗。这个鲁迅也讲过，有缺点战士，他毕竟战士。五光十彩的苍蝇毕竟是苍蝇。

主持人：哪怕就是我是错的，你们也得让我犯这个错。是吗？

老周：即使犯错，你也要允许一个改的过程。

主持人：不能判死刑。

老周：当然不能判死刑。我的要求就是我自己的劳动，我自己管我自己。

主持人：就钱要拿回来？

老周：对。

主持人：自己管着？

老周：嗯。还有就是说，你们只要我不是盗啊抢啊骗啊这一类的，你们就不要去干涉我。

主持人：嗯啊。哈！没违法乱纪，就不要干涉我。

老周：对。我也当过兵。我那个身体是杠杠的，是不是啊？我六十岁爬过华山。

主持人：您觉得现在身体不好了，是吗？

老周：现在是路都走不得哦。走到十步，这个腿就痛，那个跟抽筋一样的，拉痛。

主持人：所以您会挺担心。

老周：对。

主持人：儿子想说什么？

小周：没啥可说的。还能说啥？他要的是没有任何约束的自由，这个自由是不存在的。

（画外音）：老周把心思说得很明白，他想要不用子女管的自由。可他的想法小周却难以认同。父子间这种泾渭分明的立场彻底摆在了台面上。此时一直在聆听中的调解员胡××出声打破了父子间的僵局。对于老周的自由论，胡××有些什么样的看法呢？

调解员 1：老人家刚才讲，若为自由故啊，二者皆可抛啊。但我认为这不是自由，这是任性。你的权益，你应得的自由，那个是要尊重的。但是我们不能因为我年纪大了我就任性。第二个呢，老人家要的是保健品吗？其实这里面藏着一个动机，就是在找神仙药。找奇迹。

小周：对。他自己也这么说过，我是寻找奇迹。他就是。

调解员 1：第三个点，老人家其实是老年病。但是呢，很多时候我们心里面不服、不甘、害怕。这不仅仅是一般的病，这是心病。心病还得心要治。既然你说了你是老党员，那可能是要再端正端正咱们的世界观。咱们还得讲科学、尊重规律，要坦然面对生老病死。老人家在那说老人家的精神境界、做人的层次、追求。

说说小周这边这几位子女的做法。也许他们在跟老人家沟通这一块，还是显得简单了一点。但是，总的而言，我认为没什么太多要批判。那我们明知道这个非法侵害正在进行，还说那是老人家的自由，那我们不能管，那老人家怎么办？这是当子女必须要尽的责任和义务。那关键是这个过程当中怎么去沟通，怎么利用其他的力量，第三方的力量来做好解释工作。如果万一老人家啊，不太明白，他要是还听不进去怎么办？一个呢，就是先下手为强，你要什么我先给你弄来。呃比如说这个这个草药啊什么的，你包装一下。与此相辅助的就是多陪伴。老人家最喜欢什么？聊天嘛，受重视，在这个家里面我还有作用。这个是这样。让他感觉到我不是在这里被你们养，然后心里是不是还厌烦我呢。多找一些事情去求助他，让他觉得自己是很有作用的。

调解员 2：我想跟儿子说一下。爸爸当年在孩子们心中他是偶像，如今他老了、年纪大了、身体差了、精神也空虚了、感情也脆弱了。到现在他为了自己的身体，他把老底又给骗光了。唯独现在他只有工资卡。如果这个工资卡被别人管着了，虽然不会少他的吃喝，还会给他生活费啊，这个都不受影响。虽然孩子们都是在为他好，但是他对你们的这种管事不舒服的。他虽然年近八十，但是我认为他思维敏捷、精神正常，他属于生活还可以自理，他不应当受到限制。我今天支持老年人要求拿回所有证卡的正当要求，我支持他，希望你们今后更多的给他一点精神赔付，更多的给他一点关怀。他还是要面子的，他还是要自尊的，明白吗？请你们尊重他。

小周：确实是。但是我现在我们管到他的工资卡，我觉得齐×老师可能理解错了意思。我们不是为了他的钱，我们也不是为了限制他的自由，我们是担心他没有饭吃。我们去陪伴他，他是不需要。他认为我们干涉了他。

调解员 3：不可否认的是，老年人随着自己年龄变大，有很多的老年人跟不上这个飞速发展的时代，尤其是跟不上骗子飞快的脚步。老年人确实缺乏识别的眼光。他们给你们开各种的会，用小恩小惠给你们发礼物啊，开会洗脑。完了你们就乐此不疲的、屁颠屁颠的把钱交给他，买大量的吃了也没事的，一些所谓的保健品买回家了。如果说这些保健品都是好东西的话，为什么商店里没有？为什么要邮寄给你？现在你觉得吃了，它并没有什么用处的时候，你投诉都无门。面对着保健品，我劝老先生捂紧你的钱包。所以，老先生，有时候我希望你能听一听，儿女对你买保健品的这个看法。你耐着性子听一听。

调解员 4：小周，其实我非常赞同您的一些判断和想法。但是我觉得您的方式、方法是有问题的。您的父亲，当疾病到来的时候，他身上在痛啊，他很难受，他睡不好觉，他心里慌乱。做子女的，你们体会不到，因为你们没有到那个程度。你只会说，哎呀，我知道，没事儿的啊。怎么怎么安慰他，没有用。病在他身上，他需要陪伴，他需要关爱。而你们认为，只要给他安排好些物质条件就达到你们的孝顺目的。不是这样的。老人到老了越发的细腻、敏感、多疑、焦虑，我们要学会体会。我知道您一定不是为了老父亲的钱，所以您帮他在管控着。我知道你们其实是各方面也在迁就着父亲，但是，事实证明，老父亲要的不是这个，他希望能够解决他身体的病痛。当身体的病痛药物也解决不了、保健品也解决不了的时候，相信我，小周，你试一试去帮他说抚摸、舒缓，去陪他唠嗑，讲他过去的事儿。分散他的注意力，这比控制他的钱有效。

调解员 5：老年人买保健品这件事情，社会上应该是相当普遍。如果只赚你们的钱，只买保健品，我认为是我们儿女能承受的。但我们不能承受的是老人被骗之后的心理不甘。我们拿什么药来治？他们上火怎么办？抗不了这种挫折怎么办？老周先生，您跟其他的老人心理特点是有差异的，第一，你刷存在感。第二，你刷权威感。你在这个现场说，我都当过兵的人，我还受这个气啊。有军德的人才有军威，老人也是一样的。我们即使不为儿女着想，我们应该为自己的安康着想，这也叫军德。那么周老先生，如果您刷存在感，您可以在社区做义工。如果您刷权威性，您可以去上一个老年大学。您可以重新学一个绘画，让您的儿女都信仰你，觉得自己的老爸有正事儿，有才情，懂得怎么样真正像一个军人，那样去生活。您把所有的钱都败掉，没有关系。但是保健品如果是不良的产品，会导致您身体各种问题的发生，这才是我跟你的儿女最担心的。

我想对小周说的是，老年人对于生命的担心是你我不能想象的。我们年轻人永远没办法想象老年人到底有多怕死。他的那种怕死,就跟我们病危之前的那种感觉应该是同样的。那么怎么办呢?老年人的这种需求,你还是要满足他。我想略微分享一下经验。以前只要我的父母来我家里,只要到我身边,永远背个包,包里永远有一包子药。我就发现这个问题不对。我就跟我爸说:"欸,你这些药的药名都是哪儿来的啊?"他说是听收音机听的。你知道我怎么做吗?我不再用他张罗保健品了,我会在第一时间去治他的病。永远在他还想不到的时候,我已经把能够治疗这种病的药买到了家里。现在,我爸很信我,基本上就是:"老闺女啊,我要买这个药,你帮我看看行不行?"那么最后,我想说的是,老人身上就是有一部分东西是需要用来浪费的,而这种浪费,会代偿我们所给不了的陪伴和呵护。现在的年轻人,你搁那块说老年人要的陪伴、老年人要的呵护,其实很多时候确实给不了。因为我们要工作,我们要赚钱。然后,他那三千块钱即使是浪费,我个人认为还能接受。然后您在这个现场跟我说,我担心我爸吃不上饭。这话,我们律师在这儿,这句话是说不了口的。因为,别说你父亲有钱,你父亲没钱,我们依然在法律上具有赡养的责任和义务。

调解员6:其实我们今天讨论的一个重要的话题,就是孩子尽孝的方式。当你们要接管这个老人家财产的时候,应该是在他丧失民事行为能力的时候,你们才有这样的权利。当他神志清醒的时候,没有征求他的同意,你们是不可以这样做,至少法律是不支持的。因为怕老人家被骗,所以我帮你看着。那么按照这样的逻辑,是不是老人家也不要出门了?因为一出门就会有交通事故的发生。所以说我们,呃,用一种方式,用一种不恰当的方式来保护他,是错误的。虽然你保护了他的财产,可是,不好意思,老人家在晚年过得不开心。事与愿违。

第二个话题,就是老人家,您购买保健品的事。那么它到底是保健品推销,还是以交易的方式来进行诈骗?怎么样来判断呢?包括电视机前的老年朋友们。第一个,从他的定价。这个物品定价是否符合市场规则?是否远远高于市场价格?第二个标准,出售或者推销保健品的机构是否有经营权力,是否有生产保健品的批文、批号?那么你所提到的老年人协会,他是没有这样的资质的,他是不可以进行推销的。所以电视机前的老年朋友,凡是那样的协会、这样的协会做推销都是违法的。因为协会是一个民间组织，它不是企业、不是公司，他没有经营、生产、推销保健品的资质。第三个方面，是否夸大了宣传？就是说他这个保健品可以治百病。第四，虚假宣传。为了让受害人相信，他会推出专家啊，这个包括你本案当中所提到的政协委员，这些都是为了增加受害人对他的信任。假如以上情况都符合，请注意，老年朋友们，您正在上当受骗。

怎么样的预防上当受骗呢？第一，我们不要去围观，以免误入歧途。第二，不要轻信陌生人的话，包括电话。第三，遇事要和子女们商量一下再定。最后，我们还是要祝天下的老年朋友们都能够健康长寿。

（画外音）：胡××和观察员们的发言在落脚点上是基本一致的，老周想要自由这一点在情理和法理上，都应该是被支持的。但鉴于现实情况，老周其实可以在这份自由之上加一份保险，那便是遇事和子女相商。在达成这种共识之后，接下来我们的密室调解也将围绕着这个观点展开。那么周家父子对于老师们的这个意见会是什么反应呢？

首先儿子小周是赞同的。

调解员 6：跟老人家生活在一起的确是需要点智慧。那我们现在可以这样讲：智慧尽孝。其实我觉得你们子女都很孝顺，这个没得说。包括你也好，你兄弟姐妹也好，心的确就是为父亲好，想让他过得开心。你把那些东西给他，他每个月三千多块钱嘛，有些他浪费（但是）他开心。它也是尽孝啊。

小周：这个我们能接受。钱给你没问题，只要你买东西之前，告诉我们一下买什么东西。

调解员 6：其实这样做的话是比较妥善的方式。

（画外音）：小周很认可罗××的建议。可当同样的建议传达给密室另一边的老周时，不同于小周的满口答应，老周的态度却是有些犹豫。

调解员 6：你的正常的消费不管。

调解员 5：不管。不管你随便买去买穿的。

调解员 6：就是说你要买个什么东西，你子女看着这明显是上当受骗。你这个要多听一下子女意见。子女这样做，他真不是说剥夺你的自由，要控制你。它真的是一份担心，担心老人家拿一点退休金不容易，被骗掉。现在也快八十岁了啊。还有些东西还是要依靠后代，还是要依靠子女。

老周：那我就活不成了。

（画外音）：听得出来，老周此时的表态其实是带着一股情绪的，而这种情绪很可能是来自于他内心中对于子女之前做法的诸多不满。对此，李××决定站在老周的立场上帮他分析一番。

调解员 5：万一真上当，就您这个刚烈性格，你不生气吗？肯定生气，对不对？上不上火？上火。你说你连生气再上火的，多少保健品真的起作用？那起不了作用了，对不对？

调解员 6：要买什么或者花几百、几千的话，你说一下嘛，告诉一下他。

调解员 5：或者让儿女帮你买。

调解员 6：你说这样可以不？你仍然是行使的这个主动权，就说我要买什么你帮我买，或者说我这有钱让你帮我买，我要买什么告诉一下你。这不是控制你，这是怕你上人家当，这个社会太复杂了。老人家，可以吧？

调解员 5：你咋想的？

老周：可以可以。

（画外音）：经过一番劝解，老周基本认可了观察员们的建议，至此密室进行得很顺利。而在密室的尾声，李××还就养生的方式方法跟老周交流了一番。

调解员 5：老年人都会养生，应该支持你养生，知道吗？但是，我们要跟你儿子好好说说，怎么样来科学地帮你养生。所以怎么养生？生命在于运动,如果你缺了这项,你去吃别的,我们不心疼钱,但是我们心疼你把东西吃到肚子里。没病吃出病来。你想想你吃了一肚子,是药三分毒,好吧!

老周:我把这个整个房间里的保健品啊,看作是一种灾难!

(画外音):老周最后的这番表达也许并非出于偶然,在过去几年来大量购买保健品的,付出却没有得到回报之后,他内心想必也有着自己的一番认识。只是他习惯了在子女面前隐瞒真实的心声而已,这才导致子女们认为老周从来没有意识到自己的问题。那么接下来重新上场,父子俩会有什么样的表态呢?

主持人:嗯。分别聊了聊啊。先问问老人家的意思吧。现在有什么话想说吗,跟老师们聊了以后?

老周:少买(保健品)呗。

主持人:少买! 对孩子们呢?

老周:反正现在是孩子们怎么样就怎么样。

主持人:嗯。

老周:现在是孩子们的世界了。

主持人:(呵呵)。好。那我们看看孩子们是怎么想的。

小周:我的意思就是说,他在买东西之前告诉我们一下,那我们知道他这个钱花到哪去。

主持人:对。告知。

小周:短期,那个身份证稍微晚一点给(他)吧。

调解员:协助管理。

小周:对,协助管理一下吧。他需要办什么,我们确保随时陪同。

主持人:工资这个事儿?

小周:这个事我们也早就跟他这么说了,只要你先告诉我们钱用到哪去。

主持人:所以你们现在态度是?

小周:我们可以。

主持人：（工资）交给他自己。

小周：对。

主持人：老先生，您儿子这个小小的要求，您觉得行吗？

老周：就这样吧。

主持人：那就好。让儿子带着你回家，好不好？

老周：不用带，我自己回家。

主持人：（哈）。那让儿子陪着您回家，好不好？

老周：嗯嗯。

主持人：好。可以。

（画外音）：离开时，老周脚步稳健，让人很容易忽略他腿脚的不便。不服输、不服老，这是老周在年近八十仍然精神矍铄的秘诀，但这同时也是他苦恼的根源所在。与其说老周是为了不被子女管束的自由而来，不如说是为了机体衰老的不甘而来。可我们想让他明白的是，夕阳无限好只是近黄昏。人到老年，对自由的追求被禁锢在衰老的身体中，有节制的自由是对生命的最高诠释与敬礼。

附录 2 《第三调解室》调解案例语料转写

画外音：年近九旬的她，如今在养老问题上遇到了巨大的困难。

刘奶奶：老头子呀，我这老头子不务正业。好喝酒花钱，一分钱不给，我就干临时工去。你说我怎么弄钱来的？我什么都干过。我自个儿拉着车，拉着小车捡马粪去。就捡马粪。就让我捡粪挣钱。

画外音：回首这一生的辛劳，老母亲很是伤感。眼见五个子女都长大成人，成家立业。垂老暮年的她，却并没盼到想象中的幸福晚年。

大儿子：没少吃苦。为谁呀？不就为了他们嘛！为他们赶紧长起来。

大女儿：你知道我妈多不容易！都拉着他们上和平里捡过破烂。就这么对他们（指老五几个），结果老了老了现在落成这样。你说我妈能有什么矛盾？她再有矛盾九十多岁了，还要怎么着你说？

画外音：在张家几个子女看来，母亲在老五家一直受气，如今是实在气不过了。

大女儿：而且我们家这么多年了，过年过节向来都是在一起过年。后来就因为老五老跟我妈打架，一打架就给我打电话。一打架就给我打电话。说的时候我都害怕那边的电话。

五儿媳：弟妹，就跟我干。我都不知道为什么跟我这样。大姐眼里头谁都瞧不上，大姐太强势。

三儿子：这弟妹呀，就是她啊。有事，瞎话溜舌。就这么一个人，闹这一家子都不和。

画外音：在张家兄妹看来，无论谁对谁错，老五夫妇都应该对年迈的母亲，多一点宽容。而面对众人的指责，老五夫妇又有什么话要说呢。

五儿子：我这媳妇儿打一进这门，连班都不上了。这么多年都伺候着我妈，我跟您说没功劳还有苦劳呢吧！
五儿媳：26年全是我。

调解员：跟母亲共同生活26年？26年从结婚到现在？

大女儿（转向刘奶奶）：她说您是都她伺候的。
刘奶奶：你伺候我什么了？
张先生：吃饭做饭所有一切伺候老太太的事。屋里头归置蹲地倒尿盆什么的，都是我媳妇儿。
大女儿：洗澡都是我洗。老太太秋衣秋裤裤衩背心都是我洗。

五儿子：一直都那么伺候。老太太玩牌，玩牌没人都得给找去。赌气了把牌扔了，还得给买去。没人到处找人，就求人也得跟老太太一块儿玩牌。每天就是吃饭你必须得顿顿有肉，要是不高兴说摔就摔说骂就骂。
调解员：就是母亲对生活的要求比较多。
五儿子：对。因为我母亲比较强势。
调解员：脾气不是很好。
五儿子：对。
大儿子：那是胡说八道。要不就他们闹矛盾呢。

调解员：作为儿媳妇的话，也是受了挺多委屈的。
五儿子：那一天班都上不了。甭管受多大委屈。没跟您说吗，就老是背后掉眼泪。完了我就开始跟我妈讲道理了,我说妈您不能老这样。您都这岁数了,她也岁数也不小了,是不是?伺候您说哪点伺候的(不好)?我说我那哥哥姐姐,哪个那么伺候过您啊?就那么慢慢对付着。您张口就骂,什么都骂!

画外音:与其他哥哥姐姐们的看法不同,张家小弟,对五哥五嫂却是满口称赞。

调解员:您觉得老五做得怎么样?

六儿子:老五做的是这个(竖大拇指)!老五,您可以让他们那个。那天记者去了,我跟那记者说了。我说您谁也不用听,您就上他们街坊。这一栋楼随意的一家您去问问去,这老五对这老太太怎么样?

调解员:您觉得老五是做得最好的!

六儿子:对。住何一人养活老太太 26 年。我跟您这么说吧。没找谁说要过一分钱啊!

调解员:这个弟弟关系跟你们关系还不错。是吧?

五儿子:对。他老照顾我们。

五儿媳:他说实话。他看不惯头大的仁那么欺负我们。他早就在帮助我们。

六儿子:要不让他们养几年试试他们就知道了。

画外音:母亲的脾气有些古怪。而这,也几乎成为了家中所有矛盾的源头。

刘奶奶:我就跟他们也过不到一块儿了。这媳妇儿她厉害呢。

五儿子:我们就是外地的。她外地的怎么了?

二女儿:她跟我妈打架。后来正好我去了,就冲我过来,给我一下推她家床上要咬我。

画外音：二姐的参与，是化解纠纷还是雪上加霜？

五儿子：我跟你说，这家子里头这个乱呀。说心里话，全在姐姐身上。

大姐：你有时候上广场去，我没有一次不劝。我要是不劝我跟您说吵架更多了。

六儿子：别老掺和人家里的事了。乱七八糟这个事那个事的。

调解员：所以您还是很相信您母亲说的？

大女儿：我当然相信我母亲了，我妈这人特正直。

画外音：骨肉至亲，为何关系如此僵持？

六儿子：这个老人就是什么，她跟谁那养着，恨着谁。对她那么好她都不领人家情。真邪门哦！

五儿子：因为他们大的都知道，我妈什么样的脾气。

调解员：你们敢说，到你们子女某一位家里就不打架了吗？就老太太这脾气。

大女儿：那是老太太的家呀。房子都给你了，那是不是，养不养你自己也应该知道呀。

刘奶奶：他告诉我，白养活我二十多年。房子给你了，那你不养活我谁养活我呀？

大女儿：我妈要是没了，他就万事大吉了。就成他的了。

五儿子：我们不谈（房子），就谈赡养的问题。

二儿子：他不提不行。你不提这老太太不愿意动窝啊。说一句话就是，他穷疯了。就完了。

画外音：年近九旬的老母亲，她的赡养重担会落到谁的肩上？

五儿子：我就想说大家伙共同赡养吧！要不然就分着，就是说轮流养。

要不然再就老太太咱们共同想想办法。咱也就送养老院就完了。

调解员：关于赡养老人这块，您这边是什么意见？

大儿子：如果轮班照顾，老太太得有房。

二儿子：老太太哪都不去。

调解员：其实我倒是觉得很多的多子女的家庭，其实父母的一碗水是端不平的。而这样端不平一碗水的家庭当中，就总会有人觉得我是那个被冷落的，我是那个不受待见的。您的上面那些哥哥姐姐，您的弟弟知道您家过成这样吗？

五儿子：全都知道。

五儿媳：都协商过，找他们好几回他们不说，都没人跟我们说。我说我们找一个说理的地方去吧。她说你爱找谁找谁，你找去吧。

五儿子：说完了他们也没人理我这茬。

画外音：第一现场，老五夫妇告诉在场嘉宾，关于母亲的赡养问题，他们曾几次试图与兄弟姐妹沟通，但是都没有得到回应。

五儿子：她（指五儿媳）这跟我二哥这一说，说那个，你不信老妈什么样，说要不然您试几天？这马上就翻脸了。

六儿子：大家轮着养，让他们也知道知道。

画外音：如今老五和老六提出，母亲应该由大家轮班赡养，让兄弟姐妹们都体会一下其中的不易。但是，对于这一提议其他人似乎并不接受。

大女儿：我凭什么要把老太太接我这来呀？那是我妈的家呀！

五儿子：我就说让老太太上你们那儿，体验体验几天去。听这个他们就窜了，就急了。在后头一天到晚嚼舌头玩。这么多年过的踏踏实实的，一分钱不给，不闻不问。二十多年小三十年的了，完了还在后头挑。

二女儿：闹无数次了，都是因为煤、水、电，关门声大。

　　五儿子：现在就是我一人担负着这个，赡养母亲这个责任义务。我现在没这个能力了，一个是经济达不到，再一个我身体也不行。

　　六儿子：人家养二十几年了，必须给人生活费。人家为了伺候老太太，人（五嫂）这么多年就没上过班。

　　三儿子：你成天不上班，还想过好生活。跟我们要钱，那钱我绝对不能给。

　　大女儿：要给钱也只能给老太太，那我们没理由给你呀。

　　三儿子：我说老太太有什么事，需要钱我给。我不能拿钱给你填窟窿去。

　　画外音：老五和老六希望，大家能共同分摊母亲的赡养费。可他们的提议，不但遭到兄弟姐妹们的拒绝，同样也被老母亲否定。而其中的原因，也被老母亲一语道破。

　　刘奶奶：我这房子给你了，你不养活我谁养活我呀？

　　大女儿：要我们一人给他一千块钱，房子都在他那呢！为什么跟我们要一千块钱呀？

　　五儿媳：现在我们说的是赡养问题，我们就是怕他们提房子。

　　画外音：母亲与二姐口中提及的房产问题，遭到了老五夫妇的拒谈。这其中难道有什么隐情吗？

　　大女儿：提房子就跟二踢脚似的，就炸了。哪敢提呀！现在都不敢跟他见面。

　　调解员：为什么躲不开？就是为什么这么多年，父母包括父亲，虽然去世的比较早，但是一直选择跟您一起生活？

　　五儿子：为什么这房子就是我跟我妈能住一块儿？因为拆迁的时候，所有都，都各自合了适了全赶快走了。为什么赶快走了？都惦记离我妈远一点，早点儿走。都住在一个院里头，天天都怕见到我妈，闹矛盾嘛！

　　二女儿：1993 年拆迁就在那住，拆迁给的房，分的房就走了。

　　调解员：包括您的哥哥姐姐，他们都这样啊？
　　五儿子：就剩我跟我弟弟，我们俩没结婚没搞对象。
　　调解员：你这么说，你觉得你的兄弟姐妹们，会承认你这个说法吗？
　　五儿子：让他们自己说，那凭良心了那就。

　　二女儿：我们是四合院，全是我们家的房。
　　三儿子：我们一家子在一块，住的平房。

　　五儿子：打一开始，没有什么不高兴。一开始分在一块儿，他们就没帮过忙。
　　调解员：分在一块儿是指什么？拆迁吗？
　　五儿子：就是拆迁以后，拆迁以后我就跟我母亲分到一块儿了。
　　调解员：就是你们是指分在一个单元门里是吗？
　　五儿子：就我跟我母亲分在一起。
　　调解员：就是一个房子？
　　五儿子：对。
　　调解员：相当于拆迁之后，您跟您的母亲，用你们的这个拆迁的安置指标，是共同的拥有这个房子？
　　五儿子：对啊。这个要说从一开始，要谈这个就是有得谈了。

　　画外音：老五告诉在场嘉宾，母亲之所以一直跟自己生活，是因为 1993 年老宅拆迁，自己和母亲被分到一起，而这一住就是 26 年。

五儿子：我在这分房的时候，（人家这个）哥哥觉得自己（分到的房子）合适，（人都）迁了走了，（是不是？）（人家）各自都迁了，人都住楼房了，（完了就）我跟我弟弟还有我妈我爸，我们是在一起。

调解员：嗯。老五老六跟父母在一起。

五儿子：嗯。都在一起。

调解员：那然后，当时是两居室。

五儿子：当时分一个一居室，分一个两居室。

调解员：嗯。那怎么住的呢？

五儿子：这一居室呢，（完了）那会儿我跟我弟弟……

调解员：讲结论。一居室两居室怎么住的？

五儿子：（一居室两居室。）两居室是（等于现在目前就是，）我跟我母亲跟我父亲，（跟我母亲两居室。）

调解员：你们一家子跟父母在一起，一居室归老六了？

二女儿：根本就没带（我妈一起住）。（带谁呀？）

二女儿（朝向刘奶奶）：他说您两居室带一儿子。

刘奶奶：我带谁呀？我就没说带过。

三儿子：两居室根本就谁也没带。你没户口，人没分你房。

刘奶奶：我带谁呀？

五儿子：两居室是就因为我母亲跟我父亲俩人不住一个屋。

调解员：分居。分屋睡。

五儿子：分屋睡。分屋睡我们就……

调解员：那你们就没法住了。

五儿子：我们就没法了。是不是？我们就找开发公司调整呗。正好赶上我有（一老街坊我这）三居室是我们那老街坊的，我们俩同时一块儿找，他也需要给他调整。（完了这么着一块儿，）人家开发公司，（完了）把这个房子给我们调开。把他这个给我老街坊的给我了，完了又给他调开了。

大儿子：他们回来时候没他的房。人家说为什么跟他要房？他说没有，没户口，我们不能分房。

画外音：对拆迁一事的表述，老五的说法与其他人显然不一致。据大哥和二姐回忆，当年的拆迁是依据户口进行的，而老五的户口以及本人当时都不在家，所以并不应当分到房子。

大姐：就是整个这院是 14 间，14 间呢，我们都按户口分。

二儿子：人家分房是按户口。

三儿子：老太太为这事还给他争来着。这不后来回来以后，就找开发公司紧流追，最后要给调这么一个。

二儿子：再给你一间房。给你调，调三居室。

画外音：老三张××告诉记者，拆迁过后，赶回家的老五，开始并没有分到住房。后来是经过家人一致协商，才将母亲的两居室进行了调换，并最终有了现在的三居室。

五儿子：他就老咬扯我占老太太便宜了，我住的是老太太的房子。就是这仨大的（子女），总是拿这个跟老太太那说。老太太一说我，就我吃我房钱呢。

二儿子：因为我抚养了，我给钱了，两居室有我一份。或者要不然，没我一份我不给钱。

五儿子：人家都住楼房住了一年多了，我们住着觉得小，不合适。完了就等着调，最后给我们调宽敞了，（您知道吧。）后来他们觉得我调宽敞了，就觉得我……

调解员：占便宜了？

五儿子：唉。

调解员：但实际上，这个多出来的这些面积，是谁给您的？不是从他们那儿拿出来的吧？

五儿子：不是。他们都搬走了嘛！自己觉得自己（分到的）合适都搬走了嘛。都住一年多了。

调解员：为什么能够调宽敞？

二女儿：谁对这房子也没有任何想法。他们现在就多余我妈，想把我妈挤出来。

调解员：那你认为从两居调到三居，跟你们两口子或者你们一家口有什么关系吗？

五儿子：都有关系。

调解员：这就是爸妈，包括你们一家三口。

五儿子：对。

五儿子：我今天我就要说谈房子的事，谈房子的事你们可以告我去。（谈这房子的事，）法院说判这房子给你们，我一点不保留。我今天谈就是这个共同赡养的事，你知道吗？他们有没有这责任？有没有这义务？

调解员：肯定是有的嘛。每个子女都有。

五儿子：我就听律师的。律师说有，你们就得承担。律师说没有，我就（服气）。

二女儿：谁也不上那捣乱去。

二儿子：谁也没跟他们要。

二女儿：谁也没跟他们要。我们没打过架。我们都有各自的。（都是拆迁时候，）拆迁时候按户分的房。

调解员：我想再表达一下。您刚才二位一直在表达，就是这几年对母亲的赡养，付出了很多辛劳……

五儿子：二十多年小三十年了。

调解员：我都看得到，我也听得到，我也非常认同，我觉得非常赞赏你们这样一个孝敬父母的行为，这样一个行为……

五儿子：那是任何人比不了。

调解员：但同时，之所以跟弟兄姊妹们有一些矛盾是因为现在毕竟父母的房子都在你们名下了，不仅仅是你们自己的房子在自己的名下，对吗？

　　五儿媳：跟兄弟姐妹也没矛盾。

　　调解员：（我们现在，）你看你又岔开话题了。之所以有矛盾，之所以大家会有一些纷争，是因为你们自己的房子，是就像你说，当初拆迁有你的份额。但是你别忘了，现在父母的房子也在你头上了，实际上儿女们是都应该享有父母的这个房子的这个什么的，份额的。但是已经都在你们名下了，对吧？所以人家会对你们有一些……

　　五儿子：不对。那是私产。

　　画外音：提起如今的这套三居室，老五显得很有底气。只因为这套房产的性质，已经悄然发生了变化。

　　调解员：那您承认这房子里面有父母的份额吗？

　　五儿子：我现在就说一下，就是什么。现在这房子在拆迁以后，分完以后，这是共同租赁房子。一切的费用都是由我来出。他们就认为这是私产。这不是私产。

　　调解员：您两位的态度呢？

　　五儿子：我们就这个房子现在变成我自己的。一切费用都是我交，后来我给买下来了。

　　五儿媳：1997 年就过到他名下了，知道吧？

　　调解员：变成您产权房？

　　五儿子：变成我产权房子了。

　　画外音：前期采访时，老五告诉记者，当初拆迁所分的承租房，如今已被买下，变成了自己名下的产权房。也正是因为这种变化，才令房屋的所属权问题有了新的定义。

　　大女儿：这个我们这个房子什么时候分的？我们那是老家的房。

　　三儿子：我说家里没有老房能给你祖业产吗？他说不是祖业产，他说从房管所买的。

　　调解员：后来为什么就过到他名下了呢？

　　五儿子：这就问老太太了。

　　刘奶奶：怎么过的？那阵说，得了，你户口回来了，我就把这房给你。谁都没跟他们通知，就归他了。就以后呢，你把我养活死了。我也，他们谁也，没人跟你争。那都各人分各人的房，都没跟他争过。

　　五儿媳：其实他们就多余。把妈弄来多余。他们就是为了给他们那个，拿妈当枪使来了。

　　二姐：刚才他们说那个换户口这房子，过到他们户口上，说我跟他们商量。我根本就不知道，那时候，1997 年可能过的这个房子，完了那个我上那儿去了，我妈说我把房子换了，说给华子他们了。我说给就给了呗。你早晚也是他们的，也没人跟他争。后来我妈说他们答应我了，说的将来养我老。就是说我老了，改明要是有病，卖间房子也给我瞧病。我说这不挺好的嘛，是不是？就一直就这么过着。为什么这两居堂换一三居室，我们当时挺高兴的。这过年全家人都有地儿待了，真是一开始都挺好挺好的。

　　五儿媳：全在那引导呢。天天在楼后头说，我们实在是没法弄了。

　　刘奶奶：你就管我饭就行了。我就吃着养死就得了。那阵我就七十多了。我还有几年活头啊。那谁想到活起来没完了。

　　画外音：再次落座第一现场，老母亲告诉在场嘉宾，自己之所以同意将三居室过给老五，是因为老五对自己有过养老送终的承诺。

　　刘奶奶：我说我这钱呢也不给你，我也不跟你要钱。我是这么说的，你把我养老就完了。

　　大儿子：那儿媳妇那是说假话，跟你说从来没有实话。你们肯定得说点好的，你不说好的，老太太能给房子给你？

　　调解员：当时是跟你们有约定吗？

五儿媳：没有就是她口头说，因为她强势嘛！

调解员：您最希望的养老方式，您希望怎么养老？跟谁一起？

刘奶奶：哪怕租一间平房呢！我都去！

调解员：她身边怎么可能没人呢？总得有子女陪伴。

大儿子：如果单有一间房或者一居室，我们这几个全去，全都出人。

调解员：你们的意思，如果给她单租一个房子可以吗？

二女儿：她愿意就成。

调解员：她愿意，然后租金谁出？

大儿子：租金？谁占了她的房谁出！

画外音：当赡养和房产问题牵扯到一起，张家五兄妹都表现出各自不同的立场，而为了让九旬老人的晚年能够得到妥善安排，我们将五兄妹同时请上台，让他们面对面地进行协商。

调解员：刚才老母亲自己表示，说想自己出去住。老六也说没问题，但是需要大家掏钱。老大老二老三的意思就是让老五掏钱。

咱们就在这个事上，咱们看看能不能往一块捏鼓捏鼓啊。

五儿子：捏鼓不了。这大家掏，平掏。

三儿子：掏钱是掏钱，这钱给谁。

调解员：交房租啊。请人啊。

六儿子：雇保姆。

调解员：对。因为是这样，就我觉得几位不管是跟妈妈在一起相处的时间长还是短，有没有共同的生活过，我相您家这位老母亲，她的脾气摆在那儿，大家心里肯定都有数。所以呢，就是那既然在家跟子女处不好，人家愿意自己出去住，也是个办法。毕竟您家孩子这么多，所以其实摊派到每个人的负担，它并不是很重。各位觉得呢？

六儿子：我没问题。

调解员：剩下几位呢？

三儿子：我可以，我没问题。

二女儿：行，哥你呢？

大儿子：给老太太租房，那老太太这房怎么办？

画外音：同时落座第一现场，当大哥再度提及母亲的房产时，五兄妹瞬间分成两个阵营。一时间，场面难以控制，调解工作被迫中断。经现场协调，调解嘉宾决定，先和双方分开进行沟通。

调解员：基本的这个赡养方案，就是母亲，她既然愿意单住，就让她单住去。

五儿子：行。

调解员：单住呢，现在租房子。租房子，看需要多少钱。大家平摊，五个子女平摊。

五儿子：对。

调解员：考虑到你们俩跟两个大的这样的一种冲突，我们的建议是让大姐拿这个钱。她去掌管这些钱，去支付这钱，当然对账目要向你们有一个通报。

画外音：在安抚好老五和老六的激动情绪之后，同样有些情绪的大哥，能否听得进嘉宾的规劝？对分摊赡养费用的建议，二姐又能否接受呢？

调解员：您家这人际关系都不是说不怎么好，是很不好。所以我们刚才也考虑了一下就是，可能还得要辛苦一下大姐，就是关于这妈妈的账户的管理问题。如果说大家来一起出钱，给妈妈租房子、请保姆，这个账可能还是得您管。因为这头俩和后边俩人他们好像相互之间这个矛盾还挺深。并且也不可能有信任。

调解员：大原则定下来了。老妈单住，租房子租金你们五个子女平摊，大姐统一统筹这件事。好吧？

大姐：嗯。可以。

调解员：两位弟弟把钱交给你。

大姐：让一年交一次。

调解员：没问题。都可以。这事商量。

大姐：不常见面。就让他们一人。那我们那儿是 5 200 到 5 500，我们几个孩子凑四千，让我妈掏一千多，行不行？

调解员：这个雇保姆吗？

二姐：我不雇，不雇。就跟我那儿，我伺候。

调解员：好不好？

五儿子：好。

调解员：应该算下来，你们这么多孩子呢。一人也担不了几百块钱。

大儿子：我们大伙摊钱是摊钱，老太太房子将来以后咱就说，说句不好听的，百年以后老太太房子咱均摊。

调解员：这位大哥，今天我再跟你说一遍，今天不讲房子事。这个大姐，二哥这样行吗？

二哥：行。

画外音：在调解嘉宾的努力下，家人终于协商一致，决定均摊老母亲的赡养费用。毕竟，当前的第一要务是将高龄母亲的晚年安顿好。而关于房产的问题，如果大家还有想法，后续可再做打算。

调解员：大姐呢？

大姐：同意。

调解员：三哥呢？

三哥：租就租吧。

画外音：令人欣慰的是，家人最终就母亲的赡养问题达成了共识。而关于过往的那些是是非非，既然一时间无法算清不如先放下，现在就让大家齐心协力，将更多的关注转到如何照顾母亲上来。

案情普法

律师：观众朋友们，大家好。我是律师吴××。

主持人：吴律师。您好！我们以前听过小时候的这样一个故事，说一个和尚有水喝，两个和尚挑水喝，三个和尚没水喝。其实在很多家多子女家庭里边，这个子女一多有点像这个和尚挑水喝的意思一样，一旦子女越多了以后，反而容易产生更多这样的纠纷和矛盾。通常我见过很多这种老人，在多子女的情况下，他这个赡养问题反而成为一个难题。

律师：是的。

主持人：甚至于有人开始推搡，开始拒绝这样的情况。

律师：对。

主持人：我想问一下，就如果说真的哪个子女拒绝赡养老人，或者是比较恶劣的话。他有会面临怎样的一个惩罚或者一个这样的后果呢？

律师：如果拒绝赡养老人，其实老人他是可以通过提起赡养纠纷来主张自己的，维护自己的合法权益。那甚至情节如果比较恶劣的话，他是会构成遗弃罪。在我们刑法中规定，对于这个年老、年幼、患病，或者是没有什么其他经济生活能力的人，你负有这种抚养的义务。但是拒不抚养的，像这种情节恶劣的，他是可以构成犯罪，可以判处五年以下的有期徒刑等各种刑罚。

主持人：明白了。这不是一个我们简简单单的，所谓的民事诉讼。这个赡养费打完了，我跟你拿这样的。如果你真的很恶劣的话，我们刑法也是有这样的规定的。很严重。那能再给我们再普及一下，就如果说真的想要去赡养老人，那怎样才能完完全全符合法律这样的一个履行义务呢？因为我们知道法律是规定，每个子女是必须负有这样的一个义务嘛。那怎样才算做到了？在法律上怎么认可？

律师：我觉得就是针对这种多子女的赡养老人的这种情况，我觉得可以就是在与老人协商一致的情况下，其实通过签订这种赡养的协议来进行一个对于子女赡养老人的一个情况进行一个约定。

主持人：这是一种方式方法。

律师：对的。

主持人：避免矛盾。

律师：是的。即使没有签订这种赡养的协议的话，其实每个子女赡养老人也是他的法定的义务。老人呢，如果真遇到这种情况，其实是可以拿起法律的武器来维护自己的合法权益的。另外呢有一些子女，他可能说跟老人说我放弃继承权了。我不主张您带给我的任何的财产什么以此为由来拒绝履行。

主持人：我也不给你养老了。

律师：对。来拒绝履行赡养义务。

主持人：确实老能听见这样的话。说你的遗产我一分不要，那你以后的养老我也一天不管。

律师：是。

主持人：这听起来好像打个引号，是公平合理。但其实呢？

律师：其实这是不符合法律规定。

参 考 文 献

Alibali, M. W., Spencer, R. C., Knox, L. & Kita, S. 2011. Spontaneous gestures influence strategy choices in problem solving[J]. *Psychological Science*, 22(9), 1138 – 1144.

Arminen, I. 2017. *Institutional Interaction: Studies of Talk at Work*[M]. Berlin: Routledge.

Barbalet, J. M. 1996. Social emotions: Confidence, trust and loyalty [J]. *International Journal of Sociology & Social Policy*, 16(9), 75 – 96.

Barki, H. & Hartwick, J. 2004. Conceptualizing the construct of interpersonal conflict[J]. *International Journal of Conflict Management*, 15(3), 216 – 244.

Berg, J., Dickhaut, J. & McCabe, K. 1995) Trust, reciprocity, and social history [J]. *Games and Economic Behavior*, 27(1), 269 – 299.

Berman, R. A. 2005. Introduction: Developing discourse stance in different text types and languages[J]. *Journal of Pragmatics*, 37(2), 105 – 124.

Berman, R., Ragnarsdóttir, H. & Stromqvist, S. 2002. Discourse stance: Written and spoken language[J]. *Written Language & Literacy*, 5(2): 253 – 287.

Bezemer, J. & Kress, G. 2016. *Multimodality, Learning and Communication: A Social Semiotic Frame*[M]. London: Routledge.

Biber, D. & Finegan, E. 1988. Adverbial stance types in English[J]. *Discourse Processes*, 11(1): 1 – 34.

Biber, D. & Finegan, E. 1989. Styles of stance in English: Lexical and grammatical marking of evidentiality and affect[J]. *Text*, 9(1), 93 – 124.

Biber, D. 1999. *Longman Grammar of Spoken and Written English*[M]. Essex: Pearson Education.

Bonacchi, S. & Mela, M. 2015. Multimodal analysis of low-stakes conflicts: A proposal for a dynamic model[A]. In F. D'Errico, I. Poggi, A. Vinciarelli & L.

Vincze (eds.). *Conflict and Multimodal Communication: Social Research and Machine Intelligence*[C]. London: Springer.

Braiker, H. B. & Kelley, H. H. 1979. Conflict in the development of close relationships[A]. In R. L. Burgess & T. L. Huston (eds.). *Social Exchange in Developing Relationships*[C]. New York: Academic Press.

Burt, R. & Knez, M. 1996. Third-Party gossip and trust[A]. In R. M. Kramer & T. R. Tyler. (eds.). *Trust in Organizations: Frontiers of Theory and Research* [C]. Thousand Oaks, CA: Sage.

Cassar, A. & Rigdon, M. 2008. *Trust and Reciprocity in 2-node and 3-node Networks*[M]. Cermany: University Library of Munich.

Chao, C. C., Chen, Y. R. & Xin, K. 2004. Guanxi prartices and trust in management: A procedural justice perspective[J]. *Organization Science*, 15(2), 200 – 209.

Child, J. & Mollering, G. 2003. Confidence and active trust development in the Chinese business environment[J]. *Organization Science*, 14(1), 69 – 80.

Chou, L. F., Cheng, B. S., Huang, M. P. & Cheng, H. Y. 2006. Cuanxi networks and members' effectiveness in Chinese work teams: Mediating effects of trust networks[J]. *Asian Journal of Social Psychology*, 9(1), 79 – 95.

Clark, H. H. 1996. *Using Language*[M]. Cambridge: Cambridge University Press.

Cole, M. & Scribner, S. 1974. *Culture & Thought: A Psychological Introduction* [M]. New York: John Wiley & Sons, Inc.

Conrad, S. & Biber, D. 2000. Adverbial marking of stance in speech and writing [A]. In S. Hunston & G. Thompson (eds). *Evaluation in Text: Authorial Stance and the Construction of Discourse*[C]. Oxford: Oxford University Press.

Cortazzi, M. 1994. Narrative analysis[J]. *Language Teaching*, 27(3), 157 – 170.

Couper-Kuhlen, E. & Ford, C. E. 2004. *Sound Patterns in Interaction: Cross-linguistic Studies from Conversation*[M]. Amsterdam: John Benjamins.

Cummings, I. L. & Bromiley, P. 1996. The Organizational Trust Inventory: Development and validation[A]. In R. M. Kramer & T. R. Tyler (eds.). *Trust in Organizations: Frontiers of Theory and Research* [C]. Thousand Oaks, CA: Sage.

Dahlberg, L. 2009. Emotional tropes in the courtroom: On representation of affect and emotion in legal court proceedings [J]. *Law and Humanities*, 3 (2): 175 – 205.

De Haan, F. 2001. The relationship between modality and evidentiality [J].

Linguistische Berichte, 9(1)： 201 - 216.

Deppermann, A. 2013. Turn-design at turn-beginnings： multi-modal resources to deal with tasks of Turn-construction in German[J]. *Journal of Pragmatics*, 46 (1)： 91 - 121.

Deppermann, A. 2014. Multi-modal participation in simultaneous joint projects： Interpersonal and intra-personal coordination in paramedic emergency drills[A]. In P. Haddington, T. Keisanen, L. Mondada & M. Nevile (eds.). *Multi-activity in Social Interaction: Beyond Multitasking*[C]. Amsterdam/Philadephia： John Benjamins Publishing Company.

D'Errico, F., Poggi, I., Vinciarelli, A. & Vincze, L. 2015. *Conflict and Multi-modal Communication: Social Research and Machine Intelligence*[M]. London： Springer.

Deutsch, M. 1958. Trust and suspicion[J]. *Journal of Conflict Resolution*, 2(1)： 265 - 279.

DiCagno, D. & Seiubba, E. 2010. Trust, trustworthiness and social networks： Playing a trust game when networks are formed in the lab[J]. *Journal of Economic Behavior & orgunization*, 75(2), 156 - 167.

Dik, S. C. 1978. *Functional Grammar*[M]. Amsterdam： North-Holland Publishing Company.

Du Bois, J. W. 2007. The stance triangle[A]. In R. Englebretson (eds.). *Stance Taking in Discourse: Subjectivity, Evalution, Interaction*[C]. Amsterdam/ Philadelphia： John Benjamins Publishing Company.

Englebretson, R. 2007. Stance-taking in discourse： An introduction[A]. In R. Englebretson (eds.). *Stance-taking in Discourse: Subjectivity, Evaluation, Interaction*[C]. Amsterdam/ Philadelphia： John Benjamins Publishing Company.

Englebretson, R. 2007. *Stance-taking in Discourse: Subjectivity, Evaluation, Interaction*[M]. Amsterdam/Philadelphia： John Benjamins Publishing Company.

Femin, D. L., Dirks, K. T. & Shah, P. P. 2006. Direct and indirect effects of third-party relationships on interpersonal trust[J]. *Journal of Applied Psychology*, 91(4), 870 - 883.

Festinger, L. 1954. A theory of social comparison processes[J]. *Human Relations*, 7(7), 117 - 140.

Fichman, M. 2003. Straining towards trust： some constraints essay on studying trust in organizations[J]. *Journal of Organizational Behavior*, 24(2), 133 - 157.

Gardner, R. 2001. *When Listeners Talk: Response Tokens and Listener Stance*[M].

Amsterdam/Philadelphia: John Benjamins Publishing Company.

Gee, J. P. 1999. Critical issues: Reading and the new literacy studies: Reframing the national academy of sciences report on reading[J]. *Journal of Literacy Research*, 31(3), 355 – 374.

Gibson, D. R. 2003. Participation shifts: order and differentiation in group conversation[J]. *Social Forces*, 81(4), 1335 – 1380.

Goodwin, C. & Heritage, J. 1990. Conversation analysis[J]. *Annual Review of Anthropology*, 19(1), 283 – 307.

Goodwin, C. 2000. Action and embodiment within situated human interaction[J]. *Journal of Pragmatics*, 32(10), 1489 – 1522.

Grice, H. P. 1968. Utterer's meaning, sentence meaning, and word meaning[J]. *Foundations of Language*, 4(1), 117 – 137.

Haberland, H. 2007. Language shift in conversation as a meta-pragmatic comment [J]. *Pragmatics & Beyond: New series*, 165(1), 129 – 140.

Haddington, P. 2006. The organization of gaze and assessments as resources for stance taking[J]. *Text & Talk*, 26(3): 281 – 328.

Halse, C. & Honey, A. 2007. Rethinking ethics review as institutional discourse [J]. *Qualitative Inquiry*, 13(3), 336 – 352.

Harris, Z. S. 1952. Discourse analysis[J]. *Language*, 28(1), 1 – 30.

Hayes, A. F. 2013. *Introduction to Mediation, Moderation, and Conditional Process Analysis: A Regression-Based Approach* [M]. New York: Guilford Publications.

Huff, L. & Kelley, I. 2003. Levels of organizational trust in individualist versus collectivist societies: A seven-nation study[J]. *Organization Science*, 14(1), 81 – 90.

Hutchby, I. 2005. *Media Talk: Conversation Analysis and the Study of Broadcasting: Conversation Analysis and the Study of Broadcasting* [M]. London: McGraw-Hill Education.

Hyland, K. 2005. Stance and engagement: A model of interaction in academic discourse[J]. *Discourse Studies*, 7(2): 173 – 192.

Hyland, K. 2008. Disciplinary voices: Interactions in research writing[J]. *English Text Construction*, (1): 5 – 22.

Hyland, K. 2008. Persuasion, interaction and the construction of knowledge: representing self and others in research writing[J]. *International Journal of English Studies*, 8(2), 1 – 23.

Jarvenpaa, S. L., Knoll, K. & Leidner, D. E. 1998. Is anybody out there? The implications of trust in global virtual teams [J]. *Journal of Management Information Systems*, 14(1), 29 - 64.

Jefferson, G. 1978. Sequential aspects of story telling in conversation[A]. In S. Jim. (eds.). *Studies in the Organization of Conversational Interaction* [C]. New York: Academic Press.

Jokinen, K., Furukawa, H., Nishida, M. & Yamamoto, S. 2013. Gaze and turn-taking behavior in casual conversational interactions[J]. *ACM Transactions on Interactive Intelligent Systems*, 3(2), 1 - 30.

Kabungaidze, T., Mahlatshana, N. & Ngirande, H. 2013. The impact of job satisfaction and some demographic variables on employee turnover intentions[J]. *Journal of Service Science & Management*, 4(1), 191 - 200.

Karkkainen, E. 2003. *Epistemic Stance in English Conversation: A Description of its Interactional Functions, with a Focus on I Think* [M]. Amsterdam/ Philadelphia: John Benjamins Publishing Company.

Keisanen, T. 2006. *Patterns of Stance Taking: Negative Yes/no Interrogatives and Tag Questions in American English Conversation* [M]. Oulu: Oulu University Press.

Keith, J. & Helen, J. 1998. *Encyclopedic Dictionary of Applied Linguistics: A Handbook for Language Teaching*[M]. Oxford: Blackwell Publishers.

Kendon, A. 2004. *Gesture: Visible Action as Utterance*[M]. Cambridge: Cambridge University Press.

Kerbrat-Orecchioni, C. 2004. Introducing Polylogue[J]. *Journal of Pragmatics*, 36(1), 1 - 24.

Kiesling, S. F. 2022. Stance and stance taking[J]. *Annual Review of Linguistics*, 8(1), 409 - 426.

Kita, S. & Özyürek, A. 2003. What does cross-linguistic variation in semantic coordination of speech and gesture reveal?: Evidence for an interface representation of spatial thinking and speaking[J]. *Journal of Memory and language*, 48(1), 16 - 32.

Koester, A. 2006. *Investigating Workplace Discourse*[M]. Berlin: Routledge.

Krauss, R. M., Chen, Y. & Gottesman, R. D. 2000. Lexical gestures and lexical access: A process model[A]. In D. McNeil (eds.). *Language and Gesture*[C]. Cambridge: Cambridge University Press.

Kress, G. & Van Leeuwen, T. 2001. *Multimodal Discourse: The Modes and*

Media of Contemporary Communication[M]. London: Arnold.

Kress, G. & van Leeuwen, T. 2006. *Reading Images: The Grammar of Visual Design*[M]. London: Routledge.

Kress, G. 1990. Critical discourse analysis [J]. *Annual Review of Applied Linguistics*, 11(1), 84 – 99.

Kress, G. 2010. *Multi-modality: A Social Semiotic Approach to Contemporary Communication*[M]. Berlin: Routledge.

Kress, G., Jewitt, C., Ogborn, J. & Tsatsarelis, C. 2001. *Multi-modal Teaching and Learning: The Rhetorics of the Science Classroom*[M]. London: Continuum.

Lau, D. C. & Liden, R. C. 2008. Antecedents of coworker trust: Leaders' blessings [J]. *Journal of Applied Psychology*, 93(5), 1130 – 1138.

Leech, G. 1983. *Principles of Pragmatics*[M]. London: Longman.

Levinson, S. C. 1983. *Pragmatics*[M]. Cambridge: Cambridge University Press.

Mandelbaum, J. 1990. Beyond mundane reason: Conversation analysis and context [J]. *Research on Language & Social Interaction*, 24(1), 333 – 350.

Markee, N. 2000. *Conversation Analysis*[M]. Berlin: Routledge.

Martin, J. R. & David, R. 2007. *Working with Discourse: Meaning beyond the Clause*[M]. New York: Continuum.

Martire, K. A. 2018. Clear communication through clear purpose: Understanding statistical statements made by forensic scientists [J]. *Australian Journal of Forensic Sciences*, 50(6): 619 – 627.

Mayer, R. C., Davis, J H. & Schoorman, F. D. 1995. An integration mode of organizational trust[J]. *Academy of Management Reriew*, 20(5), 709 – 734.

McAllister, D. J. 1995. Affect- and cognition-based trust as foundations for interpersonal cooperation in organizations[J]. *Academy of Management Journal*, 20(1), 24 – 59.

McKeown, K. R. 1985. Discourse strategies for generating natural-language text [J]. *Artificial Intelligence*, 27(1), 1 – 41.

McKnight, D. H., Cummings, L. L. & Chervany, N. L. 1998. Initial trust formation in new organizational relationships [J]. *Academy of Management Review*, 23(3), 473 – 490.

McNeil, D. & Duncan, S. 2000. Growth points in thinking-for-speaking[A]. In D. McNeil (eds.). *Language and Gesture* [C]. Cambridge: Cambridge University Press.

Meredith, L. R. & Catherine, E. S. 2020. Analyzing input quality along three dimensions: Interactive, linguistic and conceptual [J]. *Journal of Child Language*, 47(1), 5 - 21.

Mizrachi, N., Drori, L. & Anspach, R. R. 2007. Repertoires of trust: The practice of trust in a multinational organization amid political conflict [J]. *American Sociological Review*, 72(1), 143 - 165.

Murmighan, J. K., Malhotra, D. & Weber, J. M. 2004. Paradoxes of trust: Empirical and theoretical departures from a traditional model [A]. In R. M. Kramer & K. S. Cook. (eds.). *Trust and Distrust in Organizations: Emerging Perspectives*, *Enduring Questions* [C]. New York: Russell Sage Foundation.

Ochs, E. & Schieffelin, B. 1989. Language has a heart [J]. *Text*, 9(1), 7 - 25.

Ochs, E. 1996. Linguistic resources for socializing humanity [A]. In J. J. Gumperz & S. C. Levinson (eds.). *Rethinking Linguistic Relativity* [C]. Cambridge: Cambridge University Press.

Orestrom, B. 1983. *Turn-taking in English Conversation* [M]. London: Lund Studies in English.

Pondy, L. R. 1967. Organizational conflict: Concepts and models [J]. *Administrative Science Quarterly*, 1(1), 296 - 320.

Poppo, L., Zhou, K. & Ryu, S. 2008. Alternative origins to inter-organizational trust: An interdependence perspective on the shadow of the past and the shadow of the future [J]. *Organization Science*, 19(1), 39 - 55.

Potter, J. 1996. *Representing Reality: Discourse*, *Rhetoric*, *and Social Construction* [M]. London: Sage.

Potts, Ch. 2005. *The Logic of Conventional Implicature* [M]. Oxford: Oxford University Press.

Rauniomaa, M. 2008. *Recovery through Repetition: Returning to Prior Talk and Taking a Stance in American-English and Finish Conversations* [M]. Oulu: Oulun University Press.

Richards, J. C. & Schmidt, R. W. 1983. Conversational analysis [A]. In J. C. Richards & R. W. Schmidt. (eds.). *Language and Communication* [C]. New York: Longman.

Rienks, R., Poppe, R. & Heylen, D. 2010. Differences in head orientation behavior for speakers and listeners: an experiment in a virtual environment [J]. *ACM Transactions on Applied Perception*, 7(1), 1 - 13.

Rigotti, E. & Rocci, A. 2006. Towards a definition of communication context [J]. *Studies in Communication Sciences*, 6(2), 155 - 180.

Rivers, D. J. & Ross, A. S. 2018. An integrated approach to non-verbal performance in the hybrid political interview[J]. *Journal of Pragmatics*, 132 (1), 59 – 75.

Sacks, H. 1974. An analysis of the course of a joke's telling in conversation[J]. *Explorations in the Ethnography of Speaking*, 8(1), 337 – 353.

Sacks, H., Schegloff, E. A. & Jefferson, G. 1974. A simplest systematics for the organization of turn taking for conversation[J]. *Language*, 150(4), 596 – 735.

Sacks, H. & Schegloff, E. 1979. Two preferences in the organization of reference to persons in conversation and their interaction[A]. In G. Psathas (eds.). *Everyday Language: Studies in Ethnomethodology*[C]. New York: Irvington.

Schegloff, E. A. 1982. Discourse as an interactional achievement: Some uses of 'uh huh' and other things that come between sentences[A]. In D. Tannen (eds.). *Analyzing Discourse: Text and Talk*[C]. Washington, D. C.: Georgetown University Press.

Schegloff, E. A. 1999. Discourse, pragmatics, conversation, analysis[J]. *Discourse studies*, 1(4), 405 – 435.

Schiffer, S. 1972. *Meaning*[M]. Oxford: Oxford University Press.

Schiffer, S. 1982. Intention-based semantics[J]. *Notre Dame Journal of Formal Logic*, 23(2), 119 – 156.

Schegloff, E. A., Jefferson, G. & Sacks, H. 1977. The preference for self-correction in the organization of repair in conversation[J]. *Language*, 53(1): 361 – 382.

Schiffrin, D. 1994. *Approaches to Discourse: Blackwell Textbooks in Linguistics*[M]. Oxford: Blackwell.

Seedhouse, P. 2008. Learning to talk the talk: Conversation analysis as a tool for induction of trainee teachers [A]. In S. Garton & K. Richards (eds.). *Professional Encounters in TESOL: Discourses of Teachers in Teaching*[C]. Berlin: Springer.

Sidnell, J. 2009. *Conversation Analysis: Comparative Perspectives*[M]. Cambridge: Cambridge University Press.

Sidnell, J. 2011. *Conversation Analysis: An Introduction*[M]. Hoboken: John Wiley & Sons.

Sidnell, J. 2012. Basic conversation analytic methods[A]. In T. Stivers & J. Sidnell (eds.). *The Handbook of Conversation Analysis*[C]. Hoboken: John Wiley & Sons.

Slote, M. A. 2020. *Common-sense Morality and Consequentialism* [M]. Berlin: Routledge.

Speer, S. A. 2005. *Gender Talk: Feminism, Discourse and Conversation Analysis* [M]. Vermont: Psychology Press.

Sperber, D. & Wilson, D. 1986. *Relevance: Communication and Cognition* [M]. New York: Wiley-Blackwell.

Stivers, T. & Sidnell, J. 2012. *The Handbook of Conversation Analysis* [M]. Hoboken: John Wiley & Sons.

Streeck, J. 2008. Gesture in political communication: a case study of the democratic presidential candidates during the 2004 primary campaign [J]. *Research on Language & Social Interaction*, 41(2), 154 – 186.

Theobald, M. 2013. Ideas as "possessitives": Claims and counter claims in a playground dispute[J]. *Journal of Pragmatics*, 45(1), 1 – 12.

Thomas, G. F., Zolin, R. & Hartman, J. L. 2009. The central role of communication in developing trust and its effect on employee involvement[J]. *Journal of Business Communication*, 46(3), 287 – 310.

Thompson, S. A. & Hunston, S. 2000. Evalution: An Introduction[A]. In S. Hunston & G. Thompson (eds.). *Evalution in Text: Authorial Stance and the Construction of Discourse*[C]. Oxford: Oxford University Press.

Thornborrow, J. 2014. *Power Talk: Language and Interaction in Institutional Discourse*[M]. Berlin: Routledge.

Urban, G. 1991. *A Discourse-Generated Approach to Culture* [M]. Austin: University of Texas Press.

Uzzi, B. 1997. Social structure and competition in inter-firm networks: The paradox of embeddedness[J]. *Administrative Science Quarterly*, 42(1), 35 – 67.

van Dijk, T. A. 1997. *Discourse as social interaction: Discourse studies: A multidisciplinary introduction*[M]. Berlin: Sage Publications.

Van Dijk, T. A. 2006. Discourse, context and cognition[J]. *Discourse Studies*, 8 (1), 159 – 177.

van Dijk, T. A. 2011. *Discourse and Communication: New Approaches to the Analysis of Mass Media Discourse and Communication*[M]. London: Walter de Gruyter.

Whitehead, K. A. 2015. Extreme case formulations[A]. In K. Tracy, C. Ilie & T. Sandel. (eds.). *The International Encyclopedia of Language and Social Interaction*[C]. New York: Wiley-Blackwell.

Whitener，E. M.，Brodt，S. E.，Korsaard，A. M. & Wemer，J. M. 1998. Managers as initiators of trust：An exchange relationship framework for understanding managerial trustworthy behavior[J]. *Academy of Management Review*，23(1)，513 - 530.

Wiemann，J. M. & Knapp，M. L. 2017. Turn-taking in conversations[J]. *Communication Theory*，16(1)，226 - 245.

Wright，D. E. 2021. *Countering Dominant Discourses about Youth：Critical Arts Approaches to Analyze Ideological and Institutional Oppressions*[M]. Berlin：Routledge.

Wu，R. J. R. 2004. *Stance in Talk: A Conversation Analysis of Mandarin Final Particales*[M]. Amsterdam/Philadelphia：John Benjamins Publishing Company.

曹双飞.基于语料库的中菲涉南海官方文件中立场标记语对比分析[J].现代语言学,2021,(2).

陈丽江.文化语境与政治话语：政府新闻发布会的话语分析[M].北京：中国广播电视出版社,2007.

陈雯.心理学策略在劳动争议调解中的运用[J].就业与保障,2022,(11).

成海军.中国农村老年人经济供养方式的现状与前瞻[J].北京科技大学学报,2000,(2).

程朝阳.司法调解语言及其效用研究[M].北京：中国政法大学出版社,2015.

代树兰.电视访谈话语中主持人与嘉宾的话语角色研究[J].西安外国语大学学报,2009,(3).

代树兰.电视访谈话语研究[M].北京：中国社会科学出版社,2009.

代树兰.多模态话语研究的缘起与进展[J].外语学刊,2013,(2).

代树兰.会话分析的缘起与进展[J].外语学刊,2015,(6).

代树兰.多模态话语研究：电视访谈的多模态话语特征[M].上海：上海外语教育出版社,2015.

董冰玉.真人秀模式节目本土化研究[M].北京：中国电影出版社,2021.

董朝宗.和谐校园视角下的大学生宿舍人际关系.内蒙古民族大学学报,2008,(1).

樊富珉,张翔.人际冲突与冲突管理研究综述[J].中国矿业大学学报,2003,(3).

房红梅.言据性研究述评[J].现代外语,2006,(2).

付翠莲.乡村振兴视域下新乡贤推进乡村软治理的路径研究.求实,2019,(4).

何自然.言语交际中的语用移情[J].外语教学与研究,1991,(4).

侯怀霞.调解技艺[M].北京：法律出版社,2020.

胡文芝.心理治疗话语的语用特征研究[M].厦门：厦门大学出版社,2014.

胡壮麟.汉语的可证性和语篇分析[J].湖北大学学报,1995,(2).

黄海.治理转型中的乡村社会变迁困境及其治理路径.湖南财政经济学院学报,

2016,(6).

吉锡媛.冲突话语中缓和策略使用的人际语用理据.当代外语研究,2015,(7).

江宇豪.汉语学习者与汉语母语者自然交谈的话轮与话轮转换机制[J].文化学刊,
　2022,(12).

姜桂芯.实用民事调解心理学[M].南京:南京大学出版社,1994.

蒋月.人民调解制度的理论与实践[M].北京:群众出版社,1994.

靳豆豆.农村老年权益保护路径探索[J].法制博览,2016,(15).

李枫,于国栋.介入:会话分析应用研究的新视角[J].外国语,2017,(2).

李慧,李经纬.网络实时购物的会话分析[M].北京:国防工业出版社,2014.

李金哲.困境与路径:以新乡贤推进当代乡村治理[J].求实,2017,(6).

李树,何玥.调解与信任:司法调解对司法公信力影响的实证研究[J].制度经济学
　研究,2020,(1).

李树苗,张丹,王鹏.农村老年家庭养老风险与老年福祉动态演进的跨学科分析框
　架[J].当代经济科学,2021,(5).

李岁科.新乡贤参与乡村振兴的价值、困境与优化路径.原生态民族文化学刊,2021,(4).

李永萍.老年人协会是乡村建设的有效载体[J].中国社会工作,2019,(2).

李振村.教师的体态语言[M].北京:教育科学出版社,2019.

廖美珍.目的原则与语篇连贯分析[J].外语教学与研究,2005,(5).

廖永安.中国调解学教程[M].湘潭:湘潭大学出版社,2019.

林恺.构建信任机制下的社区调解制度[J].科技信息,2011,(5).

刘行玉.转型期农村人民调解解读——基于农村基层治理的视角[J].社会主义研
　究,2010,(3).

刘虹.会话分析结构[M].北京:北京大学出版社,2004.

刘林.冲突与危机管理[M].北京:中国民主法制出版社,2012.

刘同炯.人民调解实战策略技巧与故事[M].北京:法律出版社,2020.

刘晓倩.调解中增进信任的方式探析[J].中国人力资源社会保障,2014,(12).

刘燕舞.农民自杀研究[M].北京:社会科学文献出版社,2014.

刘杨.冲突话语的会话分析[J].东北师大学报,2012,(2).

柳淑芬.话语中立场:研究现状及发展路径[J].当代修辞学,2017,(5).

罗桂花.立场概念及其研究模式发展[J].当代修辞学,2014,(1).

罗桂花.庭审话语立场研究[M].合肥:黄山书社,2019.

毛一敬.重建社会交往:农村老年人精神慰藉的组织化实践路径[J].东北大学学
　报,2021,(5).

孟冬冬.新乡贤文化视角下乡村治理的现实困境与实现路径[J].农业经济,2022,(5).

苗科奇.诉讼调解信任机制研究[D].长沙:中南大学,2012.

苗兴伟.话轮转换及其对外语会话教学的启示[J].外语教学,1995,(3).

彭芙蓉,冯学智.反思与重构:人民调解制度研究[M].北京:中国政法大学出版社,
　　2013.

彭瑞康,周婉婉,吴雪玲.乡村振兴战略下新乡贤参与乡村治理的思考[J].云南农业
　　大学学报,2019,(1).

钱立新,王江汉.代际话语冲突介入性和谐管理的语用策略研究——以江西卫视
　　《金牌调解》栏目为例.江淮论坛,2018,(5).

秦俊红,张德禄.网上会话中的话轮转换[J].外语电化教学,2005,(5).

瞿琨.论社区调解场域及其信任机制的构建法则.上海大学学报,2010,(6).

瞿桃、王振华.冲突性磋商话语的多模态设计研究.现代外语,2022,(6).

盛永彬,刘树桥.人民调解实务[M].北京:中国政法大学出版社,2012.

史秉强.代际之间"责任伦理"的重建——解决目前中国家庭养老问题的切入点[J].
　　河北学刊,2007,(4).

史兴松,牛一琳.中美企业社会责任话语立场建构对比研究[J].现代外语,2022,(1).

孙启耀.会话分析中的毗邻对理论及其不足[J].山东外语教学,2000,(3).

孙毅兵,师庆刚.会话分析中的"话题"面面观[J].外语与外语教学,2004,(9).

汤啸天.从中美医患纠纷调解看医患关系的实质[J].医学与法学,2015,(1).

唐飞.浅谈人民调解工作中的心理疏导[J].人民调解,2011,(5).

王德春.论话语分类[J].华文教学与研究,1999,(3).

王公义.人民调解制度是解决社会纠纷的重要法律制度[J].中国司法,2005,(8).

王立非,李琳.会话分析的国际研究进展:考察与分析(2008—2012)[J].外国语,
　　2015,(1).

王律中.调解心理艺术[M].北京:人民法院出版社,2001.

王尚法.基于语料库的会话分析研究[M].长春:吉林大学出版社,2019.

王伟.美国网上调解的信任类型与制度构建[J].法治研究,2013,(9).

王印红,朱玉洁.基层社会治理创新:从社区"原两委"到小区"新两委"[J].经济社
　　会体制比较,2022,(2).

王颖,汪少华.叙事语篇中的视角空间[J].山东外语教学,2001,(2).

邬欣言.社会心理学在调解中的运用[M].北京:中国人民大学出版社,2022.

邢福义.汉语语法学[M].长春:东北师范大学出版社,1997.

邢福义.汉语复句研究[M].北京:商务印书馆,2001.

徐勤.农村老年人家庭代际交往调查[J].南京人口管理干部学院学报,2011,(1).

徐昕.完善人民调解制度与构建和谐社会[J].中国司法,2006,(4).

杨娜.新闻媒体话语的语用学研究[M].北京:外语教学与研究出版社,2020.

杨爽.基层社会治理:社区调解优化路径探索[J].城市情报,2023,(4).

杨骁勇.人际冲突性话语的语用分析与缓和策略[J].外语教学,2013,(2).

杨炎平.媒体调解语言的语用学研究[J].忻州师范学院学报,2022,(4).

姚琦,马华维.社会心理学视角下的当代信任研究[M].北京:中国法制出版社,
　　2013.

姚远.血亲价值论:对中国家庭养老机制的理论探讨[J].中国人口科学,2000,(6).

于国栋,郭雪颖."回述"的理论及其运用——医患关系中"回述"现象的会话分析研
　　究[J].山西大学学报,2008,(6).

于国栋,侯笑盈.医患交际中极致表达的会话分析[J].山西大学学报,2009,(6).

于国栋.支持性言语反馈的会话分析[J].外国语,2003,(6).

于国栋.机构性谈话的会话分析研究[J].科学技术哲学研究,2010,(2).

于国栋.言语行为的会话分析研究[M].北京:外语教学与研究出版社,2021.

原珂.公共冲突治理视域下中国社会治理制度建设的反思与前瞻.江海学刊,2021,(6).

张德禄.多模态话语分析综合理论框架探索.中国外语,2009,(1).

张恒超.交流社会认知[M].北京:九州出版社,2022.

张燕.治安调解中调解员语用缓和策略研究[J].公安学刊:浙江警察学院学报,
　　2021,(2).

张谊生.现在汉语副词研究[M].上海:学林出版社,2000.

张瑛,朱伟燕,郑国媛.基于语料库的中菲官方南海话语立场表述对比分析[J].海南
　　大学学报,2020,(2).

张志文.组织社会学视角下的普法策略分析[J].法学论坛,2022,(5).

郑重.中国传统调解理念的现代价值[J].公民与法,2019,(5).

朱华娟,高峰,陆郭春.建立第三方调解机制调处医患纠纷的做法与体会[J].江苏卫
　　生保健,2014,(3).

索　引